JN445539

창의성의 또다른 이름 TRIZ

초판 1쇄발행 | 2009년 1월 15일
초판 2쇄발행 | 2009년 5월 20일
저자 | 김효준

발행처 | INFINITYBOOKS
발행인 | 채희만
출판기획 | 안성일
북PD | 박소현
영업관리 | 신은하

일러스트 | 서지혜
내지디자인 | F205
표지디자인 | 우연희 · 유낭정

주소 | 서울 은평구 증산동 248 중앙하이츠APT 상가B101호
전화 | 02)302-8441 팩스 | 02)6085-0777
Homepage | www.infinitybooks.co.kr
E-mail | infinitybook@naver.com
등록번호 | 제311-2006-26호

값 | 13,000원
ISBN | 978-89-92649-19-3 13500

잘못된 책은 구입하신 서점에서 교환해 드립니다.

창의성의 또다른 이름 트리즈 TRIZ

김효준 지음

INFINITYBOOKS
인 피 니 티 북 스

차례

추천사

미국의 서브프라임모기지 부실 여파로 지금 전 세계의 경제가 위협받고 있다. 머지않아 각국의 실물경제에도 직접적인 영향을 미칠 것이며, 기업뿐만 아니라 개인에게까지 큰 타격을 주리라 예상된다.

결국 총체적인 위기는 토대와 시스템의 문제이며 이를 극복하기 위해 이제는 기존의 시스템과 토대에 대한 생각의 틀을 깨야한다. 이러한 생각의 틀을 깨기 위해서는 창의성과 근본적인 혁신이 필요하다. 기업은 혁신적이고 창의적인 가치를 창출하여 기존 시장에는 없던 독창적인 것을 만들어 미래 시장의 주인이 되도록 더 힘을 쏟아야 한다. 대학은 나라를 이끌어갈 학생들의 경쟁력강화와 창의적 문제해결능력을 키우기 위해 더 많은 창의성 교육을 해야 하고, 개인은 위기와 불황의 시대에서 자신의 존재기반을 탄탄히 하기위해 끊임없는 자기능력계발과 창의적인 사고를 발전시켜야 한다.

혁신적인 사고를 위한 창의적인 아이디어에 대해 대부분의 사람들은 자신과 무관한 이야기이며, 운 좋게 우연히 얻어지는 것쯤으로 생각하고 있다. 하지만 아이디어 발상에 관해 체계적으로 정리된 이론이 있으니, 이것이 바로 트리즈이다.

최근 트리즈는 새로운 혁신의 해법으로 급부상하고 있다. 이 이론은 구 소련에서 200만 건이 넘는 특허를 분석하여 창조적 문제 해결에 사용되는 공통 원리를 추출, 분석한 후 창조적 문제 해결의 원리로서 정리해 놓은 것이다. 새로운 발상을 통하여 획기적인 대안을 도출해야 할 때, 구체적으로 적용해볼 만한 창의의 원리들과 함께 분명한 기준을 제시한다는 점에서 트리즈는 위기의 시대에 강력한 무기가 될 수 있다.
50여년 전부터 체계화된 트리즈 이론은 현재 많은 선진 기업들이 채택, 적용하여 가시적인 성과를 거둠으로써 그 효용성을 입증하고 있다. 우리나라의 한 일류 기업은 창조경영이라는 경영방침을 세우기도 했다. 뿐만 아니라 인텔, 포드, BMW, 필립스, 파나소닉 등 세계의 일류 기업들이 트리즈 방법론을 채택하여 자사의 기술개발에 적용하고 있다. 더불어 대학에서도 공학인증교과목에 창의공학설계를 필수로 포함하여 트리즈 방법론을 다루고 있다.

이 책은 단순한 이론을 나열한 것이 아니라 저자가 실제로 삼성종합기술원에서 트리즈를 적용하면서 터득한 지식과 노하우를 바탕으로 집필하였다는 점에서 독자들에게 독창적이고 실천적인 대안을 제시해 줄 수 있으리라 생각한다. 특히 실제 적용을 원하는 기업 실무자들에게 큰 도움을 줄 수 있을 것이다.
이 책이 기존의 생각을 깨는 하나의 주춧돌이 되길 바라며, 세계시장을 주도할 혁신적인 창의성을 개발하는데 작은 밑거름이 되어주길 바란다.

농심 대표이사 회장

손욱

CHAPTER

01

하면 된다

'하면 된다'는 말처럼 상투적이고 고압적인 표현이 또 있을까? 혹, 겸손하면서 앞뒤 분별력이 있는 사람이 그런 말을 한다면 무슨 배짱일까? 가장 듣기 싫은 말 중의 하나인 '하면 된다'라는 제목으로 이 책을 시작하게 된 점을 죄송스럽게 생각한다.

'이건 어쩔 수 없다'

2007년 무더운 여름, 수원에 있는 삼성전자 정보통신 총괄 1층에서 창의성에 대한 세미나를 진행하고 있었다. 땀에 젖어가는 셔츠와 프로젝터에서 나오는 팬의 소음으로 약간은 지루해져 가고 있었다. 그런데 강의에 사용하는 데스크탑 PC의 화면이 5분마다 화면보호기 모드로 바뀌어 버리지 않는가? 게다가, 화면보호기 모드에서 빠져 나오기 위해서는 싱글(Single, 삼성 그룹 내 통합 메일시스템)의 아이디와 비밀번호를 입력해야만 했다. 강의도중에 수시로 싱글 아이디와 비밀번호를 입력하다 보니 강의의 흐름이 자주 끊어지는 것은 물론이요, 되도록 PC가 화면보호기 화면으로 넘어가지 않게 하려고 컴퓨터 화면을 수시로 힐끔힐끔 쳐다 보게 되니 강의에 집중도 되지 않았다.

최근에 새로 건설한, 수원의 30층 이상 되는 최신식 건물인 정보통신 총괄 빌딩은 첨단의 보안시스템으로도 유명하다. 게다가 삼성을 10년 이상 다녀서 삼성의 보안시스템을 익히 잘 알고 있었

그림 1.1 삼성 정보통신 총괄 빌딩

기 때문에, 이 정도의 보안 시스템은 충분히 미리 예상할 수 있었다. 하지만 교육을 위한 교육장의 PC마저 똑같은 보안시스템을 적용했다는 사실에 은근히 짜증이 나기 시작하였다. 사무실이나 연구실이 아닌, 무언가를 교육받는 강의장의 PC정도는 화면보호기로 넘어가지 않게 해야 되지 않을까? 화면보호기로 넘어가더라도 1~2글자의 암호만으로 화면보호기 모드에서 벗어날 수 있다면 좋을 것이다.
하지만 불평한다 해도 바뀔 것이 없다는 점을 잘 알고 있던 나는 어쩔 수 없다고 생각하며 세미나를 계속 진행했다. 왜냐하면 화면보호기로 넘어가서 특정 아이디와 비밀번호를 입력해야만 화면보호기 모드에서 빠져 나오게 하는 보안시스템은 PC의 운영시스템 내에 깊숙이 이식되어 있기 때문이다. 단순히 바탕화면에서 설정화면을 열어 화면보호기 모드로 넘어가지 않게 할 수 있는 수준이 아니라는 뜻이다. 삼성이 만들면 뭐가 달라도 다르지 않은가? 그래서 분명 빈틈이 없을 것이라 예상하고, '이건 어쩔 수 없다'라는 체념을 하고 있었다.

100원짜리 동전을 키보드의 F2 키에 꽂다

쉬는 시간이 되었다. 그 때, 강의를 듣던 직원 한 분이 아무 말 없이 일어서서 나오더니, 100원짜리 동전을 호주머니에서 꺼내어 키보드 F2 키의 틈새에 꽂아 두고서는 유유히 화장실에 가는 것이 아닌가!

'허, 참~' 하고 실소하지 않을 수 없었다. 100원짜리 동전을 F2 키에 꽂아 놓으면, 컴퓨터는 사용자가 계속 F2 키를 누르고 있다고 생각해 화면보호기 모드로 넘어가지 않는 것이었다. 그리고 F2 키는 강의를 진행하는 동안 눌러져 있어도, 파워포인트 프로그램에는 영향을 주지 않는다. 100원짜리 동전이라…… 너무나 간단한 아이디어가 아닌가? 누구나 금방 이해할 수 있는 아이디어, 그렇게 간단한 아이디어를 왜 미처 생각하지 못했을까?

'안 된다'라고 생각했기 때문이다. 일단 '안 된다'라고 판단하면 사람은 더 이상 생각하지 않기 때문이다.

'하면 된다'의 진짜 뜻은?

'하면 된다'라는 말을 듣게 되면 당신은 어떤 기분이 드는가? 아주 상쾌하지는 않을 것이다. 오히려 피부에 두드러기가 일어나는 것 같은 느낌을 받는 직장인도 많을 것이다. '여기가 군대인가?'라는 짜증이 튀어 나올지도 모른다. 본인도 그렇다. 분명 현재의 상

그림 1.2 키보드 위 F2키에 동전을 설치하면 된다

황으로 보아 '해도 안 될 것'을 자신의 목표달성이나 업적 달성을 위해 아랫사람들에게 강요할 때 하는 말이 '하면 된다'라는 것으로 인식되었다.

고(故) 정주영 현대 명예회장이 자주 사용했다는 표현들 중의 하나가 '하면 된다'이다. 그 속내는 '해 보기는 했느냐?'라는 뜻이다. 해 보지도 않고 처음부터 안 된다고 하니, 일이 제대로 될 리가 없다는 뜻이다. 안 되더라도 일단 해보면 뭔가 일이 진행될 것이고, 그렇게 진행하다가 문제가 발생하면 그 때 진지하게 해결해보는 것을 권하는 것이다.

하지만 본인이 창의성의 분야에서 10여 년의 현장경험을 하고 보니, '하면 된다'와 같이 중요하고도 의미 깊은 말이 또 있을까 생각하게 된다. 삼성그룹의 중앙연구소(CRD, Central Research Department) 역할을 하던 삼성종합기술원(SAIT)에서 그룹 관계사의 다양한 기술문제들을 해결하며 나도 모르게 피부로 느끼게 된 말이다. 처음에는 닭살이 돋았던 그런 의미에서, 이제는 생각에 있어서 가장 중요한 의미로 바뀌었다.

'안 된다'라고 생각하면 더 이상 생각을 하지 않는 것이 사람이다. 그래서 정말 '안 된다'라고 판단되는 문제이더라도, 완전히 실패하는 마지막 그 순간까지 '하면 된다'라는 생각을 가져야, 계속 생각을 하고 고민을 한다. 결국 '하면 된다'라는 말은 어려운 상황에 부딪혀도 끝까지 고민해보고 생각해보자는 뜻이다.

'안 된다'라고 생각하면 더 이상 생각하지 않는다

나폴레옹이 스위스의 높은 산맥을 넘어가서 전쟁에 승리했을 때, 아무도 그가 스위스의 높은 산들을 넘어갈 것이라고 생각하지 않았다. 나폴레옹의 군대 내부에서도 모두가 반대하였지만, 나폴레옹은 높은 알프스 산을 넘었고, 그 결과 '하면 된다'라고 말할 수 있었다.

곁에서 지켜보는 관찰자의 입장이라면 '해 보니까 되지 않더냐', '도전하니까 성공하더라'라고 설명하면서 '하면 된다'를 강조할 것이다. 곁에서 지켜보기만 하니 그 사람의 생각보다는 행동과 그 행동의 결과를 중요시하게 되는 것이다. 하지만 실제로 '하면 된다'고 말했던 나폴레옹에게 있어서 가장 중요한 성공 포인트는 끝까지 포기하지 않고 고민했다는 점이다. 다른 사람처럼, 안 된다고 해서 그것을 포기하고 아예 생각을 하지 않은 것과 달리, '왜 안 될까' '어떤 방법이 있을까' 하고 고민을 한 것이다. 모두가 반대하는 실패할지도 모르는 상황에서 '하면 된다'라는 바람에 흩날리는 갈대와 같은 긍정적인 마음의 자세를 가지고 '계속 생각을 했다'.
당신의 일을 멈추게 하고 생각을 그만 두게 하는 가장 큰 적은 바로 '안 된다'라는 판단이다. 어떤 역경 속에서도 당신을 일으켜 세우고, 행복으로 이끄는 것은 '하면 된다'라는 생각이지 않을까? 만일 결국 실패를 하더라도, '하면 된다'라는 긍정적 마음으로 마지막 순간까지 고민하고 궁리하였다면, 그것이야말로 진정으로 최선을 다한 모습이다. 그러한 최선의 모습을 통해서는 반드시 무엇인가를 얻게 된다. 그게 바로 진정한 인생살이가 아닐까?

'하면 된다'의 일반적 이야기

인터넷 검색업체 네이버(naver.com)에서 '하면 된다'라는 단어를 검색하면 이 제목의 책 몇 권을 볼 수 있다. 대부분의 경우, 어려운 환경에서 꿋꿋이 자라나 힘든 역경을 이겨내고, 사회적으로나 학문적으로 큰 성공을 거둔 사람들의 이야기들이다. 그래서 그런 내용들을 읽고 나면 왠지 자신도 힘이 나게 된다. '아무리 어려워도 이와 같이 열심히 하면 성공합니다'라는 메시지를 주고 있기 때문이다.

하지만 여기 이 책에서는 그것을 한 꺼풀 더 벗겨서 그 내부를 들여다 보고자 한다. 앞에서 '하면 된다'라는 말의 참뜻은 '포기하지 말고 계속 생각해 보자'라는 것이라고 했다. 그러면 어떻게 생각해야 할까? 생각은 자유라고 하지만, 어떻게 생각해야 남보다 앞선 아이디어를 만들어 낼 수 있고 어려운 문제들을 해결할 수 있단 말인가? 어떻게 해야 창의적인 생각을 할 수 있을까? 그것에 대한 해결책의 하나를 이 책에서 제시하고자 한다.

진정한 혁신은 자기 자신이 변화하는 것이라고 이야기한다. 그리고 그 변화의 속도는 사람마다 다르기에, 다양한 속도의 변화를 모두가 인정해 주는 것이 조직의 혁신을 이끌어 갈 때 중요한 점이라고 한다. 그렇다면 어떻게 해야 자기 자신이 변화하는 것일까? 정답은 없더라도, 좋은 지침이 있지 않을까?

자기 자신이 변화하는 것에는 3단계가 있다. 우선 생각이 바뀌어야 한다. 그러면 세상을 바라보는 시각이 바뀌게 되고, 결국 세상이 바뀌게 된다. 그렇게 세상이 바뀌어질 때, 자기 자신이 변화하게 되는 것이 이치이지 않을까?

'하면 된다'라는 말은 '우리 모두 다 함께 끝까지 최선을 다해 생각해 봅시다'라는 말이다. 자, 그러면 어떻게 생각해 볼 것인가? 다음 장부터 설명되는 창의성에 대한 이야기들로 넘어가보자.

CHAPTER

02

남보다 먼저 생각하자

초등학교 시절부터 창의적 인재, 창의적 교육 등의 표어를 자주 접하게 된다. 너무나 자주 접해서일까, 고등학교부터는 창의적이란 표어가 조금씩 사라지게 된다는 느낌이 든다. 사회에 나와서는 창의적이란 말을 하게 되면 왠지 진부하다는 느낌을 가진다. 왜 그럴까? 창의성이 중요하다는 것은 모두 공감하지만, 그것이 구체적이지 못하고 또한 어떻게 해야 창의적이라고 말할 수 있는지 확신이 없어서이지 않을까? 2장에서는 창의성의 특징에 대해 고민해보고, 이제까지 많이 알려진 창의성 향상을 위한 방법론들을 분석해보자.

과연
창의적인 아이디어인가?

사상 최악의 해난 사고

1994년 스웨덴에서 있었던 해난사고를 사례로 고민해보자. 스웨덴, 핀란드, 노르웨이 등의 나라가 인접해있는 북해(발틱해)는 거친 파도로 유명하다. 이곳에는 스웨덴과 에스토니아를 왕래하던 선박이 있었는데, 이 선박은 1994년 9월 28일, 989명의 승객을 싣고 에스토니아의 탈린을 출발했다가, 밤 0시 15분에 침몰하고 말았다. 승객 중 137명만이 구조되는 최악의 해난사고가 발생한 것이다.

사고 발생 후, 스웨덴 정부가 사고의 원인을 조사하였다. 사고가 나던 날, 저녁 7시에 출항할 때는 날씨가 좋았지만, 밤 11시부터 갑자기 바다의 날씨가 나빠져 심한 파도가 일었다. 자동차를 많이

그림 2.1 사고선박과 침몰지점

싣는 카페리호의 특성상, 선체의 앞부분이 들어올려지고, 그곳으로 차량들을 싣고 내린다. 그런데 그날은 심한 파도로 인하여, 선체의 앞부분을 들어 올리고 내리는 경첩부분이 파손되고 말았다. 그 결과 바닷물이 선체 내부 갑판으로 밀려 들어와, 그림 2.2와 같이 배가 무게중심을 잃어 전복이 된 것으로 밝혀졌다. 1912년 4월, 빙산에 부딪혀 바닷물이 선체안으로 들어온 타이타닉호와도 비슷하지만, 타이타닉호는 서서히 바닷속으로 가라앉았기 때문에, 구명보트라도 띄울 시간이 있었다. 하지만 1994년에 발생한 사고의 경우는 짧은 시간에 배가 전복돼버려 많은 사상자가 발생하였다.
해당 선박은 1960년대에 건조되었고, 80년대, 90년대에 들어서 점점 더 많은 차량들을 싣게 되자 잦은 구조변경을 하였다고 한다. 그래서 배의 무게중심이 위로 올라가게 되었고 그에 따라 사고에 대한 위험성은 증가되고 있었다.
당시 크배너 선박회사는 혹시 일어날지도 모르는 사고에 대비하여 1989년과 91년, 94년에 대책을 세우고, 특허까지 출원하였다. 89년도에 제안한 특허는 만일 배에 구멍이 생겨 물이 들어오더라도, 미리 격막을 설치해서 모든 갑판에 물이 차는 것을 막는 아이디어였

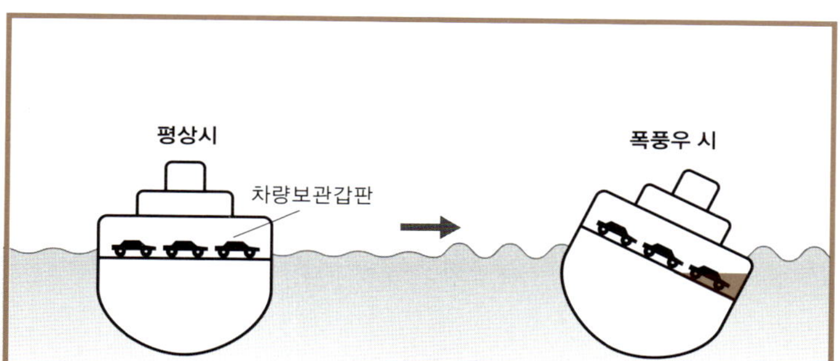

그림 2.2 유입된 바닷물로 무게중심을 잃고 전복된 사고선박

다. 하지만 차량이 들어오고 나갈 때 효율적이지 못하여, 더 이상 고려되지 않았다. 91년에는 격막의 역할을 하는 문이 겹쳐진 상태로 벽에서 나오는 아이디어를 냈다. 자동차들이 들어오고 나갈 때 방해가 되지 않아 89년도 아이디어의 문제점은 해결하였지만, 비용의 문제로 인해서 채택되지는 않았다. 94년도에는 좀 더 발전된 아이디어가 특허로 출원되었다. 벽에서 문이 나오는 것이 아니라, 천장에서 문이 내려오는 것이었다. 문이 차지하는 공간이 천장으로 이동하여 더 많은 자동차를 운반할 수 있게 되었고, 문이 내려올 때는 중력을 이용하기 때문에 경비를 절약할 수 있는 개선된 아이디어였다. 하지만 94년도의 아이디어도 그러한 격막을 설치하는 비용 문제로 인하여 채택되지 않았고, 그 해 9월 달에 우려하던 해난 사고가 발생하였다.

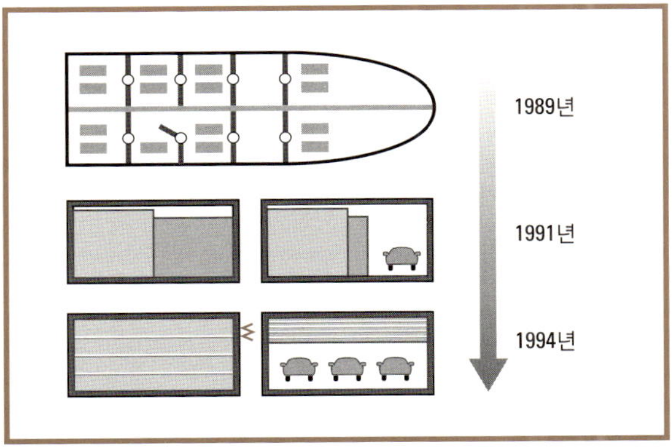

그림 2.3 크배너 선박회사의 대책

창의적 문제해결 이론 트리즈TRIZ 전문가의 초청

당시 크배너 선박회사는 방송과 언론으로부터 사고에 대한 대비책까지 마련하고서도, 비용의 문제 때문에 특허까지 출원한 아이디어를 묵살했다는 비난을 받고 있었다. 하지만 크배너 선박회사 입장에서는 그러한 대비책을 마련하게 되면, 정상적인 영업이 이루어지지 않을 정도로 비용이 막대하다는 점을 고려하지 않을 수 없었다.

그러던 상황에서 '창의적 문제해결 이론, 트리즈'를 알게 되었고, 트리즈 전문가를 초청하여, 당시 해난사고에 대한 방지대책문제를 의뢰하였다.

트리즈 전문가는 오전 9시에 사고상황 설명을 듣고 10시부터 아이디어 전개를 시작하였다. 아이디어 전개를 시작하자마자 그림 2.4와 같이 슬라이딩 도어라는 이름으로 아이디어를 제시하고, 10분 후 다시 아코디언 도어라는 이름으로 아이디어를 제시하였다.

크배너 선박회사 관계자는 자신들이 5년 동안 고민했던 아이디어

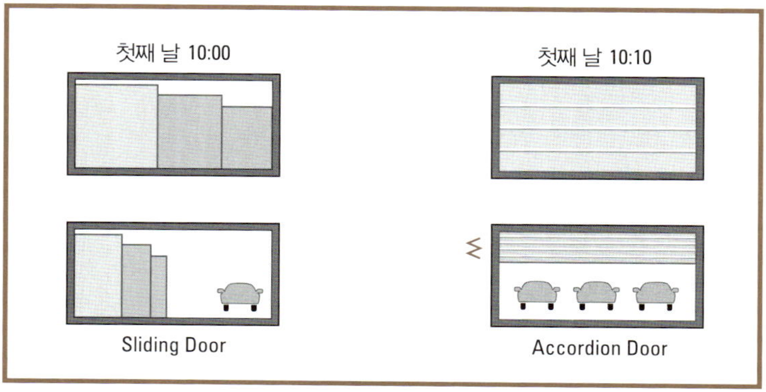

그림 2.4 슬라이딩 도어와 아코디언 도어

를 트리즈 전문가가 10분만에 제안하자 당황하였다. 여기서 다음과 같은 질문을 고민해보자. 과연 10분만에 트리즈 전문가가 자신들과 똑같은 아이디어를 낸 것이 대단한 일인가?

크배너 선박회사 관계자 중 몇몇은 다음과 같이 평가하기도 했다. "우리가 5년 동안 고민한 것은 사고가 일어나기 전이다. 하지만 지금은 사고가 일어난 후이다. 즉 문제의 초점이 명확하다는 것이다. 이러한 상황에서 전문가를 모아 브레인스토밍을 한다면 우리들도 이와 비슷한 아이디어를 짧은 시간에 도출할 수 있다."

트리즈 전문가는 이러한 토론 내용을 듣고 "지금 이 2가지 아이디어는 누구라도 생각할 수 있는 아이디어이다. 특별한 아이디어가 아니다"라고 강조하였다.

그 다음 날, 오전 10시에 트리즈 전문가는 그림 2.5와 같은 아이디어를 제안하였다. 자동차 갑판에 물이 들어와서 배가 전복되는 사고가 생겼을 때, 문제가 발생하는 시각이 언제인가라는 생각을 한 것이다. 자동차가 들어오고 나갈 때인가? 문제가 발생하는 시

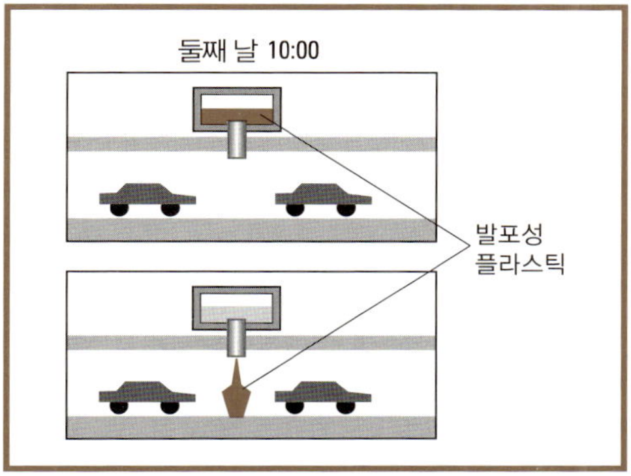

그림 2.5 문제가 발생하는 시각에만 작동하는 해결책

각(Operating Time)은 바닷물이 들어오는 시각이다. 그러므로 문제에 대한 해결책은 바닷물이 들어오는 시각에만 기능을 발휘하면 되는 것이다. 그래서 그림 2.5와 같이 발포성 수지를 천장에 설치하여 비상시에 뿌리면, 공기와 반응하여 격막을 형성하게 되는 아이디어를 제안하였다. 이러한 아이디어는 비용 측면에서 획기적인 절감이 가능하지만 적당한 발포성 수지가 존재하지 않는다는 문제점이 있었다.

같은 날 오후 4시에 트리즈 전문가는 이상적인 해결책을 제안하였다. 그는 곧바로 크배너 선박회사의 사장에게 전화를 걸어 자동차 갑판에 구멍을 뚫으면 된다고 했다. 그러면 그림 2.6과 같이 자동차 갑판에 들어온 물이 배의 밑바닥으로 이동하게 되고 그 결과 배의 무게 중심은 더 좋아지게 된다는 아이디어였다. 이 아이디어는 곧바로 채택되었다.

배가 전복된 이유는 배 안으로 들어온 물 때문이다. 하지만 이 바닷물이 배의 밑바닥으로 이동하면, 배의 무게중심은 더 좋아진다. 위급한 상황이더라도 구명보트를 띄울 수 있는 조건이 되는 것이다.

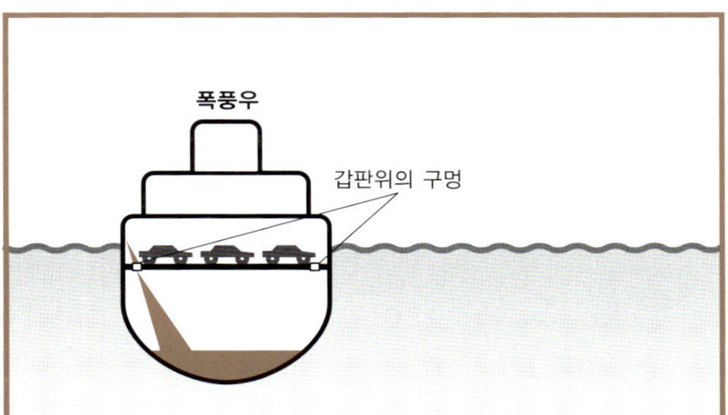

그림 2.6 갑판의 구멍을 통해서 물은 배 밑바닥으로 이동한다.

창의성의 특징

여기서 진지하게 질문을 던져보자.
위의 아이디어는 창의적인가?

"
배에 구멍을 뚫는 아이디어는
창의적인 아이디어인가?
"

이 질문에 얼마나 많은 사람이 동의할 것으로 기대하는가? 대부분의 사람은 대답을 주저한다. 이 점이 창의성이 가지는 특징이다. 대부분의 사람들은 배에 구멍을 뚫고, 구멍을 통해 들어온 물이 배의 무게중심을 더 좋아지게 한다는 아이디어를 접하면 자신도 모르게 빙긋 웃게 된다. 그리고는 아이디어가 괜찮다는 느낌을 5초간 가진다. 하지만 곧바로 다음과 같은 생각을 한다. '저건 초등학교 3학년도 생각할 수 있는 것인데……'. 그래서 "이 아이디어가 창의적인 아이디어입니까?"라는 질문에 주저한다. 창의적인 아이디어라고 동의는 하고 싶지만, 초등학교 3학년도 쉽게 생각할 수 있는 저런 아이디어에 '창의적'이라는 화려한 수식어 붙이기를 주저하는 것이다.
"이 아이디어가 창의적인 아이디어인가?"라는 질문에 답하기 주저한다면 아래와 같이 질문해보기 바란다.

"
왜 이 아이디어를
미처 생각해내지 못 했을까?
"

배에 구멍을 뚫고, 들어온 물이 배 밑바닥으로 이동하게 되면, 들어온 물 때문에 오히려 배의 무게중심이 좋아지게 되고, 또한 구멍을 많이 뚫을수록 갑판의 무게도 감소하게 된다는 이 아이디어는 분명 초등학생도 쉽게 생각할 수 있는 것인데, 왜 미처 생각하지 못했을까? 그림 2.7에서 보듯이, 크배너 선박회사 연구원들은 '바닷물로 인해 배가 전복되었기 때문에, 물은 들어오면 안 된다'라는 생각의 틀을 가지고 있었기 때문이다. 물이라는 것은 들어오면 안 된다고 생각해 그 방향으로만 아이디어를 전개한 것이다.

'바닷물을 들어오게 해서는 안 된다'라는 생각의 틀 때문에 배에 구멍을 뚫는 간단한 아이디어도 미처 생각하지 못한 것이다. '이 아이디어는 창의적인 아이디어인가?'라는 질문은 '왜 이 아이디어를 미처 생각하지 못했는가?'와 같은 질문이다. 만일 미처 생각하지 못한 이유를 명확히 제시한다면, 그 아이디어는 창의적인 아이디어라는 동의를 구할 수 있을 것이다.

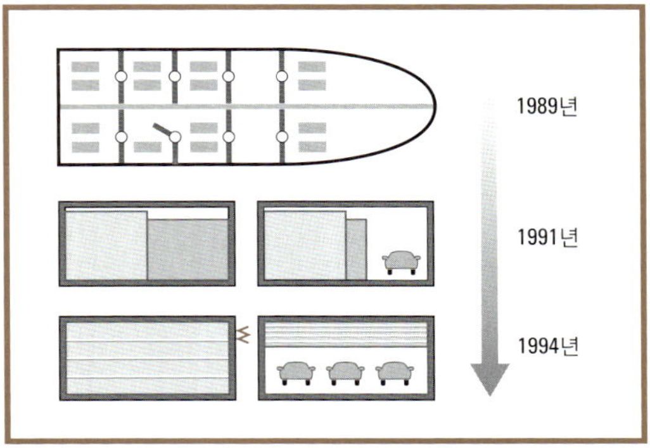

그림 2.7 '바닷물은 들어오면 안 된다'라는 생각의 틀

이상해결책의 정의

크배너 선박회사가 제안했던 슬라이딩 도어나 아코디언 도어는 비용문제 때문에 실제로 적용하지는 못하였다. 그에 비하면 갑판에 구멍을 뚫는 아이디어는 비용이 거의 들지 않는다. 그래서 창의적 문제해결이론(TRIZ, 트리즈)에서는 이러한 해결책을 이상해결책(IFR, Ideal Final Resut)이라고 부른다.

만일 이상성(Ideality)을 아래와 같이 정의한다면, 이상해결책에서는 이상성이란 값이 무한대에 이르는 것이다. 이러한 이상해결책이 트리즈의 목표이다.

$$\text{이상성 Ideality} = \frac{\text{효과 Effect}}{\text{비용 Cost}} \rightarrow \infty$$

왜 이 아이디어를 미처 생각하지 못했는가

임진왜란 당시, 왜군은 네덜란드와 포르투갈에서 수입한 화승총을 주력무기로 사용했다. 당시 조선의 조정에서는 이를 조총이라고 불렀는데(일본에서는 철포라고 부름), 조총이 가지고 있는 약점을 분석하긴 했지만 이에 대해 충분한 준비를 하지 않았다. 당시의 화승총은 사정거리는 길지만, 사격의 정확도가 매우 낮아 병사에게 활쏘는 훈련을 강화시키는 것이 더 나을 것으로 판단했기 때문이다. 또한 화승총은 한 번 발사하면, 재장전하기까지 1분 이상의 시간이 걸린다. 총구를 세우고, 막대를 집어 넣어서 화약을 장전하고, 다시 총알을 넣은 후, 엎드려 발사자세를 취하고서 심지에 불을 붙이는 방식이기 때문이다. 당시 조선의 조정에서는 이러한 재장전의 문제가 있는 화승총보다는 곧바로 쏠 수 있는 활을 활용하는 것이 더 효율적이라고 판단하고 있었다.

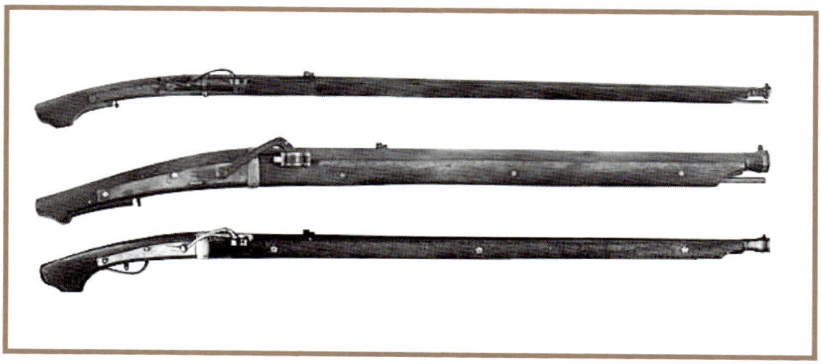

그림 2.8 일본이 사용했던 화승총

하지만 임진왜란이 발생하고 나서, 화승총은 큰 위력을 발휘했다. 우선 화승총에서 발생하는 소리는 전투에서 기선을 제압할 수 있어, 적의 사기를 크게 떨어뜨렸다. 또한 앞에서 말했듯이 대부분의 화승총은 사격의 정확도가 낮았지만 전체 화승총 중에서 20%정도의 화승총은 어느 정도 정확도가 높았다. 안타깝게도 이 20%의 화승총이 전투에서의 승패를 결정지었던 것이다.

당시 도요토미 히데요시는 예전에 오다 노부나가의 부하였다. 오다 노부나가는 화승총을 주력무기로 활용해 일본의 혼란스러웠던 전국시대를 통일한 인물이었다. 오다 노부나가가 암살된 후, 도요토미 히데요시가 정권을 물려 받게 되었다. 당시 오다 노부나가는 화승총의 약점인 재장전시간을 극복하여 나가시노전투1575년에서

6시그마의 유래, 80:20 법칙

1960년대와 1970년대에 80:20 법칙을 집중적으로 연구한 사람들이 있었다. 이 사람들은 오랜 연구와 사례, 경험을 통하여 80:20 법칙에 대한 강한 확신을 가질 수 있었다. 거의 모든 경영과 품질의 현장에서 성과를 내는 것은 전체의 20%가 담당한다. 불량이란 것도 20%의 핵심요소가 전체 불량의 80%를 야기한다는 것이다.

쉽게 비유하자면 대한민국 전체 인구의 20%가 대한민국의 재산 80%를 소유하고 있다는 말이다. 1980년대에 들어와서 연구자들은 승패를 결정짓는 20%를 어떻게 과학적이고, 객관적으로 찾아내는가를 연구하였는데, 이 때 통계학을 적극적으로 활용했다.

이것이 1990년대 활발히 진행된 경영혁신활동인 6시그마의 출발점이다. 경영의 승패를 결정짓는 20%의 핵심요소를 얼마나 체계적이고 정확하게, 객관적이고 효율적으로 도출하느냐 하는 것이 6시그마의 Define, Measure, Analysis 단계이다.

다케다 가츠요리의 기병대를 전멸시키기도 하였다. 화승총을 든 병사들을 3열로 배열하여, 1열 발사, 2열 발사, 3열 발사 식으로 쉬지 않고 발사할 수 있었는데, 이를 당시에 '3단철포'라고 불렀다.

재장전시간이라는 화승총의 단점을 일본군은 '3단철포'라는 방식으로 보완했다. 그러면 화승총은 그 후 어떻게 발전했을까? 재장전시간이 긴 휴대용 총기의 문제는 어떻게 근본적으로 해결이 되었을까?

300년이 지난 1800년대 중반, 탄환을 뒤에서 장전하는 총이 일반화되었다. 동시에 총알과 화약이 일체화되었다. 총알을 총신의 뒤에서 장전하게 되면 재장전시간이 훨씬 줄어들게 된다. 다시 한 번 다음과 같은 질문을 던져보자.

"
뒤에서 장전하는 아이디어는
창의적인 아이디어인가?
"

그림 2.9 화승총을 활용한
나가시노 전투장면

창의적인 아이디어라고 인정해주기는 어려울 것이다. 재장전시간을 줄이는 것은 전투의 효율성을 높일 수 있어 전쟁터에서 가장 중요한 점이고, 많은 경우 나라의 흥망이 결정되는 일이다. 그러면 그 문제를 해결한 이 아이디어가 창의적인 아이디어라는 점에 대해 왜 동의하기 어려운 것일까? 왜냐하면 '앞에서 장전하던 것을 뒤에서 장전하는 것인데, 그것이 뭐 대단한 것이냐'라고 반문할 수 있기 때문이다. 마지막으로 아래와 같은 질문을 다시 던져보자.

"
왜 이 아이디어를
미처 생각하지 못했을까?
"

더구나 앞에서 장전하던 것을 뒤에서 장전하는 아이디어를 생각해내기까지, 300년이 걸린 이유는 무엇일까?

왜 300년이나 걸렸을까?

총기의 탄환을 총구의 앞에서 장전하던 것을 뒤에서 장전하기까지 300년이 걸렸다. 너무 오래 걸린 것일까?
인류의 조상은 돌을 부딪히고 깨뜨려서 뾰족한 부분을 만들어 사냥의 도구 등으로 이용하였다. 돌을 잘 선별해서 잘 깨뜨리는 것도 그 당시에는 일종의 기술이었을 것이다. 그러다가 돌을 갈아서 뾰족한 부분을 만들게 되었다. 자, 시간이 얼마나 걸렸을까? 돌을 깨어서 뾰족한 부분을 만들다가, 갈아서 뾰족한 부분을 만드는 아이디어가 나오기까지 얼마나 시간이 걸렸을까? 다들 알고 있듯이 구석기 시대는 50만년 전이고, 신석기 시대는 1만년 전이다. 돌을 갈아서 뾰족한 부분을 만드는 아이디어가 단순한 아이디어라고 생각하겠지만, 그 아이디어가 나오기까지 50만년이 걸린 것이다.

그러면 총기의 탄환을 총구 앞에서 장전하다가 뒤에서 장전하는 아이디어가 나오는데 300년 걸렸다는 것은, 짧은 시간에 나온 아이디어라고 말할 수 있을까?

탄환을 뒤에서 장전하는 것이 300년이나 걸린 까닭은, 혹은 그렇게 간단한 아이디어를 미처 생각하지 못한 까닭은 무엇일까? 강력한 생각의 틀이 존재하고 있었기 때문이다.

15세기 네덜란드와 포르투갈에서 일본으로 전해진 화승총은 대포의 축소판이었다. 이러한 대포는 어떻게 장전하는가? '캐리비안의 해적'과 같은 영화에서 보면, 긴 막대기로 화약을 장전하고 대포알을 포신 앞에서 집어 넣는다. 15세기에는 300~400년간 대포가 함선에서 중요한 무기였고, 이 대포를 휴대용으로 만들기 위해 그대로 축소해서 만든 것이 화승총이었다. 300~400년간 대포의 탄환을 포신 앞에서 장전하였듯이 휴대용 대포인 화승총도 똑같은 방식으로 막대기를 이용해 화약을 장전하고, 탄환을 총신의 앞에서 장전한 것이다. 이처럼 강력한 생각의 틀이 존재하고 있었기 때문에 탄환을 총신의 뒤에서 장전한다는 간단한 아이디어가 나오기까지 300년이 걸린 것이다.

그림 2.10 스페인 무적함대에 사용된 8인치 구경 대포

삼성전자는 이렇게 했다

국내기업이자 세계적인 글로벌 전자회사인 삼성전자의 기술혁신 사례를 살펴보자. 컴퓨터 데스크탑이나 노트북에는 CD/DVD 드라이브가 장착되어 있다. 2001년은 DVD 디스크가 일반화되기 시작하는 시점이었는데, CD/DVD 드라이브라는 것은 CD도 읽어내고 DVD도 읽을 수 있는 장치이다. 당시, 삼성전자는 중국 업체들의 저가정책으로 시장에서 영업이익을 내기가 점점 더 어려워지고 있었다. 가장 핵심이 되는 부품이 '광픽업'인데, 일본업체 광픽업의 가격은 20달러였고, 삼성전자는 11.7달러였다. 중국업체는 훨씬 더 싼 가격에 광픽업을 생산하였으나 품질수준이 낮았다. 삼성전자는 1년에 300만 개 이상 광픽업을 생산하고, 향후에는 더 많은 광픽업을 시장에 공급할 계획이어서, 광픽업에 대한 원가 절감이 절실히 필요한 시점이었다. 그래서 삼성전자는 광픽업의 원가절감을 위해 '창의적 문제해결이론(TRIZ)'을 적용하였다.

그림 2.11의 6번이 CD 혹은 DVD 디스크이다. CD와 DVD는 레이저(Laser)라는 빛을 이용하여 정보를 읽어내는 장치인데, CD를 읽을 때 필요한 레이저(780nm 파장)와 DVD를 읽을 때 필요한 레이저(650nm 파장)가 서로 다르기 때문에 그림 2.11의 1번과 7번처럼 두 개의 레이저부품(Laser Diode, 화합물반도체)이 필요하다.

CD 디스크를 읽어내는 과정을 살펴보자. 2번의 레이저 부품에서 레이저가 나오면 3번의 부품에서 레이저가 직각으로 반사되고 4번과 5번 렌즈를 통과해서 6번의 CD에 초점이 맺힌다. 만일 CD 표면에 홈(작은 구멍)이 있으면 레이저 빛은 반사되지 못하고 흡수되며(홈의 깊이가 레이저 파장의 4분의 1), 만일 홈이 없다면 그대로 반사되어 5번, 4번 렌즈와 3번의 부품을 거치고, 8번, 9번 렌즈를 지나 10번의 광검출기까지 도착한다. 그러면 광검출기가 빛이 반사되었음을 전기적으로 인식하여 디지털 신호를 읽어내는 원리이다. 이렇게 디스크의 홈이 있는지 없는지에 따라, 0,1,0,1의 신호를 디지털로 읽게 되는 것이다. DVD의 경우 7번 DVD 레이저부품에서 레이저가 발생하는 것을 제외하면 나머지는 CD와 같은 원리로 디지털 데이터를 읽어 낸다.

이 당시에 일본의 S사는 하나의 레이저 부품에서 CD와 DVD에 필요한 두 가지 종류의 레이저가 나오는 부품을 개발하였다. 이 부품을 사용하면 서로 다른 두 개의 레이저 부품을 사용하는 것보다 비용이 적게 들 것이다. 그런데 이 부품을 사용하는 데에는 큰 문제

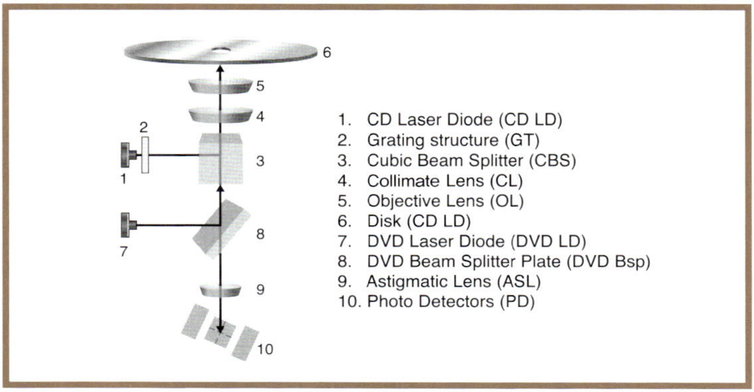

그림 2.11 광픽업의 구조와 작동원리

가 있었다. 하나의 부품에서 CD 레이저와 DVD 레이저가 나오기 때문에 그림과 같이 광경로(빛의 진행 방향)가 서로 일치하지 않았다.

그래서 일본의 A사는 홀로그램 소자를 사용해 보았다. 이 특수 소자는 서로 다른 광경로를 그림 2.12와 같이 하나로 일치시켜주었다. 하지만 이 특수 소자의 개당 가격은 10달러를 넘어서, 자칫 레이저 부품 하나를 줄여 원가를 절감하려다가 더 큰 혹을 붙이는 경우가 되어 버렸다.

일본의 B사는 그림 2.13과 같이 다층빔스플리터(Multi Layer Beam Splitter) 특수 소자를 사용하여 두 개의 서로 다른 레이저 경로를 하나로 합치려고 시도하였다. 그런데 가격도 가격이지만, 그러한 다층빔스플리터는 연구실에서만 겨우 만들 수 있고, 대량생산은 불가능하다는 문제점이 있었다.

이 때, 삼성전자의 트리즈 전문가는 '광경로를 일치시키려는 것은 광학 엔지니어들이 가지고 있는 생각의 틀이다'라고 지적하였다. 그래서 굳이 광경로를 일치시키지 않고 그림 2.14와 같이 아예 광검출장치(Photo Detector)를 하나 더 설치하였다.

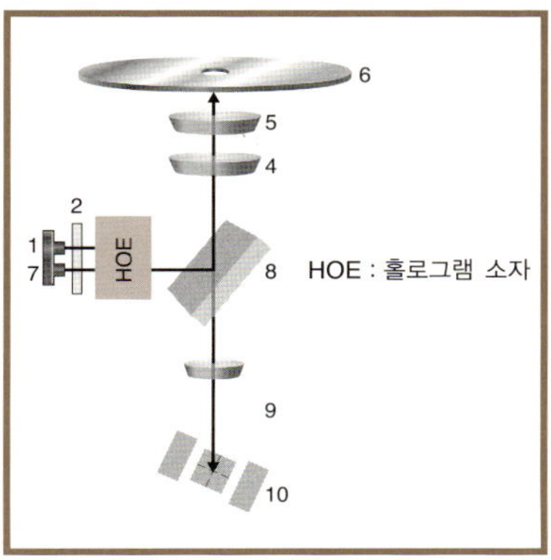

그림 2.12 일본 A사의 아이디어

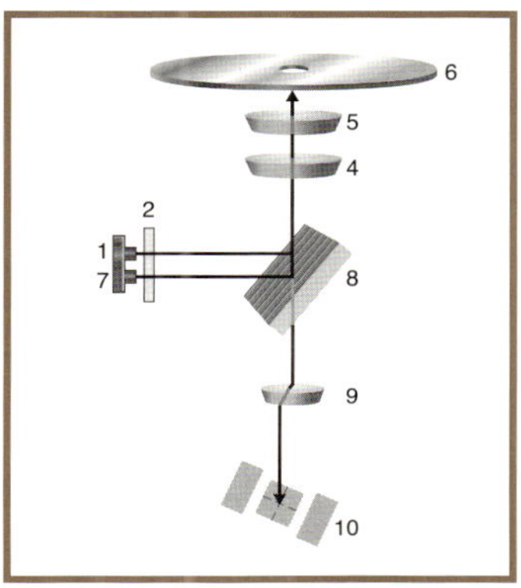

그림 2.13 일본 B사의 아이디어

일본의 회사들은 광경로를 일치시키기 위해서 갖은 노력을 다하였는데, 삼성전자는 어차피 서로 다른 광경로는 그대로 두고 광검출기를 하나 더 설치한다는 아이디어를 제시한 것이다.
이것이 과연 창의적인 아이디어일까? 창의적이라고 말하기에는 너무나 간단한 아이디어가 아닌가?
이 아이디어를 낸 개발팀에게 삼성전자는 2001년 사내 기술상을 수여하고, 개발팀 전 직원들에게 보너스와 특별휴가를 지급하였다. 이렇게 간단한 아이디어를 낸 것뿐인데, 그런 상을 받을 만큼 창의적인 아이디어인가?
광검출기의 가격은 0.3달러에 불과했다. 그래서 11.7달러에 해당하던 광픽업의 가격을 7.0달러로 낮출 수 있었고, 매년 100억원 이상의 원가절감을 이루었다. 그 결과 이후 3년 동안 600억 이상의 원가를 절감할 수 있었다. 이렇게 큰 성과를 낼 수 있었던 아이디어는 너무나 간단했다. 이렇게 간단한 아이디어가 600억 이상의 원가절감을 가져오게 하는 이유는 무엇일까? 이러한 질문은 아래의 질문에 답하는 것과 같다.

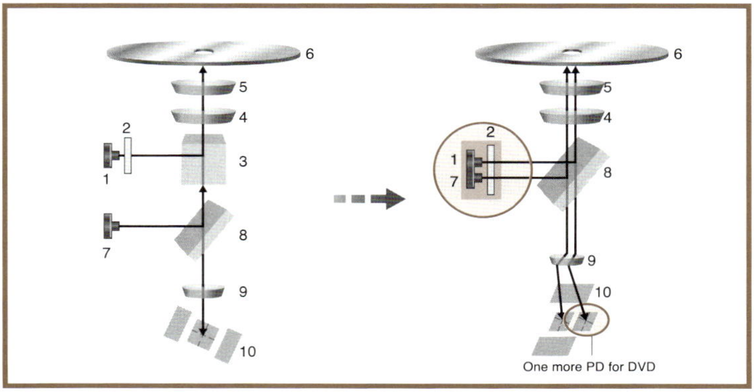

그림 2.14 삼성전자의 아이디어

"
왜 이 아이디어를 미처 생각하지 못했을까?
"

일본의 A사와 B사의 개발자들은 정통적인 광학 출신 엔지니어들이다. 광학(Optics)에서는 광경로가 달라지거나, 광축이 비틀어지는 것을 절대로 용납하지 않는다. 해당 분야의 엔지니어가 가지고 있는 강력한 생각의 틀인 것이다. 그 생각의 틀이 너무 강력했기 때문에 이처럼 간단한 아이디어를 미처 생각하지 못한 것이다.

창의성이란?

기업의 연구, 개발(R&D) 현장에서 오랜 기간 종사하면서 느낀 창의성의 특징은 결과적으로 보면 너무나 간단한 아이디어라는 점이다. '강력한 아이디어일수록 간단한 아이디어인 경우가 많았다'라는 점을 많은 엔지니어들이 이야기한다. 쉽게 말해서 '콜럼부스의 달걀'과 같았다. 창의적인 아이디어일수록 누구나 쉽게 이해할 수 있는 수준이었지, 결코 석사나 박사 이상의 교육을 받은 사람들만이 이해할 수 있는 경우는 거의 없었다.

창의적인 아이디어, 창조적 경영을 위해서 꼭 필요한 것이 무엇일까? 지식이 부족해서 창의적 아이디어가 나오지 않는 경우는 거의 없었다. 노력이 부족해서, 밤 늦게까지 불이 켜있지 않는다고 해서 창의성이 나오지 않는 경우도 없었고, 열정이 부족하기 때문에 창의성이 나오지 않는 경우도 없었다. 미처 생각하지 못한 것을 생각해냈을 뿐이다. 물론 지식이 많고, 열심히 노력하고, 열정이 넘쳐흐른다면, 남들이 생각하지 못한 아이디어를 먼저 생각해낼 수 있는 확률은 높아질 수 있다. 하지만 그러한 지식과 노력, 열정이 핵심적인 사항은 아니라는 점을 강조하고 싶다. 오히려 어떤 경우에는 지나친 지식과 노력, 열정이 전문가로서의 생각의 틀을 더욱 단단하게 만드는 경우도 있다. 그러므로 창의성이란 남들이 미처 생각하지 못하는 것을 먼저 생각해내는 것이라고 정의할 수 있다.

> “ 창의성이란 미처 생각하지 못한 것을 남보다 먼저 생각하는 것 ”

그래서 창의성 방법론들의 특징은 미처 생각하지 못한 것을 생각하게 해주는데 도움을 준다는 점이다. 다른 말로 표현하면, 생각의 틀을 없애주는 방법들을 제공하는 것이 창의성의 방법론들이다. 창의적인 사람들이란 남들이 미처 생각하지 못한 것을 먼저 생각해서 알려주는 사람이다. 창조 경영이란 남들이 미처 생각하지 못한 시장, 남들이 미처 생각하지 못한 고객, 다른 기업이 미처 발견하지 못한 기술과 가치(Value)를 찾아 나서서 강력한 추진력으로 효율적인 업무를 가능하게 하는 경영이라고 정의할 수 있다.

닌텐도와 소니의 창조 경영

닌텐도의 직원은 3000명에 불과하지만, 현재 게임 업계의 골리앗으로 군림하고 있으며, 2007년에는 주식 가격도, 소니보다 2배 이상을 유지하고 있다. 기술이 우수하다고 해서 창조 경영의 기업이 아니라는 점을 명확히 보여주는 사례이다.

그림 2.15 플레이스테이션1

그림 2.16 플레이스테이션2와 소니의 오가 노리오 회장, 구타라기 겐

2000년대 중, 후반기의 소니와 닌텐도를 비교하면 창조 경영 핵심의 한 단면을 짚어 볼 수 있다. 소니의 기술력은 닌텐도보다 월등히 앞선다. 그러면 도대체 어떤 이유로 닌텐도의 주식가격이 소니보다 2배 이상일까?
1990년대 중반부터 2000년대 초반까지는 소니의 주식가격이 닌텐도의 2배였다. 소니는 1994년에 플레이스테이션1을 출시했고, 1999년에 플레이스테이션2(PS2)를 출시하였는데 이 플레이스테이션 시리즈가 큰 성공을 거두었기 때문이다. 플레이스테이션1이 출시되기 이전에는 닌텐도가 게임업계를 군림했으나, 플레이스테이션 출시 이후에는 소니가 게임업계의 공룡이 될 수 있었다.
소니가 플레이스테이션을 처음 출시하게 된 결정적인 계기는 닌텐도에게 당한 굴욕적인 사건이 있었기 때문이다. 당시 게임업계를 대표하던 닌텐도는 차세대 게임기 개발과 관련하여 소니와 협력하기로 되어 있었다. 미국 뉴욕의 행사장에서 발표할 예정이었는데, 발표 하루 전, 닌텐도는 갑자기 필립스를 차세대 게임기 개발 협력자로 변경하였다. 이 사건으로 소니의 '오가 노리오' 회장은 강한 굴욕감을 느꼈으며, 당시 게임기 자체개발에 열정을 가지고 있던 '구타라기 겐'에게 소니의 게임기개발을 허락하게 되었다. 게임기 개발을 위해 구타라기 겐에게 완전히 다른 조직인 자회사를 별도로 만들어주기까지 하면서 게임기 개발을 강행했다. 구타라기 겐이 생각하던 플레이스테이션은 기술적인 관점에서 기존의 게임기가 가지고 있지 않은 혁신적인 기능을 가지고 있었다. 바로 게임기에서 가장 중요한 3D 영상처리기술이다.

기존의 게임기가 밋밋한 평면의 게임영상으로 주류를 이룰 때, 소니는 3D라는, 다른 게임업계가 미처 생각하지 못한 가치(Value)를 소비자에게 선 보였다. 또한 CD롬 드라이버를 플레이스테이션1에 적용하고, DVD 드라이버를 플레이스테이션2에 사용하였다. 당시에는 미래를 내다보고 과감하게 적용한 획기적인 기술이었다. 그때까지도 닌텐도는 팩(Pack)이라는 특수메모리에 게임을 담아서 팔고 있었지만, 소니는 CD와 DVD라는 대중적 저장매체에 게임을 담아서 팔았다. CD와 DVD에 게임을 담았던 정책은 90년대 중반, 2000년대 초반의 폭발적인 PC 수요와 멀티미디어 바람과 함께 큰 성공을 거둘 수 있었다. 이러한 소니의 정책은 '기술적 분야에서 남이 미처 생각하지 못한 것을 처음 선보인 창조 경영'의 결과라고 해석할 수 있다.
플레이스테이션의 획기적인 성공으로 게임업계의 헤게모니는 소니가 쥐었고, 90년대 중반부터 2000년대 초반까지 닌텐도는 끝이 없는 나락의 길을 걷고 있었다.

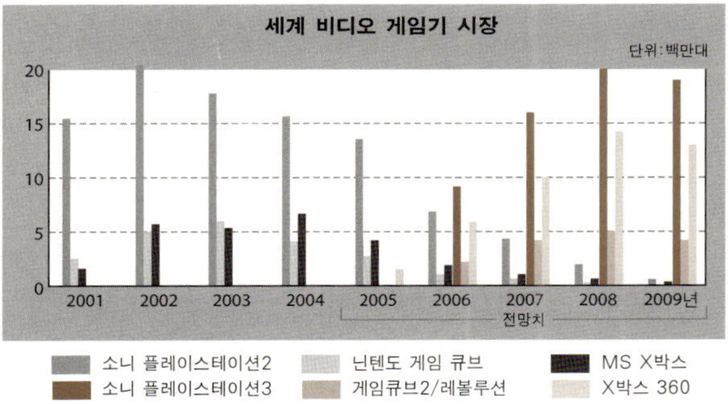

그림 2.17 플레이스테이션 전망, 2005년 영국 파이낸셜타임즈 기사

2003년 즈음, 소니와 닌텐도는 공통적인 문제를 가지게 된다. 소니가 플레이스테이션3를 출시하지만, 예전만큼의 판매가 이루어지지 않았던 것이다. 닌텐도도 마찬가지였다. 왜냐하면 기존의 게임시장규모는 더 이상 늘어나지 않았기 때문이다. 그래서 두 회사는 이익을 가져다 줄 틈새시장을 찾아냈는데 바로 모바일 게임시장이었다. 가정에 콘솔형태로 게임기를 설치해 TV로 게임을 즐기는 형태가 아닌, 휴대용 게임기를 개발한다는 것이다. 당시 휴대폰이 IT산업에서 큰 비중을 차지하고 있었기 때문에 모바일 게임산업이 성공할 수 있는 환경은 충분히 마련되어 있었다.

모바일 게임시장이라는 새로운 분야에 대한 소니의 접근과 닌텐도의 접근은 달랐다. 소니는 PSP라는 소형게임기를 출시했다. 매끈한 디자인과 WiFi라는 무선통신을 비롯한 첨단기술이 들어가 있고, 뛰어난 해상도의 LCD를 가지고 있으며, 광디스크뿐만 아니라 플래시메모리까지도 지원하는 기술적으로 최첨단의 모바일 게임기였다. 크기는 손에 쥘 정도로 작아졌지만, 기능은 플레이스테이션2와 같았다. 거의 모든 플레이스테이션2 게임을 모바일 환경에서 즐길 수 있게 한 것이다. 과거 플레이스테이션2 게임의 성공을 경험한 바 있는 소니는 확고한 플레이스테이션2 게임유저 계층을 믿고 상당한 기대를 하고 있었다. 플레이스테이션3 게임기가 기대만큼 팔리지 않는 이유는 너무나 저변이 확대된 플레이스테이션2 때문이라는 분석도 있었기 때문에, 플레이스테이션2 게임을 모바일 환경에서 동작시키는 PSP에 소니는 큰 기대를 걸었던 것이다.

그림 2.18 소니 PSP와 닌텐도 DS

반면 닌텐도는 닌텐도DS를 같은 시기에 출시했다. 화면의 크기가 PSP에 비해 훨씬 작았고, 해상도도 많이 뒤떨어졌다. 무엇보다도 최신 IT기술이 묻어나는 첨단의 PSP에 비해, 닌텐도의 DS는 유행에 한참 뒤진 디자인의 느낌을 주었다. 다만, 두 개의 화면이 있고, 펜으로 터치스크린 기능이 된다는 점이 달랐다. 그래서 많은 사람들과 평론가들은 PSP의 일방적인 승리를 예상하였다.

하지만 1년 후, 그 예상은 크게 빗나갔고, 2007년 말까지의 판매실적만 봐도, PSP가 닌텐도DS에 비교하기 부끄러울 정도의 차이를 보였다. 닌텐도는 기술적인 부분에서가 아니라, 컨텐츠적인 측면에서 소니가 미처 생각하지 못한 고객을 발굴할 수 있었던 것이다.

비록 닌텐도DS가 기술적인 측면에서 소니의 PSP에는 뒤지지만, 여성과 중 · 장년층의 남성이라는 새로운 고객층에게 맞는 게임 소프트웨어를 제공하였다(여성에게는 강아지 기르기 게임인 '닌텐독스'가 대표적인 게임이고, 중 · 장년층의 남성들에게는 두뇌개발프로그램 등이 대표적인 게임이다). 두 개의 터치스크린과 단순한 버튼들은 이러한 새로운 게임 소비자층들에게 가장 간단한 게임 조작 환경을 제공할 수 있었다.

PSP가 실패한 이유는 플레이스테이션2의 고객층을 모바일게임환경으로 옮겨오는데 실패했기 때문이다. 소니는 기존의 게임 고객들을 대상으로 해서는 더 이상 시장이 커지지 않는다는 점을 인식하지 못했다. 변화를 거부하고 기존의 방식대로 밀고 나간 것이다.

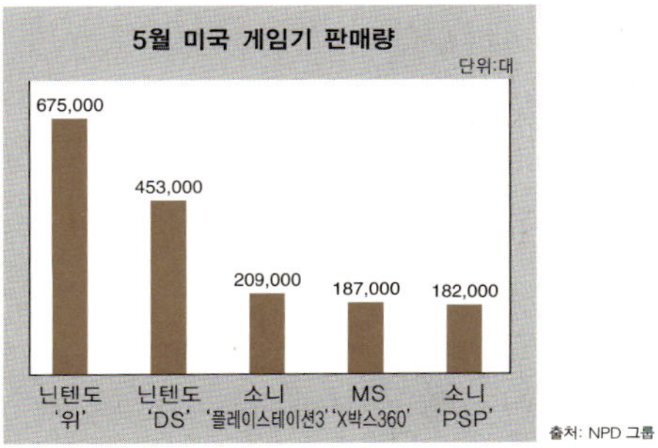

그림 2.19 2008년 5월 미국 게임기 시장, 닌텐도 DS가 PSP를 누름

하지만 닌텐도DS는 새로운 고객층을 발굴했다. 기존까지 게임과는 무관하다고 여겼던 여성, 중 · 장년층 등을 새로운 고객으로 만들 수 있었다. 아무도 생각하지 못했던 새로운 게임 고객층을 생각했던 닌텐도. 이 점에서 닌텐도는 기술적 관점에서의 창조 경영이 아닌 '마케팅 차원의 창조 경영'을 이룬 것이라고 볼 수 있다.

하지만 이러한 닌텐도의 마케팅 차원의 창조 경영이 이번이 처음일까? 아니다. 1970년대 중반, 미국에서 게임시장이 처음 만들어졌고, 수많은 게임업체들이 나타났다가 사라지곤 하였다. 그러던 중, 애플컴퓨터에 의해 PC(Personal Computer), 즉 개인용 컴퓨터가 보급되기 시작하고 IBM에 의해 PC가 대중화되면서 많은 사람들은 게임의 종말을 예고하였고, 게임산업은 사양산업으로 인식되었다. 게임기를 사는 가격에 조금만 더 지불하면 PC를 살 수 있었고, 기존의 모든 게임들이 PC에서 구동 가능하였기 때문이다. 이러한 때에 닌텐도는 게임시장에 진입했다. 당시의 업계 전문가들의 시각에서는 얼마나 엉뚱한 행동이었을까? 하지만 닌텐도는 1980년대부터 90년대 초까지 게임업계의 규모를 대규모로 키우면서 게임업계의 제왕으로 군림할 수 있었다. 사양산업으로 인식되던 게임업계에서 어떻게 게임산업을 대규모로 키워낼 수 있었을까?

1980년대 초의 게임유저들은 1970년대 중반 게임을 즐기던 세대들이었다. 70년대 중반의 게임유저들은 80년대 초반에 PC를 구매하였고, 그

그림 2.20 어른이 게임을 즐기고 있는 모습을 홍보하는 닌텐도

러한 게임소비자들을 대상으로 하는 게임산업이 사양산업이었던 것이다. 하지만 닌텐도는 새로운 게임 소비 계층을 생각해냈다. 아무도 미처 생각하지 못한 어린이용 게임기를 개발한 것이다. 슈퍼마리오, 패밀리컴으로 대변되던 1980년대 게임의 중흥기를 이끌어냈다. 이후에 이러한 어린이 세대들이 자라나서, 닌텐도를 버리고 현란한 3D그래픽과 첨단기술의 소니 플레이스테이션으로 옮겨가, 닌텐도는 쓸쓸한 겨울을 맞이하게 되었다. 하지만 이 세대들의 소니에 대한 열광은 오래가지 않았다. 이 세대들은 플레이스테이션2에서 만족한 것이다. 이 세대들을 바라보고서 더 이상의 기술적 투자를 하는 것은 현명하지 않다고 닌텐도는 판단했다.
그래서 2000년대 중반, 과거의 닌텐도가 그랬듯이, 닌텐도는 다시 한 번 아무도 미처 생각하지 못했던 새로운 게임 소비자층(여성, 중 · 장년층)을 공략하기 시작했다. 그리고 2006년 말, 다시 한 번 어린이 게임소비자 계층을 공략했다. 1980년대와 같은 단순한 반복이었을까? 아니다. 현대

그림 2.21 서서 움직이며 게임을 즐기는 어린이와 부모

의 어린이들에게 부모가 가장 요구하는 점은 무엇일까? 건강이다. 모니터 앞에 앉아 있는 것이 아니라, 활발히 뛰어 노는 활동을 부모는 바라고 있다. 그래서 소니가 기술적으로 플레이스테이션2를 잇는 획기적 성능의 첨단 셀컴퓨팅기술이 녹아들어간 플레이스테이션3를 시장에 출시했을 때, 닌텐도는 Wii를 출시한다. CPU나 메모리, 그래픽칩 등의 기술적인 면에서 도저히 플레이스테이션3에 비교할 수 없는 수준의 게임기지만, 리모콘을 이용한 모션인식기능을 게임에 적용하였다. 어린이들은 리모콘을 테니스의 라켓처럼 휘둘러가며, 운동을 하면서 게임을 할 수 있다. 부모들이 진정으로 원하는 것을 닌텐도는 알고 있었다. 지금 현재의 시점에서는 더 이상 기술이 필요한게 아니었다.

역시나 2007년 Wii의 판매대수는 소니의 플레이스테이션3를 크게 앞질렀다. 이렇듯 닌텐도의 전략은 새로운 게임 계층을 발굴하는 것이다. 아무도 미처 생각하지 못했던 새로운 소비자 계층의 발굴. 그래서 창조 경영의 모델로 인식하기에 부족함이 없을 듯 싶다.

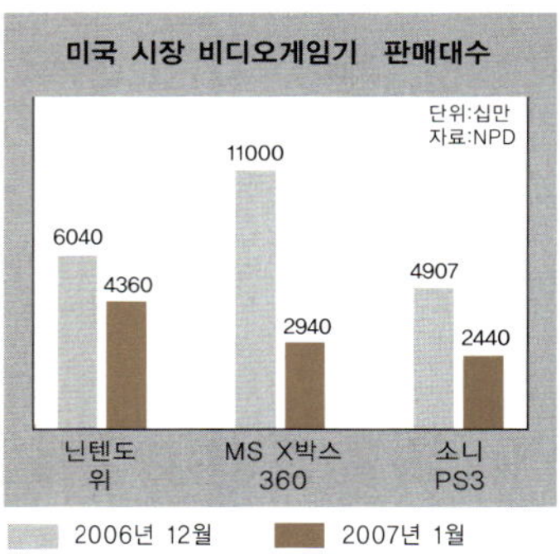

제품	판매량
닌텐도 위	42만 5000대
닌텐도 DS	42만 5000대
플레이스테이션2	22만 2000대
플레이스테이션 포터블	21만 4000대
X박스360	17만대
플레이스테이션3	15만 9000대
게임보이어드밴스	8만 7000대

출처: NPD 그룹

그림 2.22 2006년과 2007년 7월 미국 게임기 시장 판매량

CHAPTER

03

대표적인 창의성 방법론에는?

2장에서는 창의성의 특징(property)에 대하여 설명하였다. 창의성을 정의(define)하는 것은 과학적인 엄밀함이 필요한 반면에, 그 특성을 이야기하는 것은 창의성을 더 잘 이해할 수 있는 방법이라고 생각된다. 앞에서 창의성의 가장 큰 특징은 '미처 생각해보지 못한 것을 생각하는 것'이라고 설명하였다. 이제 이러한 창의성의 특징을 고려하여, 지금까지 기업에서 가장 많이 사용된 창의성의 방법론들을 살펴보도록 한다.

비난하지 말자
: 브레인스토밍(Brainstorming)

창의성의 가장 대표적인 방법론

많은 기업이나 학교에서는 신입사원을 대상으로 교육을 실시한다. 이 때 어떤 형식으로든, 창의성을 높이는 방법으로 브레인스토밍이라는 방법론을 배우게 된다. 여러 사람이 모여 아이디어를 생각해내야 할 때 구성원 중에서 누가 어떤 아이디어를 제안하더라도 결코 비난을 하지 않고, 그렇기 때문에 누구나가 자신의 아이디어를 과감하게 제안하게 하는 것이 브레인스토밍이다. 생각나는 대로 유쾌하게 아이디어를 발표하기 때문에 구성원의 두뇌는 여러 가지 즐거운 생각으로 폭풍이 일어나는 것과 같다고 하여 두뇌폭풍, 즉 브레인스토밍(Brainstorming)이라고 부른다.

브레인스토밍의 유래

창의적인 아이디어를 제안하기 위해 브레인스토밍을 실시하는 방법은 지극히 간단하다. 강력하면서도 간단한 규칙은 '비판하지 않는다'이다.

브레인스토밍은 1940년대 미국의 광고회사 BBDO(Battern, Barton, Durstine and Osborn)에서 시작되었다. '알렉 오스본(Alex F.Osborn,

1888~1966)'은 미국 BBDO 광고 회사의 창립자 중 한 사람으로서, 자기 회사의 사원들과 함께 브레인스토밍을 개발하고, '뉴욕타임즈' 지에 창조성 개발에 관한 논문을 수 차례 발표하였다. BBDO사는 브레인스토밍을 실시하여 뚜렷한 실적을 거두게 되었고, 이 기법이 전 세계로 확산되어 오늘에 이르고 있다. 초창기에는 '비판하지 않는다'라는 간단한 규칙으로 시작되었지만, 시간이 지나면서 브레인스토밍을 좀 더 효율적으로 실행하기 위하여 여러 가지 규칙과 순서들이 만들어졌다.

브레인스토밍의 원칙

우선 '비판금지의 원칙'이 있다. 상대방이 내는 아이디어에 대해서 결코 비판하지 않는다는 원칙이다. 다음으로 '자유분방의 원칙'이 있다. 좋은 아이디어는 자유로운 분위기에서 나올 가능성이 높기 때문에 브레인스토밍을 할 때는 최대한 자유로운 분위기를 조성하도록 노력해야 한다는 원칙이다. 그리고 '질보다 양우선 원칙'이 있다. 아이디어의 질이 낮더라도 많은 양의 아이디어를 제시하는 것을 더 중요시한다는 원칙이다. 마지막으로 '통합과 개선원칙'이 있다. 브레인스토밍의 마무리 단계에서는 제안된 모든 아이디어를 종합해서 모든 구성원들이 이를 확인하고, 부족한 아이디어는 개선한다는 원칙이다. 마지막 원칙을 지키지 않으면 회의를 마쳐도 결과물이 없는 경우가 많으므로 회의를 진행하는 사람은 주의해야 한다.

브레인스토밍을 위한 사전 준비

효과적인 브레인스토밍을 위해서는 아래의 사항들을 준비하는 것을 권장한다.
우선 문제를 구체적으로 정의해서 참석한 사람들이 모두 공감할 수 있도록 준비한다. 광범위하게 정의되고 구체적이지 못한 방식으로 문제를 정하면, 마찬가지로 광범위하고 추상적인 해결안들을 내어 놓게 된다. 브레인스토밍을 실시할 때는 되도록 큰 종이에 문제를 구체적으로 정의해서 실내의 벽에 붙여놓는 것이 좋다.
다음으로는 얼마 정도의 회의시간이 적당한지 분명한 계획을 세운다. 무작정 시작해서 지칠 때까지 진행하는 것보다는, 미리 계획을 세우고 필요하다면 휴식시간도 고려해서 모두가 즐겁게 참여할 수 있도록 하는 것이 중요하다.
또한 누구를 참여시킬지 결정해야 한다. 부서 단위나 팀 단위의 구성원이라면 모두 참석하는 것이 바람직하겠지만 총 인원이 12명이 넘지 않을 것을 권장한다. 내부 인력으로만 구성한다면 전문적 기술과 경력이 풍부하겠지만, 1~2명 정도는 외부의 비전문가 인력이나 회사내의 다른 부서 인력을 포함시키는 것도 큰 효과를 기대할 수 있다. 이 때 외부전문가에게는 브레인스토밍에 참여하기 전에 문서화된 정보를 제공하여, 빨리 적응하게 하는 것이 중요하다.

브레인스토밍의 절차

브레인스토밍은 60년 이상의 오랜 기간 동안 쌓은 많은 경험을 통해서 통상적으로 아래의 절차에 따라 진행하는 것을 권장한다.

1단계

모든 사람이 문제를 이해할 수 있도록 간결하게 기술한다. 처음에는 문제에 대한 많은 제약을 둘 필요는 없다.

2단계

30분 정도의 시간을 두고 문제를 해결할 아이디어를 각자 생각한다. 만일 브레인스토밍에 참가한 사람이 많으면 시간이 늘어날 수도 있다.

3단계

모든 참가자가 자유롭게 아이디어를 제시한다. 모두가 아이디어를 제시하도록 격려해야 하며, 아이디어가 비록 비현실적이고 쓸모 없어 보이더이라도 결코 비평을 하지 않는다. 처음에는 쓸모 없어 보였던 아이디어가 나중에 좋은 것이 될 수도 있다. 제시된 모든 아이디어는 기록하도록 하고, 모두가 함께 보면서 공유할 수 있도록 칠판에 적어서 정리할 것을 권장한다.

4단계

가장 좋은 아이디어 5개를 참가자들의 만장일치로 선택한다.

5단계

어떤 아이디어가 문제를 가장 잘 풀 수 있는지 판단하기 위해 몇 가지 기준을 적는다. 기준은 다음과 같이 정할 수 있다. '비용이 저렴해야 한다', '생산하기 쉬워야 한다'. 각 아이디어가 제시된 기준을 얼마나 충족시키는지에 따라 점수를 준다. 각 아이디어에 대한 최종 평가점수를 계산한다.

6단계

가장 점수가 높은 아이디어가 문제를 가장 잘 풀 수 있는 것으로 채택된다. 현재 채택된 가장 좋은 아이디어가 실현 불가능할 때를 대비해서 좋은 것으로 선택된 모든 아이디어와 그 평가 점수를 기록하고 보존한다.

알렉 오스본의 체크리스트

브레인스토밍을 진행하는 도중에 아이디어의 소강상태가 있을 수 있다. 이 때에는 브레인스토밍을 만들었던 알렉 오스본이 제안한 체크리스트를 활용할 수도 있다. 광고회사에서 일하면서 만들었기 때문에 일반적으로 활용하기에 무리가 있는 부분도 있지만 대부분의 경우 잘 활용되고 있다. 이러한 체크리스트도 큰 종이에 적어서 회의실 벽면에 붙여 놓고, 모두가 활용할 수 있게 하는 것이 효율적이다.

알렉스 오스본의 체크리스트

1. 다른 용도는?

1.1 현재 그대로이면서 새로운 용도는? 1.2 수정하여 다른 용도로는? 1.3 이것으로 다른 무언가가 되지 않을까? 1.4 어떻게 하면 폐물 이용이 될까?

2. 차용, 응용한다면?

2.1 이에 흡사한 일은 없을까? 2.2 과거에 같은 경향이 없었을까? 2.3

다른 방법을 모방할 수 없을까? 2.4 뭔가 다른 아이디어가 응용될 수 없을까?

3. 새롭게 생각해낸다면?

3.1 뭔가 다른 형태는? 3.2 뭔가 다른 기능은? 3.3 어떻게 하면 새로운 관점을 창출할 수 있을까? 3.4 색조를 이용하여 뭔가 할 수 없을까? 3.5 움직임을 줄인다면? 3.6 치치직 소리내는 양복 드라이처럼 한다면?

4. 보다 더 늘린다면?

4.1 시간을 늘린다면? 4.2 빈도를 늘린다면? 4.3 강도를 높인다면? 4.4 높이는? 4.5 넓이는?

5. 보다 더 줄인다면?

5.1 낮춘다면? 5.2 좁힌다면? 5.3 가볍게 한다면? 5.4 유선형으로 한다면? 5.5 농축한다면? 5.6 뺀다면? 5.7 기타, 미니화, 세분화, 짧게, 억제

6. 대용한다면?

6.1 다른 부품, 성분이라면? 6.2 다른 재료라면? 6.3 다른 동력이라면? 6.4 다른 방법이라면? 6.5 기타 다른 사람, 다른 목소리, 다른 장소, 다른 접근

브레인스토밍이 창의성에 도움이 된다고 알려진 이유

브레인스토밍은 위와 같은 규칙과 단계를 따라, 회의에 참여한 모든 구성원들이 다양한 아이디어를 제안하게 한다. 사실, 위에서 언급한 모든 규칙과 단계를 반드시 지키며 무리하게 회의를 준비하지 않더라도 기본적인 생각만 이해하면, 브레인스토밍의 방법은 회의를 진행하는 기본 규칙으로 활용될 수 있을 것이다.

그러면 브레인스토밍이 창의적인 아이디어 생성에 도움이 되는 구체적인 이유는 무엇일까? 많은 사람들은 브레인스토밍이 참가자에게 입을 열게 하고, 다수를 아이디어 회의에 참여하게 하는 실천방법을 적용하기 때문이라고 설명한다. 일반적으로 자신의 아이디어가 무시될까봐, 혹은 자신이 창피당할지도 모른다는 소극적인 마음가짐으로 인해 창의성이 나타나지 않는 경우가 많다고 한다.

대개의 경우 자신이 생각하기에 자신이 발표한 어떤 아이디어가 혹시 낮게 평가되어 무시당할지도 모른다는 생각이 들면 발표를 주저하게 된다. 만일 자신이 생각하기에 훌륭한 아이디어라면 주저 없이 발표하겠지만, 그렇게까지 획기적이고 괜찮은 아이디어라는 확신이 없다면 발표를 주저하게 된다. 하지만 브레인스토밍으로 회의를 진행할 때는 질보다 양을 더 중요시하며, 가장 큰 원칙은 '결코 비난하지 않는다'이다. 그래서 조금 자신이 없고 확신이 없더라도, 자신이 생각한 아이디어를 기꺼이 제안하게 되는 것이다.

자신이 생각할 때 대단한 아이디어가 아니라서 평소에는 발표하지 않았겠지만, 브레인스토밍이기 때문에 기꺼이 아이디어를 발표한다. 그렇게 아이디어를 내어 놓으면 많은 사람들이 "어! 저거, 참 좋은 아이디어인데!"라고 말하며 그 아이디어를 채택하는 경우가 있다. 그래서 브레인스토밍이 창의성에 큰 도움이 된다고 알려져 있다. 실제로 브레인스토밍 기법은 가장 쉬우면서도 보편적으로 널리 사용되면서, 큰 효과를 내고 있는 것으로 알려져 있다.

브레인스토밍이 창의적 발상에 도움이 되는 또 다른 이유

자신이 생각하기에 대단한 아이디어는 아니지만, 그래도 브레인스토밍이기 때문에 아이디어를 제안했을 때, 많은 사람들이 "어! 저거, 참 좋은 아이디어인데!"라고 말하면서 그 아이디어를 채택하는 경우가 얼마나 자주 발생할까? 실제로 그렇게 많이 발생하지는 않는다.

사실, 자신이 볼 때 대단한 아이디어가 아니면, 남들이 볼 때에도 대단한 아이디어가 아닌 경우가 대부분이다. 현실이 그러하다. 그렇다면 브레인스토밍이 창의적 발상에 도움이 되는 진짜 이유는 무엇일까?

자신의 지식과 경험으로는 본인이 제안한 아이디어가 대단하지 않더라도 회의에 참석한 다른 사람들은 나와는 다른 지식과 경험을 가지고 있다. 자신의 경험과 지식으로는 대단한 아이디어가 아니고, 아이디어 자체도 단순하지만, 회의에 참석한 다른 사람에게는 그 아이디어가 훌륭한 발상의 계기(starting point)가 되는 것이다. 머리 속에서 번쩍하는 순간을 만들어 준다는 것이다. 나의 경험과 지식으로는 대단한 아이디어가 될 수 없고 단순한 아이디어로 남아있게 되지만, 다른 사람의 경험과 지식으로는 '아차!'하는 계기를 만들어 줄 수 있다는 것이다. 그래서 나의 단순한 아이디어가, 회의에 참여한 다양한 사람들의 경험과 지식에 합쳐져서 융합이 될 때, '미처 생각하지 못한 아이디어'로 나오게 된다. 다른 말로 표현하면, 브레인스토밍이란 회의에 참석한 사람들의 다양한 경험과 지식을 공유하는 기법이다. 그래서 내부 전문가뿐만 아니라 다양한 분야의 사람들이 참여하는 것이 중요하다. 새로운 지식을 만들어 낸 것이 아니라, 기존의 지식을 집어내어서 활용한 것이다. 이런 아이디어들은 대개 '미처 생각하지 못한 아이디어'라는 특징이 있다.

그룹화하고 모으자
: KJ-법(KJ-Mapping)

일본에서 만들어진 가장 유명한 창의적 기법이 KJ법이다. 이 기법은 문화인류학자인 가와키타 지로(1920~)가 중국과 네팔의 학술조사를 진행하면서 다양한 사실과 데이터들을 정리하기 위해 고안한 것으로, KJ법의 명칭은 고안자의 이름에서 나왔다. KJ법은 개인, 집단, 조직을 불문하고 인간이 미지의 문제를 해결하기 위해 노력하는 과정에서, 질문하고 답하는 과정에 사용될 수 있다고 한다.
KJ법은 제대로 된 교육을 받지 않으면 충분히 구사하지 못한다고 하며, 실제 일본에서는 2주 이상의 교육과정을 개설하고 있다. KJ법은 학문 연구에는 물론, 오늘날에는 행정, 기업, 교육 등의 모든 분야에서 이용할 수 있다고 말하고 있지만, 그 핵심적인 내용은 브레인스토밍을 한 차원 업그레이드 한 것이라고 할 수 있다.
그림 3.1에서는 브레인스토밍과 KJ법을 구분하여 설명하고 있다.

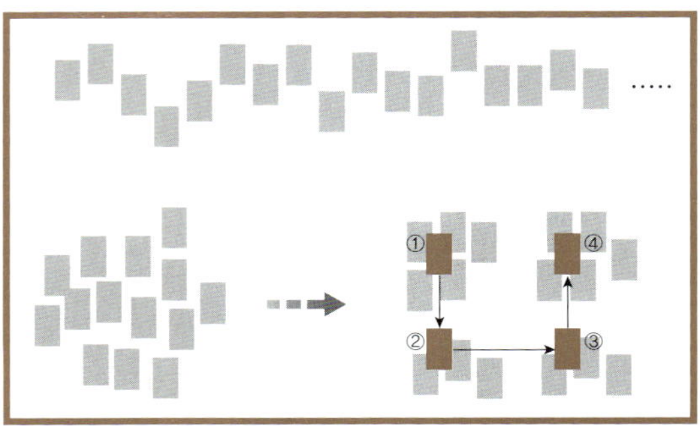

그림 3.1 브레인스토밍(위)과 KJ법(아래)의 차이

이 그림에 보이는 사각형은 포스트잇을 의미한다. 실제로 브레인스토밍을 진행하면서 아이디어가 떠오르면 각자가 그것을 포스트잇에 적어 벽에 붙이는 방법을 가장 많이 활용한다. 그림 3.1의 윗부분이 일반적 브레인스토밍에 해당한다. 아이디어가 있으면 적어서 붙인다는 뜻이다. 그림의 아랫부분은 KJ법에 해당한다. 우선 일반적인 브레인스토밍과 같이 아이디어를 제안한다. 이 때, 당연히 비판하지 않는다는 대원칙은 지켜진다. KJ법은 일반적인 브레인스토밍에서 한 가지가 업그레이드 되었다. 그림에서와 같이, 산발적으로 제안된 아이디어들을 그룹화하고 모으는 것이다. 그림에서는 4가지의 그룹으로 비슷한 아이디어끼리 분류하여 모아놓았다. 그런 다음, 각각의 그룹에서 공통된 개념을 뽑아내어 완성된 문장으로 만들고, 빨간색 종이에 적어서 그룹의 이름표를 붙인다. 마지막으로 각 그룹의 이름표들을 화살표로 엮어서 전체적인 아이디어를 만들어낸다.

일반적인 브레인스토밍에서 출발하되 비슷한 아이디어끼리 그룹화하여 생각을 정리하고, 마지막에는 종합적인 아이디어를 만드는 것이 KJ법의 핵심이다.

한 번에 하나씩만 하자
: 여섯색깔모자 기법(Six Thinking Hats)

여섯색깔모자 기법은 에드워드 드 보노(Edward de Bono) 박사가 제안한 창의적 발상기법으로 80년대에 국내에도 소개되었고, 많은 책자들이 발간되었다.
우선 회의를 진행하기 전에, 전체 회의시간을 6개로 나눈다. 예를 들어 1시간 동안 회의를 진행한다면, 10분 단위로 회의시간을 쪼개어 6개로 나눈다. 그리고는 첫 번째 시간은 하얀모자의 시간으로 정의하고, 이 10분 동안에는 객관적인 정보만을 공유한다. 실제로 이 기법을 교육받을 때는 하얀색 모자를 전부 머리에 쓰고 한다거나, 회의실의 조명을 하얀색으로 바꾸기도 한다. 드 보노 박사는 뇌를 연구한 의사 출신으로서 심리학의 전문가이기도 하다. 그는 사람의 뇌가 하얀색의 배경에 둘러싸일 때, 객관적인 정보를 의논하기가 가장 좋다고 주장한 것이다. 처음 10분 동안에는 객관적

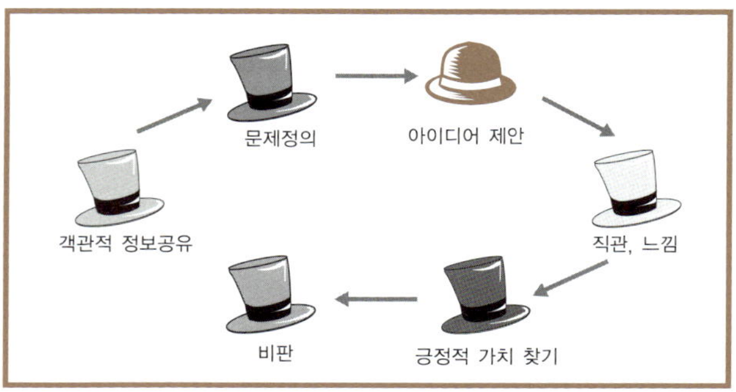

그림 3.2 여섯색깔모자 기법

인 정보만을 이야기하는데, 이 때 문제에 대한 아이디어 등을 이야기해서는 안 된다는 규칙이 있다. 반드시 객관적인 정보만을 이야기하고 생각해야 한다. 두 번째 10분의 회의 시간은 파란모자의 시간이다. 이 때는 문제를 정의하는 활동만 한다. 즉 회의에 참가한 사람들의 두뇌는 문제를 구체적이고 명료하게 정의하는 활동에만 집중하게 한다. 파란모자의 시간에 문제에 대한 해결책을 이야기한다거나, 혹은 새로운 객관적인 정보를 이야기하는 것은 철저히 금지되어 있다.

다음 10분은 초록모자의 시간으로, 아이디어를 제안하는 시간이다. 이 시간에는 문제에 대한 해결책만을 이야기한다. 물론 각 시간마다 회의를 진행함에 있어 가장 큰 원칙은 브레인스토밍의 방법으로 진행한다는 것이다. 즉 누구나가 자유롭게 자신의 아이디어를 제안한다는 규칙을 지키는 것이다. 그런 점에서 여섯색깔모자는 브레인스토밍 기법을 한 단계 더 발전시킨 모습이다. 그 다음 10분은 빨간모자의 시간이다. 초록모자의 시간에 이야기 되었던 아이디어들 중에서 구성원 각자가 관심이 있는 아이디어에 대하여 직관이나 느낌을 이야기 하는 시간이다. 빨간모자 시간에 새로운 아이디어를 제안하거나, 제안된 아이디어를 비판하는 것은 금지된다. 다음 10분은 노란모자의 시간으로 초록모자에서 제안된 아이디어들의 긍정적인 가치를 이야기하는 시간이다. 마지막 10분은 검은모자의 시간으로 초록모자 시간에서 제안되었던 아이디어들을 비판하는 시간이다. 검은모자 시간에 새로운 아이디어를 제안하거나, 직관적인 느낌을 이야기해서는 안 된다. 회의에 참여한 구성원 모두가 제안된 아이디어에 대한 비판에만 집중해야 된다.

여섯색깔모자가 창의성에 도움이 된다고 알려진 이유

기업의 연구, 개발이나 생산현장, 혹은 경영과 관련된 마케팅 등의 업무에서 아이디어가 필요하여 회의를 진행할 때, 이와 같은 여섯색깔모자기법을 활용하여 회의를 진행하면 생각지도 못한 좋은 결과를 얻어낼 때가 많다. 많은 책들은 여섯색깔모자 기법이 창의성을 발휘하는데 도움이 되는 이유를 '두뇌가 한 번에 하나씩만 집중적으로 초점을 맞춰 활동하기 때문에 두뇌활동의 효율이 올라간다'라고 설명한다. 마치 1700년대 산업혁명시대에 접어들면서 분업 활동으로 산업의 생산성이 크게 증가되었듯이, 여섯색깔모자 기법에서는 우리의 두뇌활동을 6가지로 나누어 분업화 하였기 때문에 두뇌의 활용효율이 증가되어 창의성에 도움이 된다는 것이다. 또한 인간의 심리학을 적용하여, 색과 관련된 연관성을 도입한 것도 중요한 점이라고 설명한다.

여섯색깔모자가 창의적 발상에 도움이 되는 또 다른 이유

2장에서 창의성의 중요한 특징으로 '미처 생각하지 못한 것을 생각하기'라고 이야기하였다. 이와 관련해서, 여섯색깔모자 방법론이 창의적 발상에 도움이 되는 다른 이유가 있을까?

창의적인 아이디어가 나오지 않는 이유는 지식이 부족하거나 노력이 부족해서, 혹은 열정이 부족해서가 아니다. 많은 서적에서는 창의성에 있어서 가장 중요한 요소가 열정이라고 한다. 하지만 이 말은, 한국 축구 국가대표팀이 좋은 경기를 보여주지 못할 때 해설가가 흔히 말하는 투지가 부족하다는 표현과 같다. 축구경기에서는 투지가 부족해서가 아니라, 히딩크 감독과 같은 시스템과 전략이 없어서이다. 창의성에 있어서는 열정이 부족해서가 아니라, 창의성에 대한 막연한 두려움과 함께 생각의 틀을 깨기 위한 구체적인 방법과 가이드가 없어서이다. 그런 면에서 오스본의 체크리스트는 생각의 틀을 깨는 방법이라고 볼 수 있다.

창의성이란 콜럼부스의 달걀과 같은 것이어서, 아이디어가 만들어지고 나서는 정말 간단한 것이며, 결국 '미처 생각하지 못한 것을 생각하는 것'의 결과이다. 미처 생각하지 못한 아이디어의 공통점은 무엇일까? 미처 생각하지 못한 아이디어는 마치 갓 태어난 아기와 같아서 상당히 허약하다. 아이디어가 미처 갖추지 못한 완전성 때문에 그 약점을 파고 들어 비판을 하게 되면, 미처 생각하지 못한, 갓 태어난 아이디어는 금방 죽게 된다.

그림 3.2의 여섯색깔모자 기법에서, 초록모자 시간과 검은모자 시간이 멀리 떨어져 있다는 점이 창의적 발상법으로서 여섯색깔모자가 가지는 특징이라고 말할 수 있다. 미처 생각하지 못한 아이디어일수록 처음에는 불완전하기 때문에 여러 공격적인 비판에는 취약하다. 하지만 여섯색깔모자 기법에서는 미처 생각하지 못한 아이디어를 제안하는 초록모자 시간 이후에 빨간모자 시간과 노란모자 시간이 있다. 이러한 충분한 성숙의 시간 이후에, 검정모자 시간이 위치하는 것이다. 그래서 미처 생각하지 못했던 창의적인 아이디어가 직관과 느낌을 이야기하는 빨간모자 시간과 긍정적인

가치를 이야기하는 노란모자 시간을 거치면서 강해지고 성숙해진다. 이렇게 강해지고 성숙해진 아이디어는 비판을 하게 되는 검정모자 시간에 충분히 생존할 수 있게 된다.

누군가 아이디어를 제안했을 때, 제안하자마자, "데이터가 있느냐?", 혹은 "이런 저런 문제가 있는데, 그런 심각한 문제에는 어떻게 대처하느냐?"라고 질문하면 너무나 가혹한 질문이지 않겠는가? 아이디어 자체가 신선하고 문제를 해결하는데 결정적인 기여를 할 수 있다 할지라도, 부족한 2%때문에 아이디어 자체가 사라질 수도 있다.

일상적인 대화에서도 여섯색깔모자 기법은 중요한 화법

여섯색깔모자 기법은 일상생활에서도 중요한 화법이 될 수 있다. 만일 어느 날 저녁 중학생인 당신의 자녀가 당신에게 이렇게 이야기 한다고 가정해보자.

"아빠, 나 다음 주부터 도서실에서 공부하면 어떨까?"

이렇게 제안하는 자녀에게 아버지로서 다음과 같이 대답하면 객관적이고, 과학적인 아버지라고 할 수 있을까?

"도서실에서 공부해야 하는 이유 세 가지만 아빠에게 설명해 봐!"

대부분의 경우 자녀는 입을 다물게 된다.

현명한 아버지라면 어떻게 했을까? 우선 자녀가 아이디어를 제안했을 때는, 그 아이디어에 대한 직관과 느낌을 이야기한다.

"그래, 재미있는 생각이구나, 괜찮을 것 같은데!"

이렇게 직관과 느낌부터 이야기하면, 자녀는 얼마나 기뻐하면서 아버지를 바라볼까? 그리고 아버지는 긍정적 가치를 이야기 해준다. "그래, 도서실에 가서 공부하면, 주위가 조용해서 집중도 잘되고, 주위사람들이 열심히 공부하는 것을 보면 너도 자극이 되고 좋겠구나"라면서 구체적인 긍정적 가치를 이야기 해 보는 것이다. 그리고 나서 마지막으로 비판적인 이야기도 한다면 당신은 성인으로서 훌륭한 아버지가 될 자격이 있다. "그런데 도서관에 가면, 왔다가 갔다가 하는 시간이 많이 필요하고, 밤 늦게 다니면 위험하기도 한데, 너는 어떻게 생각하니?" 이러한 대화 없이 "도서실에서 공부해야 하는 이유 세 가지만 설명해봐!"라면서 모든 것을 아이에게 맡겨버리는 태도는 객관적이고 과학적인 아버지라고 말하기 어려울 것이다.

회사에서 회의를 진행할 때 팀장은 리더십을 발휘해야 한다. 누군가가 아이디어를 제안했을 때 가장 낮은 수준의 리더십은 그 아이디어의 단점을 이야기 하는 것이다. 팀장으로서의 오랜 경험과 실력을 그런 식으로 나타낼 필요는 없다. 그런 식이라면 누가 새로운 아이디어를 제안하겠는가? 중간 수준의 리더십은 새로운 아이디어가 나왔을 때, 그 아이디어의 장점을 이야기 해준다. 가장 많이 볼 수 있는 리더십인데, 이러한 리더십은 덕이 있을지 모르나, 현명하지 못하다. 최고 수준의 리더십은 새로운 아이디어가 나왔을 때, 직관적인 느낌을 이야기 해준다. "이야, 그 아이디어 좋은데. 김 대리 요즘 컨디션이 좋은가 봐. 그 아이디어 느낌이 좋아!"라고 팀장이 말하면, 팀원들은 스스로 그 아이디어의 장점을 말하게 된다. 팀장은 장점을 말하지 않아도 되고, 팀원들은 아이디어에 대한 주인의식과 동기부여를 가지게 된다.

여섯색깔모자 기법의 실용적 적용

이러한 여섯색깔모자 기법을 회의에 활용한다면, '미처 생각하지 못한 아이디어'를 잘 육성하여 결과적으로 창의적 발상에 도움이 된다. 여섯색깔모자 기법이 창의적 발상에 도움이 되는 이러한 기본 원리를 이해한다면, 굳이 6개의 회의 시간으로 쪼개면서, 위의 6가지 단계를 반드시 따라갈 필요는 없을 것으로 생각한다. 회의를 진행하는 사람이 팀장이라면, 회의를 시작하기 전에 미리 회의의 주제에 대하여 이메일(e-mail)을 이용해 문서의 형태로 공지를 한다. 팀장으로서 회의를 진행할 때, 누군가가 아이디어를 제안하고 옆 사람이 곧바로 그 아이디어에 대해 비판하려고 하면, 팀장은 이렇게 이야기하며 회의를 진행하면 된다. "우선 아이디어의 단점을 말하기 전에, 먼저 그 아이디어에 대해서 다른 분들은 느낌이 어때요? 좋은 것 같아요, 아닌 것 같아요?"라며 직관과 느낌을 이야기 하도록 유도한다. 누군가가 객관적인 데이터를 제시하며 설명하려고 하면 "우선 데이터를 논하기 전에 여러분의 경험에 의존한 직관적인 느낌을 들어봅시다"라고 말해 보는 것도 좋은 방법이다. 그리고 나서 아이디어에 대한 긍정적 가치를 이야기 해보자고 한 뒤, 맨 마지막에 "방금 전에 이런 저런 비판이 있었는데, 이에 대해서 어떻게 생각하시죠?"라고 회의를 진행해 보는 것이다. 이것이 곧, 여섯색깔모자 기법을 실제 회의에 적용하는 가장 실용적이고 간단한 방법이다.

진정한
창의성 방법론은?

지금까지 공공기관이나, 기업, 학교에서 가장 많이 사용하는 창의적발상 기법인 브레인스토밍, KJ법, 여섯색깔모자 기법을 설명하였다. 창의성이란 미처 생각하지 못한 것을 생각하는 것이라는 점에서, 각각의 창의성 기법은 창의성을 발휘하는데 도움이 된다는 것을 알아 보았다.

하지만 브레인스토밍, KJ법, 여섯색깔모자 기법은 엄밀히 말해, 창의성 발상법이 아니다. 회의 기법이다. 어떻게 회의를 해야 창의적인 아이디어가 나올 수 있는가에 대한 방법론이지, 구체적으로 어떻게 생각하고 사고해야 창의적인 아이디어가 나오는가에 대한 구체적인 방법을 설명하지는 않는다.

그래서 어떻게 생각하고, 문제에 접근해야 하는지에 대한 구체적인 방법을 제공해주는 방법론이 트리즈(TRIZ, 창의적문제해결이론)이다. 다음 장부터는 트리즈를 소개하고 설명한다.

인생과 직장에서 실패한 사람들의 공통점

앞의 글에서, '창의적인 아이디어가 나오지 않는 이유는 지식이 부족하거나 노력이 부족해서, 혹은 열정이 부족해서가 아니다'라고 이야기 했다. 2장에서도 언급했지만, 이와 비슷한 내용에 관해서 미국의 카네기 공과대학에서도 조사한 바가 있다.

미국의 CIT대학, 즉 카네기 공과대학에서는 인생에 실패한 사람들, 직장생활에서 실패한 사람들 1만 명을 표본 조사해서 철저히 연구하였다. 과연 실패한 이유가 무엇이었을까? 연구의 결과가 나오기 전에는 일반적으로 생각하기에 지식이 없거나 기술이 부족해서, 혹은 무능해서 실패한 것이려니 했는데 그렇지가 않았다. 전혀 의외의 결과가 나왔다. 놀랍게도 전문적 기술과 지식이 결여되어서 실패한 사람은 고작 15%정도였고 무려 85%가 인간관계에서 실패했다는 연구결과였다. 연구한 사람들도 이런 통계 결과를 보고 깜짝 놀랐다고 한다. 지식이 부족하거나, 자본이 부족해서, 또는 능력이 부족해서 잘못되는 줄 알았는데 85%가 인간관계에 잘못이 있었던 것이다. 인간관계가 도대체 무슨 상관이란 말인가? 그 이유를 밝히기 위해 실패한 사람들을 추적해서 심층 연구해보니 그들은 하나같이 'negative mental attitude' 즉, 부정적 의식, 부정적 정신자세를 가지고 있었다. 성공한 사람들은 공통적으로 긍정적인 생각을 하는데 실패한 사람들은 항상 부정적이었던 것이다. 심층 연구한 자료를 바탕으로 이런 사람은 성공할 수 없다는 결론을 내렸다. 아무리 지식이 있어도 아무리 기술이 좋아도 안 된다는 것이다.

CHAPTER

04

모순(矛盾)은 해결할 수 있다!

2장에서 설명한 창의성의 특징을 바탕으로, 3장에서는 지금까지 보편적으로 사용되고 있는 창의성의 방법론들을 분석해 보았다. 하지만 브레인스토밍, KJ법, 여섯색깔모자 기법과 같은 기존의 창의성 방법론들을 엄격히 구분해보면 '어떻게 생각하면 창의적인 생각을 할 수 있을까?'에 대한 대답이 아니라 '어떻게 회의를 운영하면 창의적인 발상에 도움이 될 수 있을까?'에 대한 대답이라는 점을 알 수 있다. 과연 구체적인 창의적 발상법(생각하기)에 관한 이론이 존재할 수 있을까? 일반적으로 창의적 발상 능력은 타고 나는 것이며, 후천적으로 학습하기가 어렵다고 하는데 정말 그럴까?

트리즈는 '창의적문제해결이론'의 러시아어 약자로서, 영어로는 Theory of Inventive Problem Solving이다. 많은 사람들은 창의적 문제 해결에 대한 '이론'이라는 것의 존재 가능성에 대해 심한 의구심을 가지고 있다. 그러한 이론이 있다면, 정말 배우기만 하면 창의적인 사람이 되는가? 4장과 5장 그리고 6장을 통해서 이 질문의 답을 각자가 판단할 수 있게 되기를 바란다.

전 세계 200만건의 특허를 분석하여 얻은 공통점

트리즈란

트리즈는 러시아의 겐리히 알츠슐러(1924~1998)가 계발한 '창의적 문제해결이론'이다. 200만 건 이상의 전 세계 특허들을 분석하여 창의적이라고 인정되는 특허들에서 공통점을 추출하였는데 그것이 트리즈이다. 창의성은 모순을 극복한 결과이며, 가장 이상적인 해결책으로 주변의 자원을 최대한 활용하는 특징이 있으며, 비슷한 해결책들이 서로 다른 산업분야에서 반복적으로 활용되고 있다는 점을 밝혀내었다.

알츠슐러는 트리즈의 구체적인 기법으로 40가지발명원리, 76가지 표준해결책, 문제해결프로세스(아리즈, ARIZ)를 제안하였다.

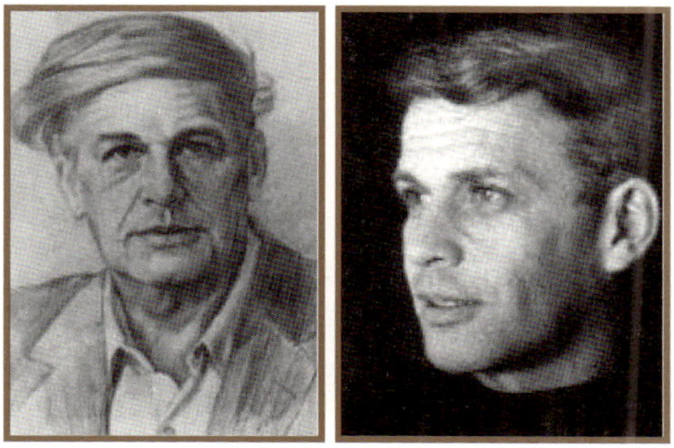

그림 4.1 겐리히 알츠슐러, 1924~1998

알츠슐러는 누구인가

구 소련의 겐리히 알츠슐러(Genrich Saulovich Altshuller, 1924~1998)가 트리즈를 계발하였다. 그는 23세이던 1946년부터 창의적 문제해결 기법을 계발하기 시작하였고, 자신이 계발한 이론을 적용하여 '소련연방발명자대회'에서 발명대상을 2번 수상하면서, 창의적 사고기법에 대한 자신의 이론에 확신을 가졌다. 그래서 '소비에트 연방의 창의적 사고능력 향상을 위한 조언'이란 제목으로 스탈린에게 편지를 보냈지만, 이 편지는 소련 정부로 부터 검열 당해 사회에 불만을 품은 자로 인식되었고, 곧바로 투옥되어 1년 동안의 고문과 조사 후, 25년 징역형을 받았다.

당시 소련 연방의 독재 체제를 반대하던 지식인들을 감금한 특별수용소(굴락)에서 알츠슐러는 자신의 이론을 좀 더 성숙시키고 완성할 수 있었다. 특별수용소에 수용된 지 5년 후, 스탈린이 사망하자 알츠슐러는 석방되었다. 그가 평생을 트리즈의 계발에 헌신하기까지는 수용소 시절의 깊은 사색이 큰 도움이 되었다. 수용소에서

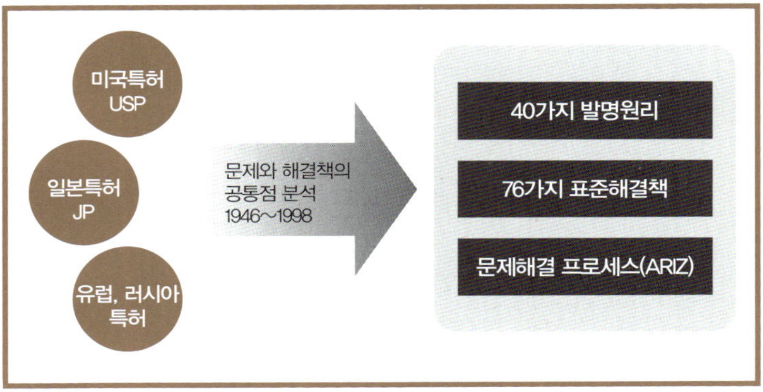

그림 4.2 트리즈란 무엇인가?

는 사색만 가능할 뿐 기록은 허락되지 않았기 때문이다. 1972년에 알츠슐러는 트리즈 관련 책을 처음으로 출판할 수 있었고, 이후에 많은 동료와 제자들과 함께 트리즈를 계발, 발전시켰다. 그가 1998년에 사망하고 난 후, 매년 미국과 유럽에서는 국제적인 트리즈 학술대회를 개최하고 있다.

알츠슐러는 왜 트리즈를 만들게 되었는가

1946년부터 알츠슐러는 카스피해(海) 해군 특허파트에서 군복무를 하였다. 이미 14세에 특허(광산이나 물 속에서 호흡을 할 수 있도록 과산화수소에서 산소를 추출해 내는 장치)를 등록한 경력이 있고 자연과학과 공학에 재능도 있어 특허파트에서 근무를 하였다. 잠수함에 관계된 특허 업무 도중, 그는 잠수함에 관한 고질적인 문제를 해결하였다. 바닷속 깊은 수심에 견딜 수 있게 잠수함을 튼튼하게 설계하면, 너무 무거워져서 잠수함의 항해 속도가 느려지는 문제였다. 알츠슐러는 선체의 용접방식을 개선하여 구조물을 덜 사용하면서도 충분히 튼튼한 잠수함을 만들 수 있었다. 전체를 일률적으로 똑같이 용접하는 방법을 부분적으로 다르게 용접한다는 아이디어로 잠수함의 고질적인 문제를 해결한 것이다. 3개월 후, 함포 포신의 제조과정에서 또 다른 문제가 발생하였는데, 알츠슐러는 잠수함의 문제를 해결했던 원리를 그대로 적용하면 된다는 것을 알고서 문제를 짧은 시간에 해결하였다. 또 6개월 후, 어뢰의 설계와 관련된 문제가 발생했다. 2차 세계대전 당시, 발사한 어뢰가 적함에 부딪히고도 폭발하지 않는 문제가 있어 아주 민감한 뇌관을 가진 어뢰를 개발하게 되었다. 그러자 이번에는 다루기가 너무 어려워서 운반 과정에 폭발할 위험성이 높았던 것이다. 우연의 결과이지만, 이 문제를 유심히 고민하던 알츠슐러는 이 문제 또한 잠수함과 함포 포신의 문제해결에 사용하였던 원리(전체를 똑같이 할 필요 없이 부분적으로 다르게 하는 원리)가 똑같이 적용될 수 있다는 것을 알고 곧바로 해결할 수 있었다.

많은 동료들은 알츠슐러가 대단한 두뇌의 소유자라고 인정하였고, 타고난 발명자라고 칭찬하였지만 정작 알츠슐러는 자신이 운이 좋았을 뿐이라고 생각했다. 이러한 우연한 경험을 바탕으로 알츠슐러는 두 가지 의문을 가지게 되었다. 첫 번째 의문은 "이와 같은 문제해결의 공통된 원리가 또 있지 않을까?"였고, 두 번째 의문은 "도서관에 있는 지식과 정보로도 문제를 해결할 수 없다면, 문제를 어떻게 해결할 수 있을까?"였다.

알츠슐러는 이러한 의문과 선천적으로 가지고 있던 왕성한 지적 호기심을 바탕으로, 또 있을지 모르는 문제 해결의 공통된 원리를 찾기 시작했다. 그래서 당시 해군에서 보관하고 있던 전 세계 20만 건의 특허를 읽고 분석하였다. 이 작업은 1950년대 중반까지 지속되었고, 트리즈의 뼈대가 되는 핵심 이론은 이미 1940년대 후반에 완성되었다. 이후 1998년에 사망하기까지 알츠슐러와 그의 동료들은 200만 건 이상의 특허를 분석할 수 있었다. 이러한 배경을 바탕으로 하여, 트리즈란 수백 만 건의 특허를 분석하여 발명문제해결에 쓰이는 공통된 원리들을 분석하고 정리한 방법론이라고 정의할 수 있다.

왜 알츠슐러인가?

서로 다른 분야에서 비슷한 아이디어가 적용되어 고질적인 문제들을 해결하는 사례는 경험 많은 엔지니어라면 누구나가 겪을 수 있는 일이다. 그래서 많은 사람들이 '혹시 특허들을 분석하면 어떤 공통된 것이 나오지 않을까'하고 생각해볼 수 있다. 하지만 실제로 행동으로 옮겨서 특허들을 모아 분석한 사람은 많지 않다. 그러한 일을 한 사람이 왜 하필 알츠슐러였을까?

여러 가지 추측이 가능하겠지만, 13살 때 특허를 출원했다는 점에서 설득력 있는 추측을 할 수 있다. '13살 때 특허를 출원할 정도로 똑똑하고, 발명가의 기질이 있었기 때문'이라고 생각한다면 얼마나 평범한 생각인가? 13살 정도 된다면, 사실 얼마든지 특허를 출원할 수 있다. 초등학생을 데리고 생산 현장에 가서 이런 저런 설비를 보여주며 많은 이야기를 해 본다면, 특허로 출원할만한 기발한 아이디어는 충분히 나올 수 있다. 나이가 어릴수록 생각의 틀이 없기 때문에, 어른들이 미처 생각하지 못한 아이디가 가능한 것이다.

하지만 그 아이디어를 가지고 특허까지 출원하여 등록을 하는 것은 흔히 있는 일이 아니다. 직접 특허청에서 서류를 받고, 출원서를 보내고, 검토를 거쳐, 최종적으로 특허로 등록하는 일은 여간 번거로운 것이 아니다. 누구나가 생각은 해 보겠지만, 알츠슐러는 그 생각을 직접 행동으로 옮기는 도전적인 실천자세를 가지고 있었던 것이다. 그러한 도전적 실천정신이 바탕이 되어서, 전 세계 특허들을 분석하기 시작한 것이라고 생각된다. 흔히들 창조와 창의를 구분하지 않고 사용하는데, 창의와 도전이 합쳐질 때 창조가 가능하다고 생각된다. 아이디어만 있다고 새로운 것이 만들어지지 않으며, 실천하는 노력으로만 전에 없던 것이 만들어지는 것이 아니다. 새로운 아이디어와 그 아이디어를 실천하는 도전이 합쳐질 때 창조와 혁신이 가능할 것이다.

"창조 = 창의 + 도전"

어떻게 특허를 분석하였는가

알츠슐러는 우선 특허를 5가지 수준으로 분류하였다. 그 중에서 5수준은 우연한 경험 등을 통한 발견에 해당하는 것이다. 퀴리 부인이 라듐을 발견한 것, 실험실의 창가에 놓아둔 용기에서 푸른색 곰팡이가 생겨 현미경으로 분석하다가 페니실린을 발견한 것 등이 5수준에 해당한다.

특허의 80% 정도를 차지하는 1수준과 2수준은 사소한 개선의 정도에 지나지 않는다고 판단했다. 반면에 누가 보아도 창의적이라고 생각할 수 있는 특허를 3수준과 4수준으로 분류하였고, 알츠슐러는 이 특허들을 집중적으로 읽고 분석하여 트리즈를 계발해 내었다. 각각의 수준별 특허의 특징은 아래 그림 4.3에 나타나 있다.

수준	발명의 내용	비율(%)	필요한 지식
Level 1	해당분야 전문가들의 익숙한 방법을 이용한 해결책	32	개인적 지식
Level 2	현재의 시스템에 기능을 추가하여 얻어지는 개선	45	동일 산업 내 지식
Level 3	현재 시스템의 획기적인 개선	18	타 산업 내 지식
Level 4	신개념의 시스템 창조	4	기술이 아닌 과학
Level 5	획기적 신개념의 선구자적 발견	1	새로운 과학

그림 4.3 특허의 수준별 분류

트리즈가 러시아에서 만들어진 이유

훌륭한 문제해결의 기록 자료인 특허를 분석하여 그 공통점을 분석한다는 생각이 왜 하필 미국이 아닌 구 소련(러시아)에서 나타났을까? 그것은 특허시스템이 가지는 특징에서 비롯되었다.

많은 사람들은 '러시아는 밤이 길어서 사색의 문화가 발달한 나라이기 때문에 트리즈가 발달하였다'라고도 하고, 어떤 사람은 '공산주의 사회이기 때문에, 한 번의 실수도 용납되지 않아, 발명문제에서 특별한 이론이 개발된 것이다'라고도 한다. 또 어떤 이들은 '소련은 공산주의 사회라서 자원이나 시설이 충분하지 않기 때문에, 그런 환경에서 무언가를 개발하기 위해서는 트리즈 같은 이론이 절실히 필요했다'라고도 설명한다. 하지만 좀 더 설득력 있는 이유는 없을까?

미국은 자본주의 사회이다. 자본주의 사회에서는 눈에 보이지 않는 지적 재산도 철저히 보호되어야 할 개인의 재산으로 인정된다. 그래서 특허는 개인의 지적재산권을 철저하게 보호하기 위한 특성이 강하여, 주로 권리 위주로 특허가 작성되고, 순수한 발명의 관점에서는 문제해결의 과정을 이해하는 일이 상대적으로 어렵다. 그림 4.4와 같이 대부분의 내용이 권리사항, 즉 클레임(claim) 위주로 구성되어 있다. 어떤 경우는 발명의 내용을 일부러 어렵게 설명하기도 한다. 그래서 나중에 어떤 기업이 해당 기술의 특허가 등록된 줄 모르고 기술을 자체 개발하여 사용하였다가 특허 소송에 휘말리기도 하였다.

자본주의 사회와 달리 공산주의 사회에서는 개인의 재산권이 인정되지 않아 지적재산권이나 특허의 청구사항(claim)이 존재하지 않는다. 그래서 그림 4.5와 같이 특허는 문제, 아이디어, 해결방법의 3가지 부분으로 구성되며 문제해결의 독창성이 인정되면 특허가 발급된다. 정확히 표현하면, 특허가 아니라 발명가 인증 자격증을 발급한다. 재산권에 대한 권리가 아닌 발명가로서의 명예인 것이다. 그러므로 최대한 발명의 내용을 쉽게 설명한다. 그래서 러시아 특허는 5분이면 그 내용을 쉽게 파악할 수 있다. 반면 미국 특허는 2시간 이상 차분히 읽어보아야, 특허에서의 핵심적인 발명내용을 파악할 수 있다. 또한 냉전 시대의 구 소련에서는 미국, 일본, 유럽의 자유진영 국가들의 특허들이 모두 러시아어로 번역되어 보관되고 있었으므로, 트리즈를 계발하기에 가장 좋은 환경을 갖추고 있었다. 아마 알츠슐러가 미국 특허와 같은 형식을 가진 특허 200만 건 이상을 읽고 분석하였다면 '특허로 부자가 되는 법'이란 책을 출판하였을지 모른다.

20. The printing head of claim 12, wherein said spacers are formed integrally with a bottom surface of said nozzie plate.

21. The printing head of claim 12, wherein said spacers are formed integrally with said top surface of said substrate.

Description

CLAIM OF PRIORITY

This application makes reference to, incorporates the same herein, and claims all benefits accruing under 35 U.S.C.sctn.119 from my application entitled BUBBLE-JET TYPE INK-JET PRINTING HEAD filed with the Korean Industrial Property Office on Sep.30, 2000 and there duly assigned Ser. No. 2000/57627.

BACKGROUND OF THE INVENTION

1.Field of the Invention

The present invention relates to an ink-jet printing head, and more particularly, to a bubble-jet type ink-jet printing head having a concavely hemispherical heater.

그림 4.4 미국특허의 구성

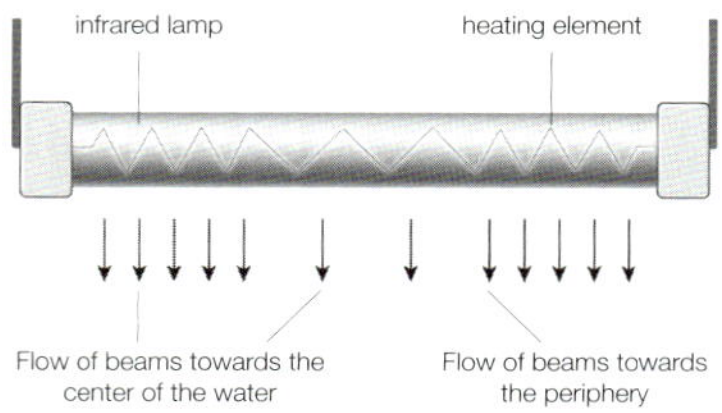

NON-UNIFORM WINDING FOR UNIFORM HEATING

An infrared lamp heats a semiconductor wafer. The wafer edge cools more quickly making the temperature higher in the center. Can a uniform heating be achieved?

It is proposed to use the blessing in disguise and local quality principles to improve the heating balance. Combine the non-uniform cooling with another harmful factor, non-uniform heating, to neutralize the harmful effects. The heater sprial is wound with more windings at its edges. This gives more heat at the edges than in the center. This provides a uniform temperature over the entire surface of the wafer.

Patent Application of Japan N 61-185 917

그림 4.5 러시아 특허 형식

모순을 발견해 낸 알츠슐러

수준 3, 4 특허들의 공통점

알츠슐러는 1946년 당시 모두 20만 건의 특허를 분석하였는데, 특히 수준 3, 4의 특허들에 집중하였다. 그림 4.3에서 보듯이 수준 3, 4의 특허들은 전체의 20% 정도로서, 누가 보아도 창의적인 특허라고 인정할 수 있는 특허들이었다. 알츠슐러는 20만 건 중에서 20% 정도인 4만 건을 집중적으로 읽고 분석하였다. 그리하여 모순이라는 공통점을 발견하였다. '누가 보아도 인정할 수 있는 창의적인 특허들은 모순을 극복하고 있다'라는 공통점을 발견한 것이다. 모순을 극복해야 발명과 혁신에 이른다고 한다. 수준 3과 수준 4에 해당하는 특허들의 공통점은 '모순의 극복'이다.

모순의 예: 자동차 연비와 출력

미국의 포드와 GM, 일본의 도요다와 혼다, 그리고 유럽의 폭스바겐과 르노 등의 세계적인 자동차 업체들은 연비가 좋으면서도 힘도 좋은(출력이 높은) 자동차를 개발하려고 노력하고 있다. 석유 가격이 오를수록 소비자들은 연비가 높은 자동차를 선호하게 된다. 2000cc의 일반 중형차 연비가 대개 10km/liter이고, 1600cc

소형차의 경우는 13km/liter정도이며, 경차의 경우는 16km/liter보다 높다(석유1liter로 16km를 주행). 석유 가격이 급등할수록 소형차, 경차의 판매량이 더 많아지는 것은 이 때문이다.
동시에 소비자들은 힘 좋은 자동차를 선호한다. 자동차 판매를 위한 소개 책자 등에는 '동급최강 165마력'이란 표현 등이 자주 등장한다. 여름에 에어컨을 켠 상태로 가족을 싣고 언덕길을 올라갈 때, 자동차가 힘이 없다고 느끼며 불편하다고 생각하는 것은 차량의 출력이 낮기 때문이다. 그래서 자동차 회사는 출력을 높이기 위해서 많은 기술연구를 수행하고 있다.
하지만 일반적으로 자동차의 출력을 향상시키면 연비가 떨어지게 되고, 반면에 연비를 높이게 되면 출력이 나빠지게 된다. '출력도 좋게 하면서 연비도 높이면 되지'라고 쉽게 말은 할 수 있지만, 이 문제는 전 세계 모든 자동차 회사들이 풀고자 하는 가장 어려운 기술적 문제중의 하나이다. 이와 같이 어느 하나를 좋게 하면, 어느 하나가 나빠지는 것을 모순이라고 한다.
이러한 보편적인 모순 문제를 해결한 자동차 회사가 있다. 바로 일본의 혼다(Honda) 자동차 회사이다. 일본의 혼다 자동차는 '기술의

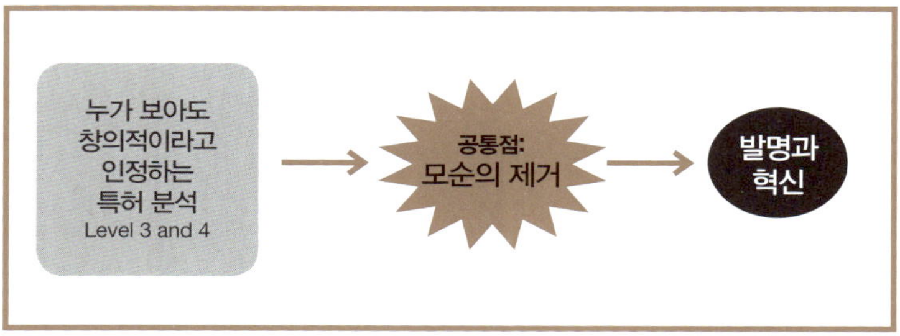

그림 4.6 창의적 발명의 공통점

혼다'라는 명칭을 가지고 있다. '만드는 즐거움, 파는 즐거움, 달리는 즐거움'이라는 표어가 혼다 중앙연구소 입구에 걸려있다. 혼다 자동차는 소비자나 자동차평론가들로부터 '연비도 좋으면서, 힘도 좋다'라고 평가 받는다. 그래서 사람들은 '기술의 혼다'라고 인정해주고 있다. 혼다는 자동차 엔진기술에서 연비와 출력간의 모순문제를 어느 정도 해결하고 있기 때문에 혁신적인 기술을 가진 회사라고 말할 수 있다.

연비와 출력간의 모순에 대해서 좀 더 생각해보자. 일반적으로 독일의 BMW나 벤츠의 최고급 스포츠 차량들은 높은 출력을 자랑한다. 보통 350마력에서 550마력까지 다양한 출력을 자랑하는데 정지상태에서 시속 100km까지 도달하는데 5초가 걸리지 않는다. 반면 국내에서 생산되어 출고되는 자동차들은 대개 300마력을 넘지 않는다. 이러한 차이를 가지고 단순하게, 독일과 한국의 자동차 기술력 차이라고 말할 수는 없다. 국내 자동차 엔진으로도 충분히 500마력 이상을 실현할 수가 있다. 하지만 현재 국내 자동차 엔진으로 500마력 이상을 실현하면 연비가 급속하게 나빠진다. 출력을 올리면 연비가 급속하게 나빠지는 모순이다. 또한 국내 자동차 엔진으로 500마력 이상의 출력을 발휘하게 되면 엔진의 내구성도 급격히 나빠지게 된다. 출력과 내구성간에도 모순이 발생하는 것이다. 500마력 이상의 출력을 발휘하게 되면 자동차의 차체(샤시), 즉 뼈대가 이를 받쳐주지 못하고 심하게 뒤틀리면서 주행안정성이 급격히 낮아진다. 출력과 주행안정성간에도 모순이며, 주행안정성을 높이기 위해 차체를 튼튼히 만들려고 하면, 차량의 무게가 급격히 증가하게 되고 이는 결국 연비를 급격히 떨어뜨리게 된다. 주행안정성과 연비간에도 모순이 발생하는 것이다. 자동차는 모순 덩어리이다. 전 세계 자동차 업계에서는 이러한 다양한 모순들을 극복하면서, 지난 120년 동안 혁신적인 기술 발전의 역사를 지금도 써내려 가고 있다.

이렇게 하면 저렇게 된다

모순에는 2가지 종류가 있다. 기술적 모순과 물리적 모순이다. 우선 기술적 모순에 대하여 알아보자.

기술적 모순이란 서로 다른 두 개가 모순을 일으키는 것이다. 앞에서의 예와 같이 자동차의 출력을 좋게 하면, 연비가 떨어진다. 반대로 연비를 좋게 하면, 출력이 떨어진다. 이렇게 출력이라는 요소와 연비라는 요소가 서로 충돌하고 있는데, 이를 기술적 모순이라고 한다.

앞의 2장에서 설명했던 스웨덴 선박회사의 문제에서도 기술적 모순이 존재한다. 선박회사는 만일의 사고에 대비해서 바닷물이 들어오는 것을 막기 위해 격막을 설치하고자 하였다. 그럴 경우 고객의 안전은 확보할 수 있지만, 격막을 설치하는 비용과 격막의 설치로 늘어난 무게 때문에 배를 움직이는데 추가되는 연료 비용이 문제였다. 고객의 안전을 고려하면 회사의 운영비용이 높아져 경영이 어렵게 되고, 회사의 경영만을 생각하면, 고객의 안전이 우려된다. 회사의 운영비용과 고객의 안전간에 모순을 일으키고 있다. 이것이 바로 기술적 모순이다.

2장에서 설명했던 삼성전자의 광픽업 사례도 부품의 비용과 품질간의 기술적 모순이다. 매년 수백억 이상의 원가절감을 이루었기 때문에 혁신적인 기술이라고 말할 수 있으나, 보다 근본적으로는 부품의 비용을 줄이면서 품질까지 획기적으로 개선하였기 때문에 혁신적인 기술이라고 평가할 수 있다. 즉, 기술적 모순을 극복하였기 때문에 혁신적인 기술이라고 평가하는 것이다.
만일 정유회사에서 생산량을 늘리고자 한다고 하더라도, 계속 생산량을 늘리지는 못한다. 왜냐하면 품질이 떨어질 수 있기 때문이다. 이러한 경우도 품질과 생산량이라는 기술적 모순이 존재하는 것이다.

기술적 모순의 예: 하드디스크

어느 전자회사에 하드디스크를 개발하는 연구원이 있다고 가정해보자. 2007년 1월 경, 시장에서는 300GB 하드디스크가 30만원 정도에 판매되고 있었다. 2008년에는 1000GB(1TB)의 하드디스크

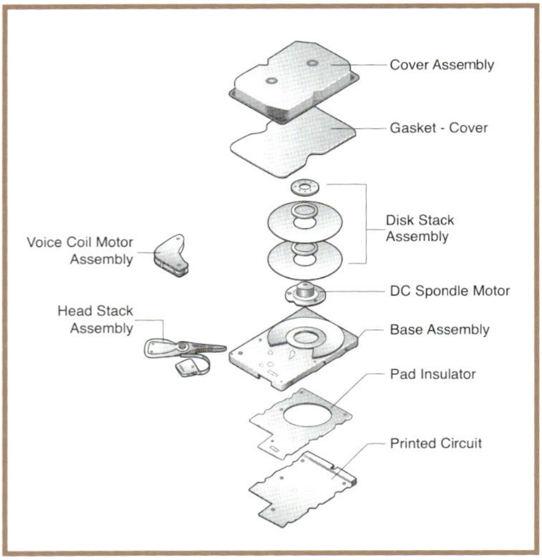

그림 4.7 하드디스크의 구조

가 시장에서 판매될 것으로 예상되었기 때문에 연구원은 2007년 1월에 올해의 업무목표로 1TB 하드디스크를 개발하기로 하였다.

9월 즈음에 이르러, 부단한 노력 끝에 700GB까지 개발이 진행되었고, 연말까지 무난히 1TB 하드디스크를 개발해 상용화할 수 있을 것이라고 연구소 소장에게 보고하였다. 이 때, 연구소 소장은 다음과 같은 질문을 한다. "요즈음 반도체에서는 30나노, 40나노 기술도 상용화 되고 있는데, 하드디스크 기록 원판의 밀도를 줄이면 1TB를 쉽게 달성할 수 있지 않는가?"

그러면 연구원은 이렇게 대답한다. "기술적으로 불가능합니다. 하드디스크의 구조는 그림 4.7과 같은데, 자기디스크인 원판의 밀도를 줄이면 당장 기록 용량이 증가하게 됩니다.

하지만 그럴 경우, 기록 신호가 너무 조밀하게 되어 자기헤드가 기록 신호를 읽어내는 것이 정확하지 않게 됩니다. 즉 기록의 정확도가 떨어지게 됩니다. 이런 이유로 무턱대고 원판의 밀도를 줄이면 안되기때문에 그림 4.7의 액추에이터, 보이스코일모터, 서스펜션 등 여러 가지 부품들을 변경하고, 조절하는 최적화를 통해 하드디스크의 용량을 증가시켜야 합니다. 따라서 쉽게 1TB를 달성하기가 어렵습니다." 연구원은 기록용량과 기록정확도간의 기술적 모순을 설명하고 있는 것이다.

그날 저녁, 밤 9시 뉴스에서는 미국의 유명 하드디스크 회사에서 수직자기기록방법을 획기적으로 상용화하는 발명과 당장 연말까지 10TB도 개발할 수 있을 것으로 예상한다는 발표가 보도되었다.

연구원은 곧바로 그 회사의 홈페이지에 접속하였고, 그림 4.8과 같은 아이디어를 볼 수 있었다.

기존에는 자기디스크 원판에 수평으로 자기신호를 기록하였다. 하지만 새로운 방식에서는 수직으로 자기신호를 기록할 수 있기 때문에 기록용량이 10배 이상 커지는 것이다. 그래서 기록용량을 늘리면서도 정확도가 나빠지지 않게 되어, 기록용량과 정확도간의 기술적 모순을 극복할 수 있게 되었다.
대부분의 사람들은 1TB를 상용화 하기 위해서 고군분투하는데, 갑자기 어느 곳에서 10TB, 100TB 상용화를 발표한다면 이런 것이 혁신이지 않겠는가? 이러한 혁신은 모순을 극복한 결과이다. 기록용량과 정확도간의 모순을 극복한 결과이다.

그림 4.8 획기적인 하드디스크 기록 방식

알츠슐러의 안목

만일 당신이 수만 건의 우수한 발명특허들을 읽고 그 공통점을 찾아내는 일을 하고 있다고 가정해보자. 그림 4.8과 같은 아이디어를 보고, 빙긋이 웃게 될 것이다. 사람들이 창의적인 아이디어를 보고 웃게되는 것을 보면 원래부터 사람은 창의적인 것을 좋아하는지 모른다. 당신이라면 그림 4.8을 보고 어떤 원리를 추출할 수 있겠는가? 대부분의 경우 '수평이면 수직으로 생각해보라' 혹은 '수평이면 수직으로, 수직이면 수평으로 해보라'라는 원리를 추출할 수 있을 것이고, 이러한 여러 가지 원리들을 모아서 '40가지 발명원리'라고 부를 수도 있을 것이다.

하지만 알츠슐러는 그림 4.8과 같은 아이디어에서 '수평이면 수직으로 바꾸어보라'라는 간단한 수준에 머물지 않았다. '이 아이디어는 기록의 정확도를 높이면 용량이 감소되고, 용량을 높이면 정확도가 떨어지는 모순을 극복한 것이다'라는 점을 지적한 것이다. 그림 4.8과 같은 아이디어들에서 모순이라는 관점을 찾아냈다는 점이 알츠슐러의 탁월함이라 생각할 수 있다.

이래야 되지만 또 저래야 된다

물리적 모순이라는 것은 어느 하나가 상반되는 특징을 가져야 하는 것이다. 즉 어떤 것이 '이래야 되지만 또 저래야 된다'라고 표현된다면 물리적 모순이라고 부른다. 서로 다른 2개가 부딪혀 모순을 일으키는 것이 기술적 모순이고, 어느 하나가 이래야 되고 또 저래야 되는 것이 물리적 모순이다.

2장에서 화승총의 사례를 설명하였다. 화승총은 재장전 시간이 길다는 단점을 가지고 있다. 그래서 재장전 시간을 줄이기 위해서는 총신의 길이가 짧아져야 한다. 그렇게 되면, 일어서서 긴 막대기를 이용해 재장전 하지 않아도 되기 때문에 재장전 시간을 줄일 수 있을 것이다. 하지만 당시 화승총은 사격의 정확도가 높지 않았기 때문에, 총신의 길이를 줄인다면 사격의 정확도는 더 낮아질 것이다. 여기서 총신의 길이에 관해서 모순이 발생되고 있다. 총신이

그림 4.9 화승총

길어야 하지만, 또 짧아야 한다는 물리적 모순이 존재하는 것이다. 화승총의 총신은 금속으로 이루어져 있다. 금속으로 이루어진 막대가 길기도 해야 하고 동시에 짧기도 해야 하는 것은 물리적으로 불가능하다. '물리적으로 불가능한데, 어떻게 해결책을 찾을 것인가?'라는 생각의 틀 때문에 총알을 뒤로 장전한다는 간단한 아이디어를 미처 생각해내지 못했던 것이다. 총알을 뒤로 장전한다는 간단한 아이디어는 총신의 길이가 길어야 되고 짧아야 되는 물리적 모순을 해결하고 있다.

혁신을 강조했던 故 이병철 회장

삼성의 선대회장인 故 이병철 회장은 사업보국(事業報國)이란 기업이념을 가지고 6.25동란 후 한국경제를 발전시키는데 큰 역할을 하였다. 전쟁 후, 생필품이 모자라던 시기에 사업보국이라는 이념으로 설탕을 생산하는 제일제당이라는 회사를 설립했으며 그것이 오늘날 CJ 그룹의 모태가 되었다. 제일제당의 성공으로 대한민국은 설탕이라는 생필품을 더 이상 수입에 의존하지 않게 되었고, 동시에 많은 외화를 절약할 수 있었으며, 제일제당도 사업적으로 상당한 이익을 얻을 수 있었다. 제당산업의 성공을 바탕으로 이병철 회장은 생필품 중의 하나인 옷감, 원단을 생산하는 제일모직을 설립하였다.

큰 자본이 투자되어야 하는 설비산업으로 분류되는 모직회사를 설립하기 위해서는 미국 등으로부터 자금도 필요한데, 당시 미국 관계자들은 한국이 양복의 옷감 같은 제품은 절대 만들 수 없다면서 자금 제공을 거절하였다. 심지어 한국인으로서 모멸감 정도의 수치심을 느끼게도 하였다. 이러한 어려운 배경에서 온갖 난관을 극복하며 제일모직이 설립되었다. 설립 이후 이병철 회장은 품질에 각별한 정성을 들였는데, 특히 양복의 옷감으로 사용되는 양모복지의 품질에 깊은 관심을 가지고 매년 신제품 발표회를 실시하고 직접 참여하였다고 한다.

1970년대 말, 제일모직의 연구소장은 최선을 다해 양모복지를 개발하였고, 그 해에 신제품 발표회에서 선을 보였다. 당시 세계 일류 양모복지는 이태리 제품이었는데, 이태리 양모복지와 비교해도 광택이나 촉감이 뒤떨어지지 않았다. 이병철 회장도 기뻐하며 다음과 같이 말했다고 한다. "이제 촉감도 이 정도면 됐고, 광택도 이 정도면 이태리 양모복지와 비교해도 손색이 없다. 정말 수고했다. 이제는 주름이 가지 않는 양모복지를 개발하면 되겠다"

회장의 칭찬에 고무되었던 연구소장은 "회장님, 양모복지는 광택과 촉감이 중요한데, 이를 위해서는 실이 가늘어져야 합니다. 하지만 청바지나 스웨터 등이 주름이 가지 않는 이유는 실이 굵기 때문입니다. 그래서 주름이 가지 않는 양모복지를 만들려면 실이 굵어져야 하기 때문에, 광택과 촉감을 중요시하는 양모복지에는 이치에 맞지 않습니다"라고 대답하였다. 연구소장은 모직업계의 전문가로서 정확한 지식을 전달한 것이다. 이 이야기를 들은 이병철 회장은 굳은 표정으로 집무실로 돌아왔고, 얼마 지나지 않아 연구소장은 교체되었다.

무엇이 문제인가? 연구소장은 모직업계의 베테랑 전문가로서, 정확한 전문가적 지식을 이야기 한 것인데, 이를 두고 교체된다는 것이 많은 사람

그림 4.10 양모복지로 만든 양복

들을 의아해하게 하였다.

갖은 난관 속에서 제일모직을 설립하면서, 이병철 회장 또한 전문가 못지 않은 탁월한 지식을 가지고 있었다. 실이 가늘어지면 가늘어질수록 '150수 양복', '200수 양복'(1g의 양의 털로부터 200m의 실을 뽑아낸 실로 만든 양복)과 같이 광택과 촉감이 좋아지지만, 그럴수록 주름이 심하게 잡혀서 일상생활에 큰 불편을 느낀다는 것을 알고 있었다. 특히 방바닥에 앉는 좌식문화가 발달한 한국에서는 방에 앉았다가 일어서기만 해도 고급양복일수록 바지에 주름이 많이 잡히는 문제가 있었다. 그렇다고 굵은 실을 사용해서 주름을 덜 잡히게 하면, 양모복지로서의 특성(광택과 촉감)을 잃어버린다는 점도 이병철 회장은 잘 알고 있었다.

이병철 회장은 다음과 같이 말했던 것이다. "이제 이 정도면 이태리 양모복지와 비교해도 손색이 없다. 양모복지에는 물리적 모순이 있다. 광택과 촉감을 좋게 하려면 실이 되도록 가늘어져야 하지만, 동시에 주름이 덜 잡히게 하려면 실이 굵어야 한다. 실이 가늘어져야 하고 굵어져야 하는 물리적 모순을 극복해서 혁신을 하라. 혁신적인 제품을 개발해 보라. 그래서 이태리 회사를 넘어서는 세계일류회사가 되어야 한다"

이러한 뜻의 설명에 대해서 연구소장은 "물리적으로 불가능합니다"라고 답변했던 것이다. 즉 혁신에 대한 의지가 없다고 판단한 것이고, 그래서 교체되었던 것으로 짐작된다.

트리즈의 모순의 관점에서 한 번 더 정리해보자. 양모복지는 촉감이 부드럽고, 광택이 좋아야 한다. 하지만 동시에, 주름도 쉽게 잡히지 않는다면 세계적인 경쟁력을 갖춘 혁신적인 양모복지가 가능할 것이다. 촉감이 부드럽고 광택이 좋게 하려면 양모 실의 두께가 가늘어져야 한다. 하지만 실이 가늘게 되면 주름이 훨씬 더 잘 만들어진다. 그래서 주름이 쉽게 잡히지 않게 하려면 실은 굵어야 한다. 당시의 이병철 회장은 양모복지에는 실이 가늘어져야 하고 동시에 굵어져야 하는 물리적 모순이 있으므로, 그러한 모순을 극복해서 획기적인 양모복지를 만들어 보라고 권유했던 것이다.

물리적 모순의 예: 1927년 최고의 발명

1903년 라이트 형제가 노스캐롤라이나주 키디호크의 해안 모래 언덕에서 인류최초의 동력 비행을 성공시켰다. 라이트 형제의 비행기는 폭이 12.29m, 기체의 전체 무게가 24kg, 엔진은 4기통 12마력 가솔린엔진을 사용했다. 수 많은 실험을 거쳐서 공기역학과 비행간의 관계를 알아내기 시작한 라이트 형제가 마지막에 부딪힌 가장 큰 문제는 비행기 기체의 무게를 줄이는 것이었다. 그래서 바퀴는 달지 않았고, 이륙할 때는 수레에 기체를 올려 놓고 이륙하고, 착륙할 때는 기체 아래의 썰매장치를 사용했다. 1903년의 1호기는 4번의 비행을 하였고, 1904년의 2호기는 80회의 비행을 하였는데 최고 기록은 5분 4초 동안 4.4km를 난 것이었다. 1905년 플라이어 3호기는 38분 동안 39km를 비행하였다. 1908년에는 30마력짜리 엔진을 단 '라이트A형' 비행기를 양산하였다. 이후, 항공산업이 태동하였고, 1920년 대부터는 여객기가 상용 운항을 시작하였다.
1927년 미국의 뉴욕타임즈는 '올해 최고의 발명'으로 보잉727비행기를 선정하였고, 이는 그림 4.11과 같이 뉴욕타임즈 표지를 장식하였다. 최고의 발명품이 된 이유는 비행기의 바퀴가 45도 접히게 개발되었기 때문이다.
'아니 그게 무슨 대단한 아이디어야?'라고 생각하는 독자가 많을 것이다. 하지만 분명 그림 4.11에서 보는 바와 같이 1927년 최고의 발명으로 선정되었으며, 이 아이디어는 항공기 설계의 새로운 기준을 제시하였다. 2장에서 '이것이 창의적인 아이디어인가'라는 질문에 답하기가 망설여진다면 '왜 미처 생각하지 못했을까'라는 질문을 던져 보라고 하였다.

요즈음의 모든 비행기는 이륙 후, 바퀴가 비행기 동체 속으로 접혀 들어간다. 모두가 알고 있는 이 아이디어가 정말 당시 최고의 발명이었을까? 게다가 겨우 45도 접히는 것만으로 어떻게 1927년 최고의 발명이 되었을까? 당시 사람들의 지적 수준이 너무 낮아서 그런 것일까? 그렇게 간단한 아이디어를 왜 미처 생각해내지 못했을까?

1925년경으로 거슬러 올라가서 비행기를 이용한 우편물 운송업체의 직원이 있다고 가정해 보자. 어느 날, 그 직원이 사장에게 이런 이야기를 하였다. "바퀴를 없애야 합니다. 비행 중에 상당한 공기저항을 발생시킵니다. 만일 바퀴가 없다면, 공기저항을 줄여서 20%의 연료를 줄일 수 있습니다." 이런 건의를 받은 사장은 무엇이라고 대답할까? 대부분의 사장은 이렇게 대답할 것이다. "비행기 바퀴를 없애면 어떻게 하란 말이냐, 바퀴가 있어야 착륙을 할 것이 아니냐, 라이트 형제의 비행기처럼 바퀴를 없애고 썰매를 달아야 하나? 허튼 소리 하지말고 지시한 일이나 열심히 하게. 요즘 일하기 싫은가 보군. 바퀴의 공기저항을 줄이기 위한 커버 디자인이나 똑바로 하게"라고 대답하지 않았을까? 비행기 바퀴는 착륙을

그림 4.11 비행기 바퀴의 물리적 모순

위해서 반드시 있어야 한다. 그래서 많은 사람들은 공기저항을 줄이기 위해서 비행기 바퀴를 감싸는 것에 집중하였고, 1927년까지 비행기 바퀴는 고정되어 있었던 것이다.
착륙을 하기 위해서 바퀴가 있어야 한다는 것은 당연한 논리이고, 이것이 생각의 틀이다. 이러한 생각의 틀이 있었기 때문에 20년 이상 바퀴가 비행기 동체 밖에 고정되어 있었고, 바퀴를 접을 수 있다는 간단한 아이디어를 미처 생각해내지 못한 것이다.
좀 더 구체적으로 접히는 비행기 바퀴가 왜 발명으로서 우수한지 알기 위해서는 어떤 모순을 극복했는지 알아보면 된다. 그렇게 간단한 아이디어를 미처 생각해내지 못한 것은 모순이 있었기 때문이다. 많은 사람들은 모순이 생기면 어쩔 수 없다고 생각하고 '안된다'라고 여겨 더 이상 생각을 하지 않게 된다.
착륙하기 위해서는 비행기 바퀴가 있어야 한다. 하지만 비행시 공기저항을 줄이기 위해서는 비행기 바퀴는 없어야 한다. 비행기 바퀴라는 것이 있어야 하고 없어야 하는 물리적 모순이 있는 것이다.
접히는 바퀴는 이러한 물리적 모순을 극복한 결과이다.

물리적 모순의 예: 자전거 체인

그림 4.12는 일반적인 자전거의 모습이다. 발로 돌리는 페달과 뒷바퀴 사이를 체인이 움직이게 된다. 당연하고 특별할 것 같지 않은 이 아이디어, 체인은 대단한 발명품일까?
알츠슐러는 이런 이야기를 했다. '오늘날 혁신이 필요하다고 인정되는 문제들은 비로소 내일이면 나타나는 새로운 수준의 구조적

사고과정에 의해 해결된다.' 이 말의 뜻은 무엇일까? 증기선을 처음 발명한 사람은 '스티븐슨'이라고 초등학생들도 알고 있다. 하지만 원자력엔진을 잠수함에 처음 적용한 사람은 누구인가? 오늘 날 새로운 형식의 동력장치를 개발하는 것은 대단한 일이지만, 그 동력장치를 자동차나 배, 비행기에 적용하는 것 자체는 대단한 아이디어라고 평가하지 않는다. 오늘에 와서는 평범한 상식이 된 것이다. 지금은 이것이 평범한 상식이지만, 스티븐슨이 살았던 시대에는 창조적인 문제였고, 그 시대의 시각에서 볼 때는 새로운 수준의 구조적 사고(생각)라고 말할 수 있었다.

자전거 체인도 마찬가지이다. 오늘 날의 시선으로 바라볼 때는 상식적인 도구이지만, 체인이 처음 발명되었을 때에도 그랬을까? 곰곰이 생각해보면 체인은 대단한 발명품이라고 느낄 수 있다. 체인이 있기 전에는 앞 바퀴에 페달이 달려있어서 자전거를 주행하기가 쉽지 않았다. 그러다가 고무벨트를 사용하여 지금과 같은 형식의 자전거를 만들었지만, 1800년대에는 고무 자체가 매우 귀한 물질이라, 누구나 쉽게 사용하기가 어려웠다. 그 때에 체인이 등장하였다. 모두가 환영했을 만한 발명품임에 틀림없지만, 구체적으로

그림 4.12 자전거 체인

왜 체인이 위대한 발명품인가?

'왜 대단한 발명품인가' 혹은 '왜 대단한 혁신인가'라는 질문은 2장에서 설명했던 삼성전자의 광픽업 사례와 비슷하다. 광픽업 사례에서 삼성전자는 매년 수백 억의 원가절감이 가능하였다. 결과적으로 매년 수백 억의 원가절감이 가능하였기 때문에 혁신적인 발명이라고 평가하는데 이의를 제기하지는 않지만, 그것만이 전부일까? 앞에서 설명했듯이 광픽업의 사례는 광픽업의 원가와 품질간의 기술적 모순을 해결하였다. 따라서 혁신적인 발명이라고 평가할 수 있는 것이다.

알츠슐러는 '누가 보아도 창의적이라고 인정할만한 발명들의 공통점은 모순을 극복하고 있다'라고 이야기 하였다. 체인이 위대한 발명품이라고 말할 수 있는 이유는 모순을 극복하고 있기 때문이다. 자전거의 페달에서 뒷바퀴까지 힘을 전달하기 위해서는 유연한 재료이어야 한다. 그래야 페달과 뒷바퀴 사이를 유연하게 회전할 수 있다. 그래서 고무벨트를 사용하였다. 하지만 고무벨트는 당시에 매우 귀한 부품이기도 했으며, 동시에 오래 사용하면 쉽게 끊어지는 단점이 있었다. 또 강한 힘을 전달하면 벨트가 미끄러지는 문제도 발생했다. 페달과 뒷바퀴 사이를 회전해야 하기 때문에 유연한 물질을 사용해야 하지만, 힘을 정확히 전달하고 오래 사용할 수 있기 위해서는 단단한 물질을 사용해야 한다. 유연해야 하고 동시에 단단해야 하는 물리적 모순을 극복한 것이 체인이다.

CHAPTER

05

이래야 되면서도 저래야 된다

2장에서는 창의성의 특성(property)에 대하여 설명하였다. 창의성을 정의(define)한다는 것은 체계적으로 연구하기 위해 필요한 행위로, 과학적인 엄격함이 필요한 반면에, 그 특성을 이야기하는 것은 창의성을 이해할 수 있는 또 다른 방법이다. 창의성의 가장 큰 특성은 '미처 생각해보지 못한 것을 생각하는 것'이라고 하였다. 이러한 창의성의 특성을 고려하여 지금까지 기업에서 가장 많이 사용된 창의성의 방법론들을 3장에서 살펴보았고, 창의적인 아이디어를 전개하는 구체적인 방법으로 생각의 틀을 깨는 트리즈를 소개하였다. 누가 보아도 창의적인 아이디어들은 모순을 극복한다는 점을 4장에서 소개하였고, 5장에서는 물리적 모순을 극복하는 방법인 분리의 원리를 소개하고자 한다. 6장과 7장에서는 기술적 모순을 극복하는 방법인 40가지발명원리를 소개한다.

기술적 모순과 물리적 모순을 구분하는 것이 처음에는 쉽지 않으므로 한 번 더 자세하게 두 가지 종류의 모순을 구분하는 설명으로 5장을 시작한다.

실례로 모순을 구분해보자

기술적 모순 (Technical Contradiction)

4장에서 설명한 하드디스크의 사례가 기술적 모순이다. 기록의 정확도를 증가시키려 하면 기록 용량이 감소하고, 반대로 기록 용량을 증가시키면 기록의 정확도가 떨어지는 경우이다. 어느 하나가 좋아지면 어느 하나가 나빠지는 것이 기술적 모순이다. 서로 다른 요소가 충돌하는 것이다.

현재 경유 가격이 급상승하고 있다고 가정해보자. 만일 정유회사에서 경유의 생산량을 2배로 증가시키고자 하면, 어떤 문제가 발생할까? 일반적으로 경유의 품질이 현저히 떨어지게 되고, 그러면 고객들의 불만이 높아질 것이다. 이러한 생산량과 품질의 문제도 기술적 모순의 예이다.

자동차를 설계할 때 연비를 향상시키게 되면 출력이 떨어지게 되고, 출력을 향상시키면 연비가 저하된다. 2008년 3월에 쌍용자동차에서 체어맨W 모델을 출시하였는데, 벤츠의 엔진과 미션을 사용하고 있다. 그래서 어느 일간지에서는 벤츠의 S500모델과 체어맨W를 비교하는 기사가 실렸다. 기사의 일부분은 다음과 같은 형식이다.

▲출력&무게&연비

체어맨은 V8 4966cc 벤츠 엔진을 얹었다. 현재 벤츠 S클래스에서는 사용하지 않는 이 엔진은 최고 출력 306마력, 최대 토크 45.0kg.m/4000rpm이다. S500의 엔진은 최고 388마력, 최대 54.0kg.m/4800rpm의 토크로 체어맨W보다 뛰어나다.

체어맨W의 마력당 무게비는 6.4kg. 스포츠세단에 버금가는 우수한 수준이다. 그러나 S500에는 미치지 못한다. S500의 마력당 무게비는 5.4kg으로 체어맨W보다 1kg 더 가볍다. 그만큼 힘을 효율적으로 쓸 수 있고, 힘도 세다는 뜻이다.

동일한 회사의 엔진과 미션을 사용하는데도 불구하고 벤츠의 S500모델의 출력이 더 높아 기술력의 차이가 있다는 식으로 설명하고 있다(구체적으로 마력당 무게 비를 계산). 그리고 부연 설명을 하면서 연비는 체어맨W가 약간 높다고 소개하였다.

"변속기는 두 차 모두 7단 자동변속기다. 구동방식은 체어맨W가 상시사륜구동, 벤츠 S500은 후륜구동방식이다. 구동방식만을 놓고 보면 상시사륜구동이 후륜구동에 비해 우수하다고 볼 수 있다. 물론 S500에도 4매틱이라는 사륜구동 버전이 따로 준비돼 있다.

연비는 체어맨W가 7.3km/ℓ, S500이 6.9km/ℓ다. 체어맨W의 연비가 상대적으로 좋지만 최고급 플래그십 세단 소유자에게 이 정도의 차이는 큰 의미로 다가오지 않는다."

4장에서 설명한 바와 같이, 벤츠 S500모델과 체어맨W는 연비와 출력간의 기술적 모순을 충분히 고려한 것일까? 자동차에는 연비를 좋게 하면 출력이 감소하게 되고, 출력을 높이면 연비가 감소하게 되는 기술적 모순이 있다. 쌍용은 연비를 중시하고, 벤츠는 출력을 중시한 설계를 한 것이다. 그것이 마케팅 전략이다. 특히 4륜구동의 경우 후륜구동보다 더 안전하지만, 어쩔 수 없이 연비가 더 떨어지는 점까지 감안하면, 체어맨W의 연비는 S500의 출력을 충분히 상쇄시켜주는 쌍용자동차의 수준 높은 기술력이라고 볼 수 있다. 그러나 후륜구동의 S500모델의 경우 4륜 구동 옵션이 없으면 겨울철 운행이 아주 어렵기 때문에 이 점을 고려하면 체어맨도 훌륭한 선택이다.

정부는 부동산 안정을 위해 세금 규제나 분양가 상한제 등을 도입하고 있다. 하지만 이러한 조치가 장기화되면 건설업계가 경영난을 겪게 되고, 불황을 맞을 수 있다. 2008년 현재, 주택담보대출이 전체 개인 부채의 50%에 이르는 상황에서 건설업계 불황은 국가 전체의 신용경색 사태로 이어질 가능성도 있다. 일본의 버블경제가 무너질 당시 전체 부채 중 주택담보대출 비중이 대략 25%정도였던 점을 비교하면, 건설업계로부터 시작될 수 있는 경제 위기 가능성을 간과할 수는 없다. 이것은 부동산 시장 안정과 건설업 경기 활성화가 서로 부딪히는 기술적 모순이다.

2008년 상반기, 국제 원자재 가격의 상승으로 소비자 물가도 따라 올라갔다. 그래서 한국은행이 물가를 잡으려는 정책을 취하게 되면 경제성장률이 저하된다. 연 7% 이상의 경제성장에 집중하여 수출중심의 정책으로 환율까지 올리면 물가가 더욱 치솟아 특히 서민경제가 어려워진다. 물가안정과 경제성장이 충돌하는 기술적 모순이다.

일상에서 부딪히는 기술적 모순

만일 어떤 문제가 발생하면, 일반적으로 지금까지의 경험과 지식을 활용해서 대책을 세우게 된다. 하지만 그 대책을 실행하면 예상하지 못했던 새로운 문제가 발생하게 되는 것이 일반적이다. 즉 예상하지 못했던 부작용이 발생하는 것이다. 그러한 부작용은 우리가 신(神)이 아닌 이상 대책을 고민하여 수립하는 단계에서부터 미리 예측하여 알기가 어렵다. 이와 같이 뭔가 문제가 발생하고 그에 대한 대책을 실행할 때 발생하는 부작용의 경우도 기술적 모순이다.

기술적 모순에 부딪혔을 때는 그 모순을 극복해서 창의적인 혁신을 이루려는 노력을 해야지, 부작용은 무시한 채 원리 원칙만을 내세우면서 처음 제안된 방침을 밀어붙이려고 해서는 안 된다. 많은 정책들을 집행하며 가끔씩 많은 원망을 받을 수도 있는 정부기관들에서 그러한 사례를 찾아보기가 쉽다. 모순에 부딪히면 많은 사람들은 '안 된다' 라고 생각한다. 그리고 '나 보고 어쩌란 말이냐'라고 생각하며 더 이상 생각하기를 포기한다.

국민들에게 행정을 서비스하는 공무원들이 기술적 모순의 상황에 부딪힌다면 자신의 위신과 자존심을 위해 대쪽같이 곧은 원리, 원칙 등의 법 조항에만 기대기보다는, 기술적 모순의 상황을 극복해서 혁신적인 해결책을 국민들에게 제공하려는 마음자세를 지녀야 한다.

물리적 모순(Physical Contradiction)

서로 다른 두 개가 부딪혀 충돌하는 것이 기술적 모순이다. 이와 다르게, 어느 하나가 이래야 되고 저래야 되는 것이 물리적 모순이다.

4장에서 설명한 비행기 바퀴의 예제를 상기해보면 비행기 바퀴는 있어야 하고, 없어야 한다. 비행기 바퀴가 이래야 되고(있어야 하고) 저래야 되는(없어야 하는) 것이므로 물리적 모순이다.

자전거 체인은 동력을 전달하기 위해서 부드러워야 하고(flexible), 강한 힘을 전달하고 오래 사용하는 내구성을 가지기 위해서는 단단해야(rigid) 한다. 자전거 체인이 이래야 되면서도 저래야 되는 것이므로 물리적 모순이다.

양복의 옷감은 광택이 나고 촉감이 좋아야 한다. 그래서 양복의 옷감을 만드는 실은 가늘어져야 한다. 하지만 주름이 너무 쉽게 만들어지는 것을 방지하기 위해서는 실이 굵어야 한다. 실은 가늘어야 하고 굵어야 하는 물리적 모순을 가지고 있는 것이다.

4장에서 설명한 화승총의 문제는 어떤 모순을 가지고 있는지 각자 고민해 보자.

물리적 모순은 해결할 수 있다

알츠슐러는 트리즈 계발 초기에 누가 보아도 창의적이라고 인정되는 특허 4만 건을 집중적으로 분석하여, 모순을 극복하는 공통점을 찾아냈다. 그래서 모순에 대하여 집중적으로 분석하였고, 모순을 기술적 모순과 물리적 모순 2가지로 분류하였다. 우선 물리적 모순을 해결한 특허 2만 건 가량을 분석하여, 물리적 모순을 해결하는데 사용되는 공통의 원리로서 '분리의 원리'를 도출하였다. 그리고 기술적 모순을 해결한 특허 2만 건 가량을 분석하여, 기술적 모순을 해결하는데 사용된 공통의 원리로서 '40가지 발명원리'를 도출하였다.

트리즈를 적용하는 가장 간단하고도 확실한 방법이란 문제를 분석해서 기술적 모순이면 40가지 발명원리를 적용하고, 물리적 모

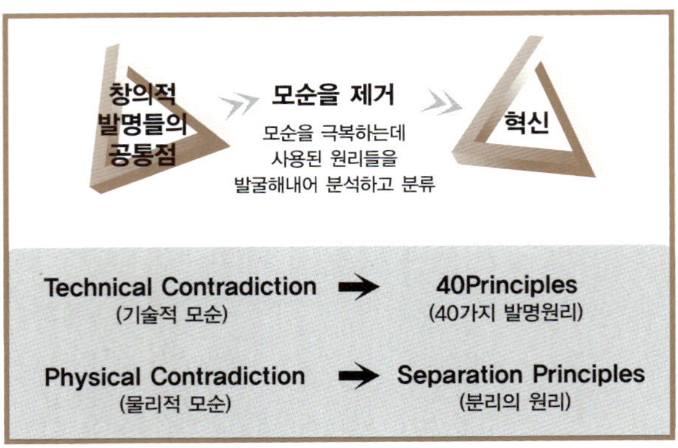

그림 5.1 기술적 모순과 분리적 모순의 해결책

순이면 분리의 원리를 적용하는 것이다.

트리즈의 장점

그 동안 창의성의 분야에서는 다양한 방법들이 등장하였다. 가장 대표적인 창의성 분야의 전문가로서 '드 보노' 박사가 있다. 드 보노 박사는 '수평적 사고기법', '여섯색깔모자' 등의 창의성 기법으로 세계적으로 유명하다. 하지만 현재, 창의성 분야에서 가장 각광 받고 있는 것은 TRIZ(트리즈)이다.

드 보노 박사는 의사이면서 심리학자 출신이라는 직업적인 배경으로 인하여 '이렇게 하면 되겠구나'라는 마음으로 창의성에 대한 연구를 진행하였다. 그에 반해 트리즈는 특허를 분석한 것이다. 가장 객관적인 자료인 특허들을 꼼꼼히 분석해서 공통점을 뽑아낸 것이므로, 많은 사람들로부터 쉽게 신뢰를 얻을 수 있었다. '이렇게 하면 되겠구나!'와 같은 이제까지의 추론적 창의성 방법론이 아닌, '이렇게 하니까 되더라!'라는 검증적 창의성 방법론이 트리즈이다. 창의성에 대해서 누구라도 인정할만한 근거를 가진 구체적인 방법을 제시하고 있는 것이다.

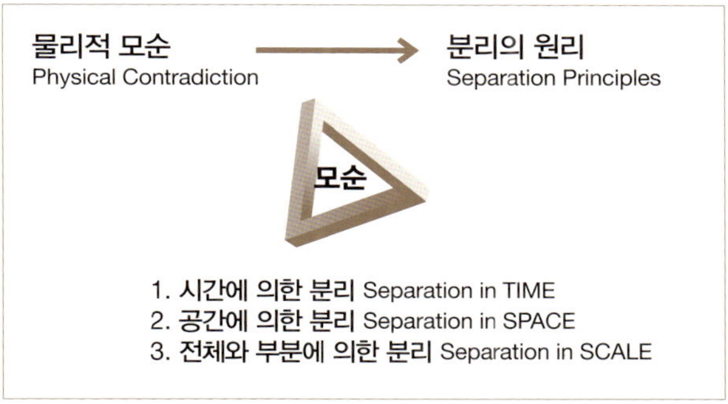

그림 5.2 물리적 모순의 해결책, 분리의 원리

분리의 원리 (Separation Principle)

알츠슐러는 물리적 모순을 해결한 특허들을 모아서 분석한 결과, 공통의 해결 원리로서 분리의 원리를 제시하였다. 분리의 원리에는 시간에 의한 분리, 공간에 의한 분리, 전체와 부분에 의한 분리 3가지가 있다.

시간을 분리하라

4장에서 설명한 비행기 바퀴의 사례가 시간에 의한 분리에 해당한다. 만일 1915년 어느 비행기 회사의 직원이 "비행기 바퀴는 없어야 합니다. 비행 도중에 공기저항을 받기 때문에 연료를 20% 더 사용하게 됩니다"라고 제안하면 어떤 대답을 듣게 될까? "비행기가 착륙하려면 바퀴가 있어야지, 없으면 어떻게 착륙을 하느냐! 자네, 일하기 싫은 거야?"라는 대답을 듣게 되었을지도 모른다. 1900년대에 비행기에 바퀴가 달리기 시작한 이후, 20년 이상이나 지나서야 바퀴가 접히게 되는 아이디어가 나오게 된다. 바퀴는 있어야 하지만 없어야 한다는 물리적 모순을 가지고 있어 문제해결이 불가능하다고 생각하고 더 이상 생각을 하지 않았기 때문에, '바퀴를 접으면 된다'라는 간단한 아이디어가 쉽게 나오지 않았던 것이다. 이륙과 착륙할 때는 바퀴가 있고 이륙 후에는 접으면 된다는 것이, 1927년 뉴욕타임즈가 선정한 올해 최고의 발명이다. 바퀴는 있어야 하고 없어야 한다는 물리적 모순에 시간에 의한 분리를 적용한 것이다. 시간에 의한 분리 원리를 이용하여 물리적 모순을 극복하였기 때문에 1927년 최고의 발명이 될 수 있었던 것이다.

건물 기초 공사에서 부딪히는 물리적 모순 사례

시베리아 지방에는 추운 날씨로 인해서 건물공사를 할 수 있는 기간이 1년 중 얼마 되지 않는다. 특히 지반에 말뚝(pile)을 박는 기초공사는 기온이 가장 높은 여름에 실시한다. 땅이 얼어 있으면 말뚝을 땅속에 설치하기가 어렵기 때문이다. 시베리아의 어느 건설회사는 말뚝을 제때 공급받지 못하여 가을이 되어서야 기초공사를 시작할 수 있었다. 이미 땅이 얼기 시작하여 건설회사는 난관에 부딪히게 되었다.

얼어있는 땅 속에 말뚝을 강한 힘으로 강제로 밀어 넣게 되면 말뚝이 파열되어 버린다. 반면에 적당한 힘으로 말뚝에 힘을 가하면 말뚝이 땅속으로 들어가지도 않는다. 물리적 모순을 찾아 보자. 말뚝을 강한 힘으로 내려치게 되면 조금씩 땅속으로 들어가긴 하는데, 곧 말뚝이 파열되어버린다. 반면 말뚝을 적당한 힘으로 내려치게 되면 말뚝이 파열되지는 않지만, 얼어있는 땅 속에 아예 들어가지를 않는다. 말뚝을 강하게 내려쳐야 하지만 약하게 내려쳐야 한다는 물리적 모순이다.

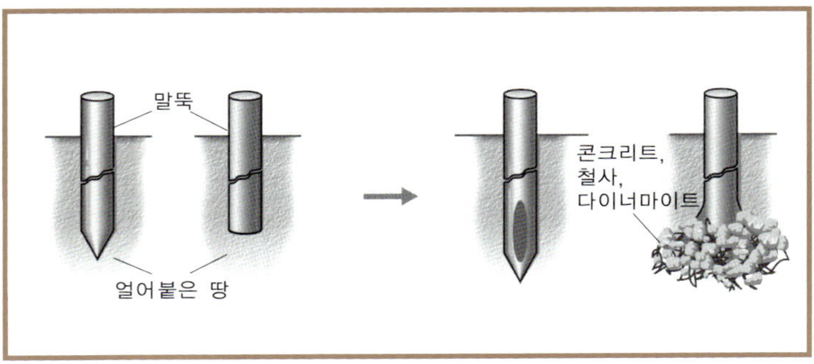

그림 5.3 건물 기초공사의 문제

그래서 건설회사는 말뚝의 끝을 뾰족하게 만들어 보았다. 말뚝을 강하게 내려쳐야 하고 약하게 내려쳐야 하는 물리적 모순을 해결한 것이다. 말뚝의 끝을 뾰족하게 만들어 1차적인 물리적 모순을 해결한 듯 하였다. 말뚝은 적당한 힘으로 내려쳐도 땅속으로 들어갈 수 있었다. 하지만 말뚝의 끝이 지면과 수평을 이루어야 건물의 하중을 견뎌낼 수 있기 때문에 끝이 뾰족한 말뚝은 말뚝의 기능을 수행할 수 없었다. 또한 뾰족한 끝으로 땅을 비집고 들어갔기 때문에 들어간 말뚝이 조금씩 흔들리는 경우도 있었다. 뾰족해야 하지만 뾰족하면 안 되는 상황에 부딪혀서 불가항력의 난관에 부딪히게 되었다. 또 다른 물리적 모순을 만나게 된 것이다.

트리즈를 적용한다는 것은 다음과 같다.

우선 문제의 상황에서 불가능하다고 여겨지는 점을 분석하여 모순을 찾아낸다. 이 문제에서는 끝이 뾰족해야 하고 뾰족하지 말아야 하는 것이 물리적 모순이다. 트리즈에서는 물리적 모순의 경우 분리의 원리로 문제를 풀라고 한다. 그래서 시간에 의한 분리, 공

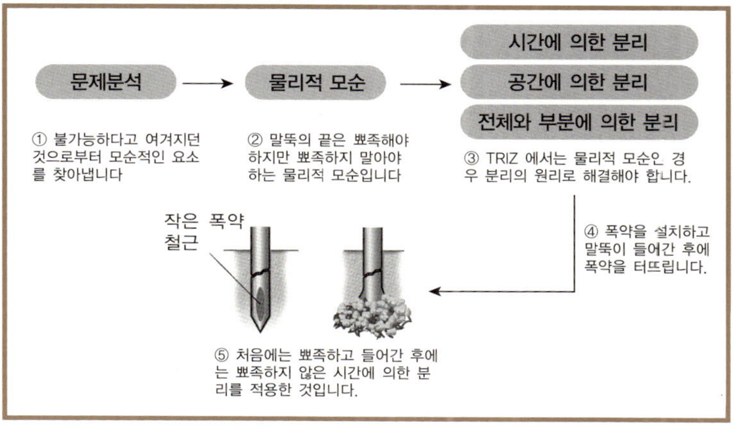

그림 5.4 TRIZ 적용 절차

간에 의한 분리, 전체와 부분에 의한 분리를 적용한다. 그 중에서 시간에 의한 분리를 적용하여, '말뚝이 들어갈 때는 뾰족하고, 들어가고 나서는 뾰족하지 않으면 된다'라는 개념(concept)을 생각한다. 그래서 그림 5.3과 같이 뾰족한 말뚝의 끝에 작은 폭약을 설치하고, 말뚝을 박은 후 그 폭약을 폭파시켜 말뚝이 건물의 하중을 지반으로 잘 전달할 수 있는 구조로 만든다. 시간에 의한 분리 원리를 적용해 물리적 모순을 극복한 것이다. 이렇게 설치한 말뚝은 겨울에도 건물의 기초공사를 가능하게 할 뿐 아니라, 건물의 하중을 지반으로 전달하는데 탁월한 구조를 가져서 기존에 20개의 말뚝을 설치해야 하는 것을 10개 이하로 설치해도 되는 혁신적인 결과를 가져왔다.

2차 세계대전 말기에 등장한 전투기

어떤 원리에 대해서 가장 쉽게 설명하는 방법은 예를 들어 설명하는 것이다. 그래서 시간에 의한 분리를 설명할 때, 비행기 바퀴의 사례를 들면 쉽게 이해가 간다. 하지만 가끔, "그런 간단한 예가 아닌, 창의성에 어울리는 좀 더 고급스런 예는 없는가?"라는 질문을 받을 수 있다. 비행기 바퀴의 사례가 그렇게 낮은 수준의 간단한 사례일까?

2차 세계대전 후반, 독일군은 독일 영토 내로 철수하였다. 독일군은 자국의 영토를 어떻게든지 사수하겠다는 각오였고, 연합군은 독일을 점령하여 전쟁을 끝내고자 하였다. 독일 영토로 철수한 독일군은 만반의 준비를 하였고, 연합군은 독일 영토로 진격하기 전에 우선 폭격을 가하여 독일내의 도로, 교량, 통신, 발전시설 등을 파괴하기 시작하였다.
그런데 이 폭격은 폭격기 10대가 출격하면 3대만 귀환하는 죽음의 폭격이었다고 한다. 일반적으로는 전투기가 호위하면서 폭격을 진행하는데,

독일 깊숙한 곳으로의 폭격일 때는 거리가 멀어서 연료가 부족해 전투기가 같이 따라가 호위를 하지 못했다. 왜냐하면 전투기는 날렵하게 비행해야 하므로 무게가 가벼워야 하고, 그래서 연료통의 크기가 작기 때문이다. 대부분의 전투기들이 폭격지점까지 갈 수 있는 연료는 되는데, 갔다가 돌아오기에는 연료가 부족했다. 그런 이유로 장거리 폭격일 경우, 독일 전투기에게 연합군의 폭격기가 무방비상태로 격추당하였다.
현저하게 낮은 폭격의 효율성으로 조속히 전쟁을 종식시키고자 하는 연합군 수뇌부는 고민에 빠졌다. 이 때 등장한 전투기가 미국의 무스탕 전투기였다. 이 전투기는 어떤 혁신적인 아이디어가 있었을까? 얼마나 멋진 아이디어기에, 이 문제를 해결하고 전쟁을 빨리 종식시키는데 크게 기여하였을까?

허무하게도 비행기 바퀴의 사례와 크게 다르지 않았다. 무스탕 비행기는 날개 밑에 연료통을 달았다. 폭격기와 함께 폭격지점으로 비행할 때는 날개 밑의 연료통에서 연료를 공급받았다. 폭격지점에 도착하여 독일군의 전투기가 폭격기를 공격하려고 접근하면, 무스탕 비행기는 날개 밑의 무거운 연료통을 떼어버리고, 가벼워진 무게만큼이나 날렵한 기동성으로 독일 전투기를 제압해 폭격기를 무사히 호위할 수 있었다. 이로써 대부분의 폭격기가 귀환할 수 있게 되었다. 비행기 바퀴와 같은 사례가 아무리 쉬워 보이는 아이디어라도 막상 자신의 문제에 부딪히게 되면 잘 떠오르지 않는다. 이런 것이 창의적 아이디어이다.

그림 5.5 무스탕 비행기와 날개 밑의 연료통

전체와 부분을 분리하라

4장에서 설명한 체인의 발명이 전체와 부분에 의한 분리 사례에 해당된다. 자전거 체인은 동력을 전달하기 위해서 부드러워야 하고 오래 사용하는 내구성을 가지기 위해서 단단해야 한다. 만일 재료공학을 전공한 사람에게 단단하면서도 부드러운 재료가 뭐가 있냐고 질문한다면 아마 물리적으로 불가능하여 그런 재료는 세상에 없다는 답변을 들을 것이다. 자전거 체인은 전체적으로 부드럽다. 하지만 부분적으로 확대해보면 금속 부품들로 이루어져 있어 그 어떤 것보다 단단하다. 그래서 1000cc 오토바이의 경우 시속 100km에 도달하는 시간이 3초 정도에 이루어질 정도로 강력한 힘이 체인을 통해 엔진에서 뒷바퀴로 전달된다. 전체적으로는 부드럽고 부분적으로는 단단하게 만든 것이다.

아래의 그림은 전체적으로는 'Yes'이지만, 실질적인 부분으로 들어가면 'No'라고 이야기 하고 있다. 전체와 부분에 의한 분리이다.

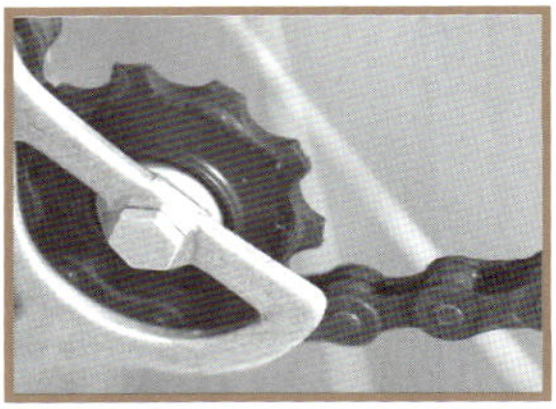

그림 5.6 자전거 체인

그림 5.7 전체와 부분의 분리. Yes and No

공간을 분리하라

1930년대 미국 뉴욕에는 '엠파이어스테이츠'와 '세계무역센터'라는 120~130층의 초고층빌딩이 지어졌다. 이후 철강이나 여러 건축자재들의 기술발달로 150층 이상의 초고층빌딩도 지을 수 있는 기술이 등장했지만, 실제 150층 이상의 초고층빌딩은 지어지지 않았다. 건축업계에서는 150층 이상의 초고층빌딩을 고려하지 않는 것이 일종의 관례가 되었다. 왜냐하면 경제성이 너무 낮기 때문이다.

일반적으로 초고층빌딩은 그 지역이나 나라의 비약적인 경제성장을 상징하는 의미가 있다. 초고층빌딩은 건물의 면적에 대비해 높이가 높아서 처음부터 경제성이 많이 부족하다. 100층짜리 초고층빌딩을 짓는 것보다는 50층짜리 건물 2개를 짓는 것이 비용 면에서 효과적이다. 한국의 경우 군사적으로 고도제한이라는 특수한 여건도 있었지만, 서울 역삼동의 포스코 본사와 같이 두 개의 건물을 짓는 것이 초고층빌딩을 짓는 것보다 경제성은 높다.

그래도 초고층빌딩이라는 것은 어떤 상징성을 가지고 있으므로 어느 정도 경제성을 희생하더라도, 120층 정도까지는 건설의 의미가 있었다. 하지만 150층 이상의 초고층빌딩은 짓지 않았다. 경제성이 너무 떨어지기 때문이다. 왜 그럴까?

그 이유를 알아보자. 100층 빌딩과 200층 빌딩을 비교해보자. 200층 빌딩은 그 건물을 이용하는 사용자의 수가 100층 빌딩에 비해 최소한 2배는 될 것이다. 건물을 이용하는 사용자 수가 2배가 되므로 엘리베이터도 2배 이상 설치해야 할 것이다. 그런데 초고층빌딩이란 것이 애초부터 건물의 밑면적 대비, 높이가 높은 건물인데, 엘리베이터 수가 2배로 늘어나면 엘리베이터가 차지하는 공간이 늘어나 정작 사무공간으로 사용할 가용면적이 감소하게 되어 경제성이 급격하게 떨어지게 된다.

엘리베이터 수는 많아야 하지만 적어야 한다. 모순이다. 모순에 부딪히면 사람들은 불가능하다고 여기게 되고 더 이상 생각을 하지 않는다. 그래서 1930년대 이후 50년 동안, 사람의 운송에 있어서 엘리베이터를 뛰어넘는 획기적인 해결책이 등장하지 않는 한, 150층 이상의 초고층건물은 고려되지 않게 되었다.

트리즈를 적용해서 생각해보자. 이 문제에서 사람들이 불가능하다고 여기는 것은 엘리베이터의 개수다. 엘리베이터 수는 많아야 되고 적어야 되므로, 이는 물리적 모순이다. 트리즈에서는 물리적 모순일 경우 분리의 원리를 적용하라고 한다. 그림 5.9와 같이 건물에서 엘리베이터가 차지하는 공간을 2개로 나누어 보자. 어떤 아이디어가 나올 수 있는가?

그림 5.8 두 개 동으로 나누어 지은 역삼동 포스코 빌딩

아래 그림 5.10과 같이 엘리베이터 2대를 설치하면 어떨까? 즉 하나의 엘리베이터 공간에 2대의 엘리베이터가 움직이는 것이다. 결국 더 많은 엘리베이터를 설치했지만, 정작 엘리베이터가 차지하는 공간은 오히려 줄어들어서 엘리베이터 수가 많아야 되고 적어야 되는 물리적 모순을 해결하게 되었다.

이 아이디어는 1990년대 말레이시아 페트로나스타워 빌딩을 건설할 때 적용되었다. 그래서 기존의 고층빌딩보다 엘리베이터가 차지하던 공간을 줄이면서도, 훨씬 더 많은 사람들이 건물을 사용할 수 있게 되었다. 분명히 혁신적인 아이디어, 창조적인 결과임에 틀림없다. 이러한 아이디어가 창의적인 아이디어인가? 역시 많은 사람들은 생각한다. '저게 뭐 대단한 아이디어일까? 초등학생도 알 수 있는 간단한 아이디어인데…' 그렇게 생각하는 동료가 있다면 이렇게 질문해보자. "초등학생도 알 정도로 그렇게 간단한 아이디어인데 왜 그런 아이디어가 나오는데 50년 이상이나 걸렸지?" 2장과 4장을 잘 읽어본 독자라면 정답은 아니지만 명답을 찾을 수 있을 것이다.

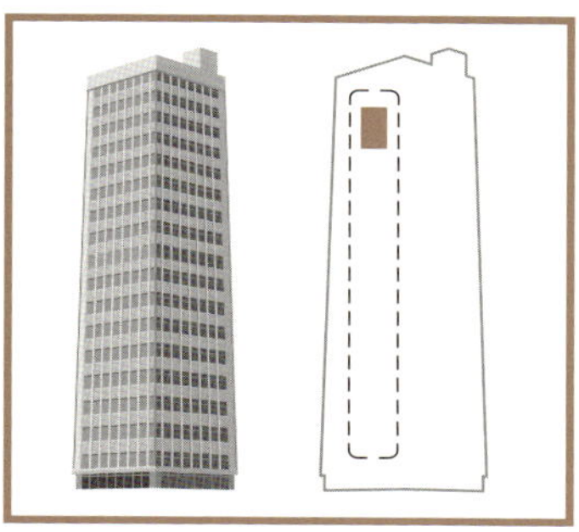

그림 5.9
물리적 모순에 대한 공간의 분리 적용

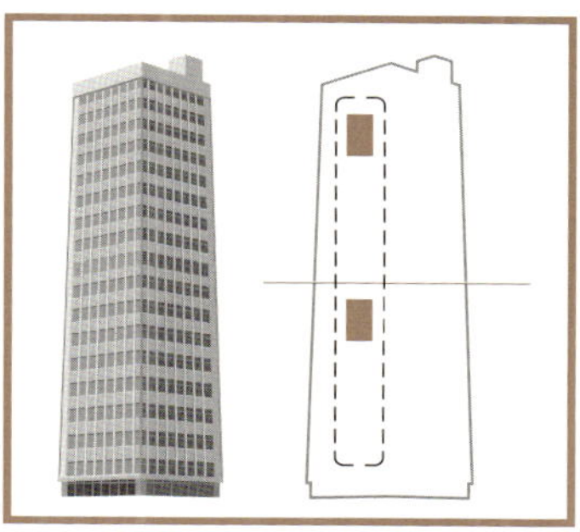

그림 5.10
초고층 빌딩의 엘리베이터 문제의 해결

트리즈의 차별성

창의성을 설명하는 일반적 방법이라면 위에서 언급한 엘리베이터 사례의 경우를 어떻게 설명할까? 아마 아래와 같을 것이다.

"오랫동안 150층 이상의 건물을 짓지 못하고 있었다. 150층 이상의 빌딩을 건설하면 엘리베이터가 많아져야 하고, 이로 인해서 엘리베이터가 차지하는 면적이 증가하여 건물의 가용면적이 감소해 빌딩을 짓는 경제성이 급격히 떨어지기 때문이다. 그런데 엘리베이터가 차지하는 공간에 반드시 하나의 엘리베이터가 있어야 하는가? 아니다. 그렇다! 하나의 엘리베이터 공간에 2대의 엘리베이터를 설치하는 것이다. 하나의 엘리베이터 공간에 하나의 엘리베이터를 설치하는 것은 일종의 생각의 틀이다. 그러한 생각의 틀을 벗어나야 창의적인 생각이 가능하다. 우리 모두 생각의 틀을 깨기 위해서 노력하자"

이제까지 여러분은 이런 표현을 많이 접하지 않았는가? 맞는 말이고, 공감을 가지게 하는 표현이다. 문제의 어려움을 직선적으로, 연속적으로 설명해나가면서 결국 '문제는 더 어렵다'라는 점을 강조하다가 마치 연극이나 영화의 클라이막스처럼 해결책을 제시한다. 그리고 그것이 생각의 틀이라고 이야기하고 생각의 틀을 깨야 창의적 사고가 가능하다고 한다. 짜릿한 희열까지 느낄 수도 있다.

하지만 어떻게 해야 생각의 틀을 깨는가? 분명 창의성에 대한 공감은 가지게 하지만, 구체적으로 어떻게 해야 생각의 틀을 깨는 것인가에 대해서는 독자들에게 맡겨버린 것이다. 그래서 창의성이 더 어렵게 느껴져 왔던 것은 아닐까?

앞에서 언급한 공간의 분리 예로 엘리베이터를 설명하면서, 결과론적으로는 트리즈에서도 생각의 틀을 깨는 것을 도와주고 있고 나아가 구체적인 방법을 제시하고 있다. 문제를 물리적 모순으로 변환해서 분리의 원리라는 도구를 사용하여, 하나의 엘리베이터 공간에 두 대의 엘리베이터를 설치하는 아이디어를 도출한 것이다. 구체적으로 어떻게 생각의 틀을 깨는가를 제시하고 있다. 이 점이 기존의 창의성 방법론에 비해 트리즈가 가지는 차별성이다.

정치와 행정의 구분

행정가가 정치를 하는 것은 대개 어려운 일이다. 청렴결백의 길을 걸어온 노련한 행정가에게 정치의 길을 가라고 하는 것은 가혹한 일이라고 생각된다. 정치는 물리적 모순과 기술적 모순의 연속이기 때문이다. 이에 반해 행정은 어느 정도 규칙과 규범이 존재하여, 이를 어떻게 활용하느냐의 문제이다. 엄격함과 도덕성, 적응력이 중요한 것이 행정이다. 이럴 때는 이렇게 하고, 저럴 때는 저렇게 해야 한다는 '법'을 공정하고 현명하게 집행하는 것이 행정이다. 하지만 정치는 그렇지 않다. 이렇게 하자니 이쪽에서 아우성을 치고, 저렇게 하자니 저쪽에서 야단이니, 이렇게 할 수도 없고 저렇게 할 수도 없는 것이 정치의 속성(property)이다. 정치에서 말하는 최고의 기술인 타협은 최적화(optimization)가 아니다. 정치에서의 타협은 분리의 원리가 적용된 것이다. 가장 많이 사용되는 것이 명분과 실리의 분리이다. 한 쪽이 명분을 가져가고 다른 한 쪽이 실리를 가져가는 협상을 가장 많이 볼 수 있다.

그리고 정치인이 가장 많이 사용하는 분리의 원리로서 아마도 시간의 분리가 있을 것이다. 정치인이 가장 저지르기 쉬운 실수이기도 한 시간의 분리는 과연 무엇일까? 거짓말?

기술적으로 불가능한가, 물리적으로 불가능한가?

서로 다른 것이 부딪혀 충돌하는 것이 기술적(technical) 모순이고 어느 하나가 이래야 되고 저래야 되는 것이 물리적(physical) 모순이라고 했다. 왜 하필 알츠슐러는 '기술적' 그리고 '물리적' 모순이라고 했을까?

하드디스크의 경우 기록의 용량을 증가시키면 정확도가 떨어지고, 정확도를 증가시키면 용량이 감소한다고 했다. 이런 상황에서 연구소 소장이 "기록 밀도를 증가시켜 용량을 늘리면 되지 않는가?"라고 질문할 때, 아래의 2가지 대답 중 하나를 고르라면 당신은 어떤 것을 고를 것인가?

'물리적으로 불가능합니다'
'기술적으로 불가능합니다'

물리적으로 불가능하다고 대답한다면, 아마 질문했던 연구소장은 조금 화가 났을 것이다. 그것은 기술적으로 어려운 문제이지, 물리적으로 불가능한 상황은 아닐 것으로 예상하고 있기 때문이다.

자동차의 연비를 증가시키면 출력이 감소하고, 출력을 증가시키면 연비가 떨어지는 경우에, 누군가가 "출력도 증가시키고 연비도 향상시켜라"라고 한다면, 우리는 그것이 기술적으로 불가능하다고 대답할 것이다. 물리적으로 불가능하다고 대답하는 것은 어딘지 모르게 이치에 맞지 않음을 느낀다. 그것은 기술적으로 불가능한 것이다.

기술적 모순(technical contradiction)이란 다른 말로 '기술적으로 불가능하다(technically impossible)'는 뜻이다.

비행기 바퀴는 있어야 하고, 없어야 한다. 이런 경우는 물리적으로 불가능하지 않은가? 어떻게 있기도 하고 없기도 한다는 말인가? 자전거 체인은 유연하면서도 단단해야 한다. 재료공학을 전공한 사람에게 "유연하면서도(flexible) 단단한(rigid) 재료가 없을까?"라고 질문한다면 그 사람은 상당히 당혹스러워 할 것이다. 그것은 물리적으로 불가능(physically impossible)하기 때문이다.

그림 5.11에서 알 수 있듯이, 알츠슐러는 불가능(impossible)이란 단어를 모순(contradiction)으로 바꾸어 놓았다. 문제를 해결하기 위해서는 불가능이란 단어를 사용하면 안 된다. 불가능이란 단어를 입에 담기 시작하면 '해도 안 된다'라는 생각을 가지게 되기 때문이다. '불가능'이라는 표현대신 반드시 '모순'이란 단어를 사용하게 하는 것이 트리즈이다. '안 된다'고 생각하면 사람은 더 이상 생각을 하지 않는다. '어쩔 수 없다, 해도 안 된다'라는 상황에서 포기하

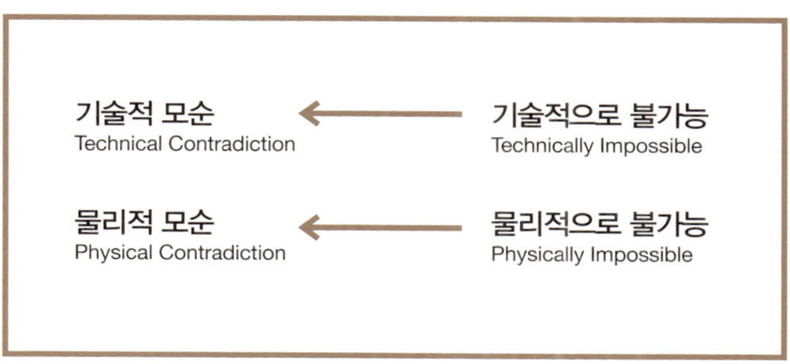

그림 5.11 기술적 모순과 물리적 모순의 뜻

지 말고 생각을 더 해보기 위해서 '하면 된다'라는 표현을 사용하는 것이 트리즈가 지향하는 바이다.

"
트리즈는 '불가능'이란 단어를
'모순'으로 바꾸는 것이다.
즉, '하면 된다'라는 마음의 자세를
갖게 하는 것이다.
"

CHAPTER

06

어느 하나가 좋아지면 어느 하나가 나빠진다

물리적 모순이란 어느 하나가 이래야 하고 또 저래야 한다는 것이다. 이와 달리 서로 다른 2개가 부딪혀 충돌하는 것이 기술적 모순이다. 어느 하나를 좋게 하면 다른 하나가 안 좋아지거나, 어떤 문제가 있어 대책을 세웠더니 또 다른 문제가 발생하는 것도 기술적 모순이다.

기술적 모순은 해결할 수 있다

알츠슐러는 20만 건의 특허들 중에서 누가 보아도 창의적인 특허 4만 건을 선정한 후, 이들의 공통점이 모순을 극복한다는 것을 알아내었다. 그리고 모순에 대해서 집중적으로 연구하여, 모순을 기술적 모순과 물리적 모순 2가지로 구분하였다. 누가 보아도 창의적이라고 인정할만한 특허 4만 건 중에서 물리적 모순을 해결한 특허 2만 건 정도를 분석하여 공통된 해결책의 원리로 뽑아낸 것이 5장에서 설명한 분리의 원리이다. 기술적 모순을 해결한 특허 2만 건을 따로 분석하여 해결책의 공통점으로 뽑아낸 것이 '40가지 발명원리'이다.

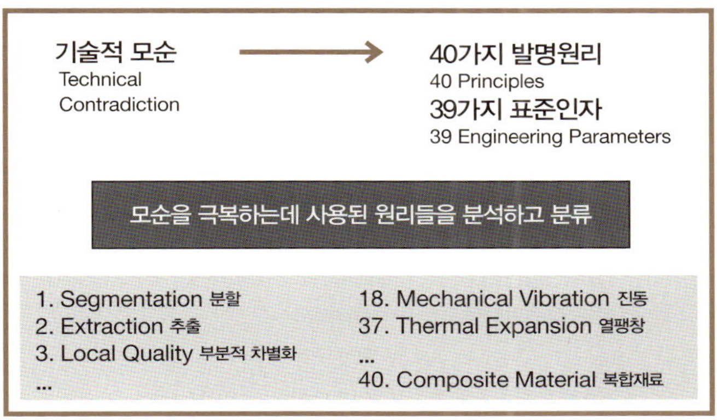

그림 6.1 기술적 모순과 40가지 발명원리

40가지 원리들이 문제를 해결한다

40가지 발명원리는 말 그대로 40가지의 원리들이 문제의 해결책으로 제시된다는 것이다. 다음의 그림에는 40가지 발명원리들이 순서대로 나타나 있다.

4장에서 물리적 모순과 기술적 모순의 구분을 위해 몇 가지 기술적 모순 사례를 제시하였다. 우선 자동차의 경우 다양한 기술적 모순들이 복잡하게 얽혀 있다고 했다. 출력과 연비간의 기술적 모순,

01.Segmentation	분할, 나누어라.	21.Rushing Through	유해하다면 빨리 진행하라.
02.Extracion	필요한 것만 뽑아내라.	22.Convert Harmful to Useful	안 좋은 것을 좋은 것으로 바꿔라.
03.Local Quality	전체를 똑같이 할 필요 없다.	23.Feedback	피드백을 이용하라.
04.Asymmetry	비대칭으로 하라, 차별화하라.	24.Intermediary	직접하지 말고 중간 매개체를 이용하라.
05.Consolidation	여러 작업을 한 번에 하라.	25.Self Service	스스로 기능이 수행되게 한다.
06.Multifunction	하나의 물건을 여러 번 사용하라.	26.Copy	불편하고 복잡한 것 대신 간단한 것으로 복사한다.
07.Nesting	포개어 보라, 짝짓기를 하라.	27.Cheap Short Life	한 번 쓰고 버린다.
08.Counterweight	지구중력으로부터 무게를 적극적으로 피한다.	28.Replacing Mechanical System	기계적 시스템은 광학, 음향시스템 등으로 바꾼다.
09.Preliminary Counter Action	미리 반대방향으로 조치하라.	29.Pneumatics and Hydraulics System	공기나 유압을 사용한다.
10.Preliminary Action	미리 조치하라.	30.Flexible Membrane and Thin Film	얇은 막 필름을 사용한다.
11.Preliminary Compensation	사전에 예방조치하라.	31.Porous Material	구멍이 숭숭 뚫린 물질을 사용한다.
12.Equipotential	저절로 흘러가게 하라.	32.Changing Color	색깔 변화 등 광학적 성질을 변화시킨다.
13.Do It Reverse	반대로 하라.	33.Homogeneity	기왕이면 같은 재료를 사용한다.
14.Curvature Increase	직선형을 곡선형으로 바꿔라.	34.Rejection And Regeneration	다 쓴 것은 버리거나 복구한다.
15.Dynamicity	부분적으로 자유롭게 하라.	35.Parameter Change	물질의 속성을 변화한다. 실험계획법을 사용하여 최적화 한다.
16.Partial or Excessive	지나치거나 혹은 부족하게	36.Phase Change	상태 전이
17.Dimension Change	다른 각도에서 보라, 수평이면 수직으로	37.Thermal Expansion	열팽창
18.Vibration	진동을 이용한다.	38.Oxidant	반응의 속도를 증가시킨다.
19.Periodic Action	주기적으로 하라.	39.Inert Environment	불활성 환경
20.Continuity of Useful Action	유용한 일을 지속하라.	40.Composite Material	복합재료

그림 6.2 40가지 발명원리

출력과 내구성간의 기술적 모순, 출력과 주행안정성간의 모순, 주행안정성과 연비간의 모순 등이 존재하고 있다. 그런데 일반적으로 혼다(Honda, 일본자동차회사) 자동차의 경우 출력도 좋으면서 연비도 좋다고 알려져 있다. 혼다가 '기술의 혼다', '혁신의 혼다'라고 불려지는 이유는 그러한 출력과 연비간의 기술적 모순을 해결하고 있기 때문이다. 어떠한 방법으로 기술적 모순을 해결한 것일까? 혼다는 40가지 발명원리의 1번 원리 분할(쪼개어 보다)과 15번 자유도 증가(동적으로 변화하다) 원리를 동시에 사용하였다. 3000cc를 넘어가는 고급 승용차의 경우 엔진의 실린더 수(피스톤 수)는 4개가 아닌 6개인 경우가 많다. 피스톤 수가 6개인 경우 6기통 엔진을 사용한다고 한다. 혼다의 대표적 차종인 어코드(Accord)도 6기통 엔진을 사용하는데, 혼다만의 특별한 기술인 VCM(Variable Cylinder Management) 기술을 채용하고 있다.

혼다는 6개의 실린더를 모두 함께 작동시키지 않았다. 실린더 2개를 나머지 4개의 실린더로부터, 독립적으로 작동할 수 있게 하였다.

그림 6.3 혼다의 VCM 기술

VCM 기술이란 6개의 실린더 중에서 평상시에는 4개만 작동을 하는 기술이다. 그렇게 되면 연료를 훨씬 적게 사용할 수 있어 연비가 향상된다. 하지만 언덕을 올라가거나 고속도로에서 높은 속도로 주행할 때는 6개의 모든 실린더가 작동하여 충분한 힘을 발휘한다. 4개의 실린더가 작동할 때와 6개의 실린더가 작동할 때가 나뉘어 있어 엔진의 동작에 있어서 자유도가 증가하게 된 것이다.
그래서 일반 운전자들은 평상시 운전을 통하여 연비가 좋음을 느끼게 되고, 가끔 기분전환 삼아 빠른 속도를 낼 때는 모든 6개의 실린더가 작동하여 충분한 출력을 경험하게 되는 것이다(가끔은 과격하게 주행하여야 엔진 내부에 청정작용이 발생해서, 언제나 힘있고 깨끗하며 연비 좋은 자동차를 유지할 수 있다. 차를 아끼고 연료를 절감하기 위해 3000rpm 이하로만 차량을 운행하는 것은 잘못된 상식이다).

부동산 가격 안정을 위한 정부의 부동산 정책으로 인하여, 건설산업이 침체될 수 있다고 4장에서 예로 들었다. 이러한 기술적 모순의 경우에 정부는 2번 원리 추출(필요한 것만 뽑아내다)을 정책에 적용하였다. 이것이 2006년도에 특별관리 했던 '버블7 지역 특별 관리 정책'이었다. 즉 가장 이슈가 되는 부동산 지역만 따로 뽑아내어 관리하려 했던 정책이었다.
만일 정부가 나라의 부동산 정책에서 3번 원리 국부적 품질(전체를 똑같이 할 필요 없다)을 적극적으로 활용했다면 어떠했을까? 2008년 현재 지방 아파트 값은 수도권의 아파트 값 변동과는 달리 계속 하락하고 있으며, 지방 건설업체들의 경영상황도 매우 열악해져 있다. 세금 정책이나 분양가 상한제 등의 부동산 정책을 전국적으로 균일하게, 전부 똑같이 적용한 것이 문제가 아니었을까? 수도권의 집값을 잡으려다 오히려 지방의 건설경기만 위축하게 하지 않았는지 돌이켜 보아야 한다. 수도권과 지방으로 나누어야 하고, 지방 또한 광역도시와 소규모 지방 도시에 따라 다양한 정책을 집행했다면, 2007년과 2008년, 지방 건설 업체들의 불만이 그렇게까지 높아지지는 않았을 것이다.

TRIZ의 3대 요소, 페트로나스 타워 건설

말레이시아는 산유국이다. 말레이시아의 페트로나스 석유 회사는 국영회사로서 말레이시아 경제에서 중요한 역할을 차지한다. 1990년대 말레이시아의 비약적인 경제 발전을 상징하기 위해서 말레이시아 정부는 페트로나스 회사의 본관 건물을 세계 최고 높이의 초고층 쌍둥이 빌딩으로 짓고자 하였다.

일반적으로 빌딩을 지을 때 가장 중요한 것이 시공기간이다. 빌딩을 빨리 시공할수록 조속히 사무실 임대를 내어 줄 수 있고, 임대료를 받을 수 있다. 그러면 건물을 지을 때 은행에서 빌린 융자금을 갚거나, 이자를 충당할 수 있다. 시공이 예상보다 늦어지게 되면, 이자의 이자를 감당하지 못하고 현금 흐름이 악화되어 건설 자체를 포기하게 되는 경우가 많다.

하지만 시공기간을 조속히 앞당기게 되면 부실시공이 염려가 된다. 시공기간과 견실한 시공간에 모순이 존재한다. 일반적으로 세계 일류 건설회사에 시공을 의뢰하면 빌딩을 빨리 건설하면서도 견실한 시공을 기대할 수 있다. 하지만 일류 건설회사는 비싼 건설 비용을 요구한다. 또 다른 기술적 모순이 존재하는 것이다.

이러한 경우에 이상해결책은 어떤 것이 될까? 비용을 1원도 들이지 않고 초고층빌딩을 짓는다는 것은 무리이다. 세계 일류 회사에 시공을 맡겨야 시공기간을 단축하면서도 견실한 시공을 기대할 수 있지만 그러한 건설회사는 많은 시공 비용을 요구한다. 그래서 추가 비용을 들이지 않으면서, 즉 일반적인 시공 비용을 가지고도 최단 시간에 건물을 시공하면서,

견실한 시공을 한다면 이상해결책이 될 것이다.
TRIZ의 3대 요소는 이상해결책과 모순, 그리고 나머지 하나가 자원이다. 자원 활용이 어떻게 창조성과 연관이 있을까?

'맥가이버'라는 외국 드라마가 유명하였다. 어떤 환경에서도 기발한 아이디어로 문제를 해결하는 미국 CIA 첩보원의 사례를 드라마로 다루는데, 창의적인 사람을 가리킬 때 고유명사처럼 쓰는 단어가 맥가이버이다. 만일 어느 군부대에서 누군가가 뭔가 기발한 것을 뚝딱뚝딱 만들어 낸다면, 의례적으로 "우리 부대의 맥가이버입니다"라고 소개할 정도로 드라마 속의 맥가이버는 창의적인 사람이다. 맥가이버가 창의적인 이유는 과연 무엇일까? 책을 읽고 있는 독자 중에는 맥가이버보다 물리적 지식이 많은 사람도 있고 맥가이버보다 화학적 지식이 풍부한 사람도 있을 것이다. 분명 지식의 많고 적음이 창의적인 기준이 되지 않음이 분명하다. 그러면 맥가이버를 창의적이라고 인정하는 근본 이유는 무엇일까?
드라마 속 맥가이버는 문제의 상황에 부딪혔을 때, 언제나 주위를 둘러본다. 그리고는 일상적인 생활에서 중요하다고 생각하지 않았던 사소한 주위 물건들을 활용하여 문제를 해결한다. 그러한 기발한 아이디어를 통하여 시청자들은 나름대로 창의성에 대한 목마름으로, 카타르시스를 느낀다고 할까? 맥가이버는 주위 자원을 100% 활용하기 때문에 일반적으로 창의적인 사람이라고 이야기 하는 것이다.

그림 6.4 트리즈의 3대 요소

말레이시아의 페트로나스 타워 건설을 지휘하는 말레이시아 총리는 시공기간과 견실한 시공간의 모순을 해결하여야 하고, 추가적인 비용을 들이지 않고도 최단기간에 빌딩을 시공하면서 견실한 시공을 보장 받는 이상해결책을 생각해내야 한다. 모순과 이상해결책을 언급했으므로 나머지 하나 남은 TRIZ의 3대 요소는 무엇인가? 자원이다. 말레이시아 총리는 자원을 100% 활용하여 한국과 일본간의 역사적 경쟁의식을 자원으로 삼았다. 그래서 그림 6.5의 왼쪽 빌딩은 한국기업(삼성물산 건설부분)에 맡기고 오른쪽 빌딩은 일본기업에 맡겼다.

과연 어떻게 되었을까? 빨리 지어달라고 말하지 않았는데도 두 나라는 난리가 났다. 한국기업에게는 '다른 나라면 몰라도 일본에게 져서는 안 된다'라는 강한 동기의식이 부여되었고, 그러한 한국과 함께 빌딩을 시공해야 하는 일본기업은 세계 초일류건설회사라는 명예에 맞게 한국에게 져서는 안 된다라는 경쟁의식을 갖게 되었다.

언론에서도 한 달에 한 번씩 방송되어, 현재 누가 빨리 공사를 진행하고 있는가를 보도할 정도로 국민적 관심사가 되었다. 이러한 상황에서 누가 부실시공을 엄두라도 낼 수 있을 것인가?

말레이시아는 추가적인 비용의 부담 없이 세계 최고층 높이의 건물을 가장 빠른 시간에, 부실시공의 걱정 없이 지을 수 있었다. TRIZ의 3대 요소인 이상해결책, 모순, 자원의 개념으로 페트로나스 타워 건설의 사례를 설명하였다.

그림 6.5 페트로나스 타워

40가지 발명원리 활용의 예: 4번 비대칭원리

말레이시아의 페트로나스 타워 건설을 맡은 한국과 일본의 시공업체는 피를 말리는 경쟁을 시작하였다. 일본은 예정된 착공기간을 3개월이나 앞당겨 공사를 시작하였다. 한국과 경쟁하는 것이 부담스러웠던 것이다. 그럼에도 불구하고 3개월 늦게 공사를 시작한 삼성물산이 일본보다 공사를 먼저 끝낼 수 있었다.
공사를 먼저 끝낸다는 기준은 건물 꼭대기 층의 콘크리트 타설 공사를 누가 먼저 끝내느냐이다. 고층빌딩을 지을 때는 그림 6.6과 같이 설치된 기중기의 개수가 중요하다.

콘크리트로 건물을 시공할 때는 거푸집이 반드시 필요하다. 예전에는 하나의 층에서 사용한 거푸집을 전부 분리해 그 위층에서 다시 조립해 사용했는데, 1980년대 들어서는 기중기를 이용해 분리하지 않고 그대로 위층으로 올려서 사용하는 공법이 등장하였다. 그래서 거대한 거푸집을 들어올리는 기중기 몇 대를 사용하느냐가 중요하다.

그림 6.6 건물 꼭대기에 설치된 기중기

그림에서 보듯이 일본의 건설업체는 최종적으로 1대의 기중기를 사용하였고 삼성물산은 끝까지 2대의 기중기를 사용하였다. 그래서 삼성물산이 3개월 늦게 공사를 시작하였음에도 불구하고 일본을 제치고 먼저 공사를 끝마칠 수 있었다.

일본도 처음에는 2대의 기중기를 사용하였다. 다만, 누가 보아도 아름답고, 균형 잡혔으며, 뭔가가 바람직한 형태인 대칭의 형태로 기중기를 설치하였다. 하지만 꼭대기 층으로 가면서 면적이 좁아지자 2대의 기중기가 서로 겹치게 되어, 1대의 기중기를 철수시키고, 나머지 1대의 기중기만으로 공사를 끝마쳤다.

이에 비하여, 삼성물산에서는 처음부터 비대칭으로 기중기를 설치하여 공사를 끝마치는 순간까지 기중기 2대를 모두 사용할 수 있었고, 그 덕분에 꼭대기 층 콘크리트 타설 공사를 먼저 끝마치게 되었다. 40가지 발명원리의 4번 원리 비대칭원리(대칭이면 비대칭으로 하라)를 적용했던 것이다.

40가지 발명원리의 공통점

지금 이 책을 읽고 있는 순간에, 잠시 천장을 바라보라. 어떤 것들이 대칭적으로 설치되어 있는지 확인해 보기 바란다. 만일, 집이 아닌 사무실이라면 더욱 더 확실히 느낄 수 있다. 얼마나 많은 요소들이 대칭적으로 설치되어있는지 확인해 보기 바란다.

일단 화재감지기도 대칭적으로 설치되어 있을 것이다. 공기 환풍기도 누가 시키지 않았지만 대칭적으로 설치되어 있을 것이다. 만일 사무실의 앞쪽 왼편의 벽에 대한민국 국기가 액자로 걸려있다면, 앞쪽 오른편의 벽에는 회사의 이름이나 로고가 액자로 걸려있을 것이다. 또는 왼편의 벽에 회사의 로고가 액자로 걸려있다면, 오른편의 벽에는 그 회사의 경영방침 등이 액자로 걸려있을 것이다. 누가 시키지 않아도 대칭적으로 뭔가를 설치하게 된다. 스피커도 마찬가지고, 전등도 마찬가지이다.

어렸을 적에 정신적 충격을 받지 않은 보통의 일반적인 엔지니어라면 페트로나스 타워의 기중기 설치에서와 같이 누가 보더라도 당연하게 여길 듯한 대칭적인 자세를 선호하게 된다. 특히 기계나 설비를 디자인하는 엔지니어라면 자기도 모르게 그러한 생각의 습관이 다양한 곳에 녹아 들어가게 되고 설계에 반영된다.

현대를 살아가는 사람이라면 누구나 가지게 되는 일반적인 생각의 습관, 생각의 틀을 모아 놓은 것이 40가지 발명원리이다. 앞에서 창의적인 아이디어란 '미처 생각하지 못한 아이디어'라고 이야기 했다. 이처럼 현대를 살아가는 일반적인 사람들이 습관적으로 미처 생각하지 못하는 공통적인 부분들을 모아 놓은 것이 40가지 발명원리이다.

일본의 반도체 회사에서는 아래 그림과 같은 적외선 램프를 사용한다. 반도체는 웨이퍼를 화학적으로 가공하여(리소그래피 공정) 최종적으로 둥근 웨이퍼를 200등분 이상으로 잘라서 직사각형 모양으로 만든 칩이다. 그래서 웨이퍼의 중앙부분이나 바깥 부분이나 동일한 반도체 칩이 만들어지게 되므로, 화학공정을 거치면서 웨이퍼의 중앙부분의 온도와 바깥 부분의 온도가 같아야 한다. 그런데 일반적으로 바깥 부분의 온도는, 외부 공기와의 접촉이 많아서 중앙부분의 온도에 비해 약간 떨어진다. 그래서 어떤 반도체 회사는 균일한 웨이퍼 온도를 맞추기 위해 웨이퍼를 지지하

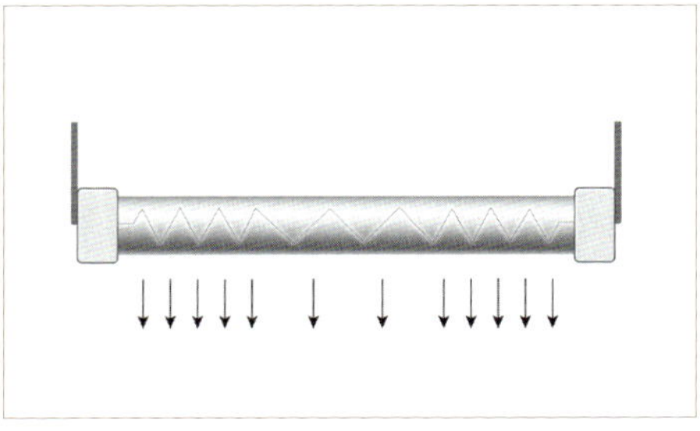

그림 6.7 일본의 반도체 장비 관련 특허

는 부분(척)에 따뜻한 물이 흐르는 파이프를 설치하기도 한다. 그런데 반도체 장비가 워낙 고가이기 때문에 파이프를 설치하는 것은 상당한 비용이 따르게 된다. 왜 그 회사는 웨이퍼를 지지하는 부분을 파헤쳐야 했을까? 왜냐하면 다음과 같은 특허가 일본에 등록되어 있었기 때문이다.

누군가는 이렇게 말할 수 있을 것이다. “저런 아이디어가 창의성을 논하는 예로서 적당한가?” 맞는 말이다. 누구나가 쉽게 알 수 있는 너무나 간단한 아이디어이다. 반도체를 만들 때 적외선 램프가 웨이퍼 위에서 회전하면서 온도를 맞추는데, 그림 6.7에서 보는 바와 같이 중앙부분은 느슨하게 감았고, 바깥 부분은 촘촘하게 감았다. 처음 2초~4초 동안은 ‘오호~ 이거 좋은 아이디어인데’하겠지만 5초만 지나면, ‘이걸 누가 몰라, 너무 간단하잖아. 좋긴 좋은데, 창의적이라고 보기에는…’이라는 생각을 하게 된다.

한 번 상상해 보자. 유년기에 부모의 사랑을 부족함 없이 받고, 별다른 학대나 학교생활에서 왕따를 당하는 등의 정신적 고통 없이 무난히 자라난 모범적 공대생(공과대학교 학생)이 있다고 하자. 그 공대생이 학사와 석사 과정을 무난히 끝마치고 반도체 회사에 입사해서 웨이퍼 위에 설치할 램프를 설계한다면 당연히 똑같은 간격으로 촘촘히 감을 것이다. 만일 처음부터 간격을 똑같게 하지 않는다면, 상당히 게으른 사람이거나 아니면 천재, 둘 중의 하나일 것이다.

현대를 살아가는 대부분의 사람들은 ‘전체를 똑같이’ 한다는 습관을 가지고 있다. 그래서 모범적인 엔지니어라면 처음부터 간격을 똑같이 설계해서 램프를 제작할 것이다. 창의적인 문제를 해결할 때에는 의식적으로 ‘전체를 똑같이 할 필요 없다’라는 점을 인식하고 체크해보아야 한다. 그것이 40가지 발명원리를 적용하는 방법이다.

40가지 발명원리란 이렇게 누구나가 가지고 있는 생각의 틀을 모아 놓은 것이다.

창조경영과 글로벌 일류경영

앞에서 예로 들었던 페트로나스 타워의 건설에서 기중기 2대를 엇갈리게, 비대칭적으로 설치할 것을 제안한 삼성물산 엔지니어의 이야기를 들어보자. 어떻게 일본보다 앞서서 그런 생각을 할 수 있었냐고 물었더니 그 엔지니어는 예상 밖의 이야기를 해 주었다. 두 회사의 공사현장이 바로 옆에 붙어 있어 자세하게 상대 건설회사의 사정을 잘 알 수 있었는데, 일본 업체에서는 비대칭으로 기중기를 설치하는 아이디어를 생각하기가 힘들었을 것이고, 설령 그런 아이디어가 나왔다 하더라도 적용하지는 못했을 것이라고 했다.

왜냐하면 일본 업체는 당시 세계 제 1위 시공회사였기 때문이라고 했다. 무슨 뜻일까? 세계 제 1위 회사이기 때문에 창의적 아이디어를 생각하기 힘들고, 적용하는 것은 더 힘들다니, 무슨 이유일까?

당시 삼성물산 건설부문은 2위의 위치에 있었다. 2등이었기 때문에 언제나 1등이 어떻게 하는지 온갖 벤치마킹을 다하며, 1등이 되기 위해 갖은 노력을 다하였다고 한다. 하지만 1등을 벤치마킹 한 후 1등하고 똑같이 한다고 해서 1등이 되겠는가? 아니다. 언제나 2등일 뿐이다. 그래서 1등을 철저히 벤치마킹 한 후 혹시나 1등이 미처 생각하지 못한 부분이 없는지 철저히 고민하여 새로운 아이디어를 과감히 적용한다는 것이다. 그렇게 하지 않으면 언제나 2등이고, 결코 1등이 될 수 없기 때문이다.

반면에 1등은 1등에 오르기까지의 경험이 있다. 누군가가 새로운 아이디어를 제시한다면, "네가 해 봤니? 우린, 이렇게 해서 1등의 자리에 올랐어. 이미 검증되었어. 하지만 너의 새로운 방법은 확실하지 않잖아. 검증된 방법으로 해야지. 만일 사고라도 나면 어떻게 할거냐?"라는 대답을 듣기 쉽다. 다시 말해 1등이기 때문에 빠지기 쉬운 위험요소(risk)를 가지고 있는 것이다. 그래서 당시 일본 건설업체는 예상되는 기술적 어려움 때문에 절대 기중기를 엇갈리게 설치하는 아이디어를 내기도 힘들고, 적용하기는 더 힘들었을 것이다. 그래서 2등이 1등이 되고, 1등은 그 자리를 내어주고 뒤로 물러나는 일이 자연스럽게 반복된다.

삼성그룹의 경우 1990년대와 2000년대 초반에는 2위의 업종들이 많았다. 당시의 삼성 슬로건은 '글로벌 세계 일류'였다. 하지만 2000년대 중반에 들어서면서 '글로벌 세계 일류'라는 슬로건 대신 '창조 경영'이라는 화두가 등장하였다. 2등일 때는 모방(copy)만 하면 되고 창의성이란 것이 중요하지 않았기 때문에, 예전에는 창의와 창조를 강조하지 않았던 것일까?

그렇지 않다. 2등을 하고 있을 때는 '창의적이 되라' 혹은 '창조적이 되라'고 강조할 필요가 없다. 왜냐하면 2등이 1등이 되기 위해 노력할 때는 저절로 창의적인 자세를 가지기 때문이다. 그래서 2등이 1등이 되려 할 때는, '창의적이어라'고 말하지 않아도 창의적인 자세가 된다.

하지만 1등이 되면서부터는 1등의 위험(risk)이 도사리게 된다. 1등의 영예와 함께 지난 날들의 어려웠던 것들이 훈장이 되어 머릿속에 굳게 자리잡는다. 1등이 되면 지난 날들의 경험에 기대어 새롭게 도전하는 과감한 자세를 잃어버리기 쉽다. 그래서 기업의 CEO는 끊임없는 혁신을 요구받는다.

2000년대 중반에 들어서, 삼성의 여러 제품들은 디자인과 품질의 우수성, 소비자의 요구에 맞춘 발 빠른 대응으로 많은 제품의 분야에서 1등이 되었다. 이제 1등이 되기 시작하니까, 삼성에서는 '창조 경영'을 슬로건으로 내세우게 되는 것이다.

2등일 때는 창조, 창의를 내세우지 않아도 저절로 창의적이 되는 것이 인지상정이며, 1등의 고지에 오르기 시작할 때는 1등의 자리를 계속 지키기 위한 수성의 자세로서 가장 중요한 요소가 창의성이다. 1등의 자리에 오르면, 2등의 자리에 있었을 때보다 더 철저하게 2등의 업체들을 벤치마킹 해야 한다. 그래서 2등이 미처 생각하지 못한 아이디어를 1등의 재력과 능력을 앞세워 과감하게 도전하고 적용해보는 기업문화가 자리잡아야 1등의 자리를 지킬 수 있다. 이것이 삼성에서 슬로건으로 내세우는 창조 경영 모습중의 하나이다.

아는 사람과 모르는 사람의 차이는 얼마나 큰가!

2000년도에 러시아 트리즈 전문가와 함께 트리즈 업무를 진행하면서 처음 3개월간은 트리즈 전문가를 불신하였다. 왜냐하면 트리즈를 적용하는 것을 옆에서 지켜볼 수 없었기 때문이다.

비록 본인도 트리즈를 처음 접하는 시점이었지만, 나름대로 영어로 번역된 트리즈 서적들을 읽고서 모순이 뭔지, 분리의 원리가 뭔지, 40가지 발명원리가 뭔지 등은 알고 있었다. 하지만 함께 일하기 시작한 러시아 트리즈 전문가들은 모순을 도출하지도 않았고, 그들이 40가지 발명원리를 적용하는 것도 볼 수 없었다. 그래서 혼자 이렇게 생각하였다. '나도 당신들과 같이 오랜 기간 다양한 회사에서 문제해결 자문(consulting) 경험이 있고 어느 정도 영리하다면, 트리즈를 사용하지 않아도 이 정도는 하겠다. 트리즈를 사용하지 않는데, 왜 당신들이 트리즈 전문가인가?'

하지만 3개월이 지나자 이런 생각을 버릴 수 밖에 없었다. '아무리 똑똑하고, 경험이 많고, 지식이 많다고 해도 어떻게 그렇게 짧은 시간에 그렇게 많은 수의 아이디어를, 그것도 좋은 아이디어들을 제안할 수 있는가! 이건 일반적인 인간이 경험으로 할 수 있는 수준이 아니다. 분명 뭔가가 있다.'

그래서 뭔가를 배우는 입문자의 입장으로 다시 돌아가 3년을 트리즈 러시아 전문가들과 함께 동고동락하며, 삼성 그룹의 다양한 관계사에서 여러가지 문제들을 트리즈로 접하게 되었다. 그 동안 '뭔지는 몰라도 뭔가가 있다. 이해하기는 어려워도 뭔가가 있다'라는 생각으로 러시아 트리즈 전문가들의 행동을 주의 깊게 옆에서 관찰하였다. 러시아 전문가가 무언가를 기술자에게 질문하면 그 질문사항을 노트에 적었고, 하나의 트리즈 자문 과제가 끝나면 그 질문사항들을 잘 정리했다. 그리고 그 순서를 파악해 보면서 열심히 관찰하여, 그 결과로 '생각의 창의성(도서출판 지혜 2004)'이라는 트리즈 책도 집필할 수 있었다.

'분명, 뭔가가 있다'라는 생각으로 러시아 전문가와 함께 트리즈 일을 해나가던 중, 3년째 되는 시점에 드디어 그 뭔가를 깨닫게 되었다. 처음에는 러시아 전문가들이 40가지 발명원리를 사용하지 않는다고 생각했었다. 그런 것 없이 그냥 아이디어들이 마구 쏟아졌기 때문이다. 하지만 나중에야 알았지만, 그런 생각은 너무나 어이없었던 나의 실수였다. 내가 볼 수 없었을 뿐이지, 러시아 전문가들은 40가지 발명원리를 가장 많이 사용하고 있었다.

만일 눈 앞에 상자가 9개 있고, 각 상자에 사과가 5개 있다면, 사과는 모두 몇 개 있는가? 45개가 있다.

자 그럼, 당신이 45개의 사과가 있다고 말하는 순간에 누군가 옆에서 지켜보고 있다가 이렇게 말할 수 있을까? "당신은 구구단을 사용하지 않았어. 구구단을 사용하는 것을 볼 수가 없었으니까"

이와 같은 심정으로 러시아 트리즈 전문가 옆에서 그들이 문제 해결하는 것을 지켜보고 있었으니, 트리즈를 접하던 초기에, 러시아 트리즈 전문가들이 40가지 발명원리, 모순, 이상해결책 등의 개념을 사용하지 않는다고 판단하는 실수를 저질렀던 것이다.

어떤 문제가 발생했을 때, 트리즈를 모르는 사람이 브레인스토밍

하는 것과 트리즈를 배우고서 40가지 발명원리 대부분을 머릿속에 암기하고 있는 사람들이 브레인스토밍 하는 것은 얼마나 큰 차이가 있을까?

2003년 가을, 일본의 트리즈 학회에 초청받은 적이 있었다. 여기서 삼성의 트리즈 사례를 설명한 후 참석자들로부터 많은 공감을 얻었다. 발표를 마친 후 마쯔시다의 엔지니어 한 사람이 다가와 "어떻게 하면 우리 회사에서도 트리즈를 활발히 진행할 수 있을까요?"라며 진지하게 물었다. 그 때 이렇게 대답한 기억이 있다. "너무 어렵게 생각하지 마세요. 트리즈를 적용하길 원하는 대부분의 엔지니어들이 4시간 정도의 트리즈 교육을 받아서, 이상해결책이 트리즈의 목표라는 것을 알고, 기술적 모순과 물리적 모순을 구별할 수 있으며, 문제해결에서 자원 활용의 중요성을 이해한다면 이론은 그것만으로 충분합니다. 그런 연후에, 회사의 벽면이나 회사 내의 홈페이지 등을 통해 누구나가 쉽게 40가지 발명원리를 접할 수 있게 하면 됩니다. 그러면 문제가 발생했을 때 반드시 아이디어는 나오게 되어 있습니다. 그럼, 그런 아이디어가 어떻게, 왜 해결책이 되는지 고민하게 되고, 자연스럽게 모순의 개념과 이상해결책, 자원의 개념으로 분석하여 더 높은 수준의 아이디어를 창출할 수 있습니다. 그것이 가장 좋은 트리즈 사례입니다. 40가지 발명원리부터 시작하세요. 누구나가 쉽게 40가지 발명원리를 참조할 수 있는 환경을 만들면, 반드시 미처 생각하지 못한 아이디어를 생각할 수 있게 될 것입니다. 그것이 트리즈입니다."

좋아지는 점과 나빠지는 점을 하나의 표로 만들면

물리적 모순의 해결책으로 분리의 원리가 제시되었다. 분리의 원리는 3가지로서 간단한 편이다. 하지만 이에 반해, 기술적 모순을 해결하는 40가지 발명원리는 그 이름처럼 40가지나 되어 누구나가 약간의 부담을 가질 수 있다.

그러나 40가지 발명원리에서 실제로 엔지니어가 많이 사용하는 것은 1번부터 32번까지의 원리이다. 나머지 원리들은 발명원리라는

01.Segmentation	분할, 나누어라.	21.Rushing Through	유해하다면 빨리 진행하라.
02.Extracion	필요한 것만 뽑아내라.	22.Convert Harmful to Useful	안 좋은 것을 좋은 것으로 바꿔라.
03.Local Quality	전체를 똑같이 할 필요 없다.	23.Feedback	피드백을 이용하라.
04.Asymmetry	비대칭으로 하라, 차별화하라.	24.Intermediary	직접하지 말고 중간 매개체를 이용하라.
05.Consolidation	여러 작업을 한 번에 하라.	25.Self Service	스스로 기능이 수행되게 한다.
06.Multifunction	하나의 물건을 여러 번 사용하라.	26.Copy	불편하고 복잡한 것 대신 간단한 것으로 복사한다.
07.Nesting	포개어 보라, 짝짓기를 하라.	27.Cheap Short Life	한 번 쓰고 버린다.
08.Counterweight	지구중력으로부터 무게를 적극적으로 피한다.	28.Replacing Mechanical System	기계적 시스템은 광학, 음향시스템 등으로 바꾼다.
09.Preliminary Counter Action	미리 반대방향으로 조치하라.	29.Pneumatics and Hydraulics System	공기나 유압을 사용한다.
10.Preliminary Action	미리 조치하라.	30.Flexible Membrane and Thin Film	얇은 막 필름을 사용한다.
11.Preliminary Compensation	사전에 예방조치하라.	31.Porous Material	구멍이 숭숭 뚫린 물질을 사용한다.
12.Equipotential	저절로 흘러가게 하라.	32.Changing Color	색깔 변화 등 광학적 성질을 변화시킨다.
13.Do It Reverse	반대로 하라.	33.Homogeneity	기왕이면 같은 재료를 사용한다.
14.Curvature Increase	직선형을 곡선형으로 바꿔라.	34.Rejection And Regeneration	다 쓴 것은 버리거나 복구한다.
15.Dynamicity	부분적으로 자유롭게 하라.	35.Parameter Change	물질의 속성을 변화한다. 실험계획법을 사용하여 최적화 한다.
16.Partial or Excessive	지나치거나 혹은 부족하게	36.Phase Change	상태 전이
17.Dimension Change	다른 각도에서 보라, 수평이면 수직으로	37.Thermal Expansion	열팽창
18.Vibration	진동을 이용한다.	38.Oxidant	반응의 속도를 증가시킨다.
19.Periodic Action	주기적으로 하라.	39.Inert Environment	불활성 환경
20.Continuity of Useful Action	유용한 일을 지속하라.	40.Composite Material	복합재료

그림 6.8 기술분야가 아닌 경우에도 사용 가능한 40가지 발명원리

제목의 완전성을 위해서 억지로 추가된 듯한 느낌이 있다. 사실 알츠슐러가 계발한 초기단계의 발명원리의 가지 수는 32가지였다.

또한 기술분야가 아닌, 정치, 경제, 문화, 외교, 금융 등의 종사자들이 40가지 발명원리를 적용한다면, 실제 적용할 수 있는 원리는 20여가지 정도 된다. 8번 원리와 같이 지구중력을 회피한다는 원리는 기술적인 부분에 많이 치우쳐 있기 때문이다. 그래서 기술분야의 종사자가 아니라면 그림 6.8과 같이 20여 개의 발명원리를 적용해서 좋은 성과를 낼 수가 있다.

기술분야의 결과물인 특허들의 분석을 통해서 나온 공통점으로서 40가지 발명원리가 기술분야가 아닌 정치, 경제, 금융 등에서도 적용될 수 있는 근거는 무엇일까? 문제를 푸는 주체는 사람이기 때문이다. 40가지 발명원리는 현대를 살아가는 인간이라면 누구나가 가지게 되는 생각의 틀을 모아 놓은 것이므로, 그것이 기술의 영역이든 기술의 영역이 아니든 적용이 가능한 것이다.

어느 낚시꾼의 이야기

어느 강가에서 낚시꾼이 낚시를 하고 있었다. 그런데 그 낚시꾼은 유달리 큰 고기는 놓아 주고, 중간 크기의 고기만 잡고 있었다. 그래서 다가가서 물어 보았다. "왜 큰 고기는 놓아 주고, 작은 고기만을 잡는 것입니까?" 그러자 이렇게 대답하였다. "저희 집에 프라이팬 크기가 딱 요만해서, 큰 고기는 구울 수가 없기 때문입니다."

질문을 했던 사람은 "아하~ 그렇군요. 하하하. 많이 잡으세요."라며 빙그레 웃었다. 그런 속 사정을 미처 생각하지 못해 겸연쩍었기 때문이다. 그런데 집으로 돌아오면서 '아차' 하는 생각이 떠올랐다. '프라이팬 크기가 작으면, 잡은 물고기를 세 토막 내어서 구우면 되지 않는가?' 그렇게 입가에 미소를 머금는 순간, 깨달은 것이 있었다고 한다. "그래, 나도 꿈이 있었지. 이룰 수 없다고 포기하고 있었는데. 꿈이 너무 크고, 허황되다고 노력도 하지 않고 있었는데…… 꿈도 쪼개어서 하나씩 실천해 나가면 되지 않을까?"

40가지 발명원리의 첫 번째가 분할(쪼개다)이다. 이렇듯 대부분의 사람은 쪼개어서 해보는 것을 처음부터 생각해내는 것이 어렵다. 우리가 보편적으로 가지고 있는 생각의 틀인 것이다.

날기를 원하는 사람이 있다면, 우선 일어서야 한다. 그리고 걸어야 하고, 다음으로 뛰어야 한다. 날기를 원하면서 누워서 생각만 해서는 안될 것이다. 한 번에 뭔가를 이루려는 것은 게으른 자의 습관이다. 로또 복권에 당첨되어 일확천금을 이루는 꿈을 꾸는 것은 쪼개어서 하나씩 이루려고 하지 않고 한 번에 모든 것을 이루려는 허황된 자의 습관은 아닐까?

40가지 발명원리는 말 그대로 40가지나 되는 많은 원리들이 있어서 쉽게 적용하는 데에 부담이 따를 수 있다. 3년 정도 트리즈에 관심 있게 집중하다 보면 30개 정도는 저절로 외울 수 있지만, 입문자에게는 40가지나 되는 원리가 부담으로 다가올 것이다. 그래서 알츠슐러는 모순테이블이란 것을 고안하였다.

기술적 모순이란 서로 다른 요소들이 충돌하는 것이다. 그래서 이러한 서로 다른 요소들을 표준화 해서 '39가지 표준인자'를 만들었다.

이 표준인자는 어떠한 기술적 모순이더라도 서로 부딪히는 2개의 요소를 39가지 안에서 찾아낼 수 있게 하였다. 만일 움직이는 물체의 무게를 가볍게 했더니 힘이 약해지는 기술적 모순이 있다면, 그림 6.9의 39가지 표준인자를 활용하여, '1번을 좋게 했더니 10번이 안 좋아졌다'라고 말할 수 있다.

그런 다음 알츠슐러는 그림 6.10과 같은 모순테이블을 만들었다. 이 모순 테이블은 1번이 좋아질 때 10번이 안 좋아지는 경우에 그림과 같이 40가지 발명원리 중에서 8, 10, 18, 37번의 원리를 적용하라고 추천한다. 이러한 테이블을 모순테이블이라고 한다.

알츠슐러가 모순테이블을 만든 과정을 살펴 보자. 우선 알츠슐러

1. 움직이는 물체의 무게
   Weight of moving object
2. 움직이지 않는 물체의 무게
   Weight of non-moving object
3. 움직이는 물체의 길이
   Length of moving object
4. 움직이지 않는 물체의 길이
   Length of non-moving object
5. 움직이는 물체의 면적
   Area of moving object
6. 움직이지 않는 물체의 면적
   Area of non-moving object
7. 움직이는 물체의 부피
   Volume of moving object
8. 움직이지 않는 물체의 부피
   Volume of non-moving object
9. 속도
   Speed
10. 힘
    Force
11. 응력 또는 압력
    Tension/Pressure
12. 모양
    Shape
13. 물체의 안정성
    Stability of Composition
14. 강도
    Strength
15. 움직이는 물체의 작용 지속 시간
    Durability of moving object
16. 움직이지 않는 물체의 작용 지속 시간
    Durability of non-moving object
17. 온도
    Temperature
18. 밝기
    Brightness
19. 움직이는 물체에 의해 사용된 에너지
    Energy spent by moving object
20. 움직이지 않는 물체에 의해 사용된 에너지
    Energy spent by non-moving object
21. 동력
    Power
22. 에너지 손실
    Waste of energy
23. 물질의 손실
    Waste of substance
24. 정보의 손실
    Loss of information
25. 시간 손실
    Waste of time
26. 물질의 양
    Amount of substance
27. 신뢰성,내구성
    Reliability
28. 측정의 정확도
    Accuracy of measurement
29. 제조의 정밀도
    Accuracy of manufacturing
30. 물체에 작용하는 유해 요소
    Harmful factors acting on object
31. 유해한 부작용
    Harmful side effects
32. 제조의 편이성
    Manufacturability
33. 사용의 편이성
    Convenience of use
34. 유지 보수의 편이성
    Repairability
35. 적응성
    Adaptability
36. 장치의 복잡성
    Complexity of device
37. 조종의 복잡성
    Complexity of control
38. 자동화 정도
    Level of automation
39. 생산성
    Productivity

그림 6.9 39가지 표준인자

는 기술적 모순에서 좋아지는 요소로서 39가지 표준인자를 세로축에 배열하였다. 그리고 가로축에는 나빠지는 요소로서 39가지 표준인자를 배열하였다. 이렇게 배열하면 총 1482(39x39-39)개의 네모 칸이 만들어진다.

알츠슐러는 트리즈 계발 초기에 총 20만 건의 특허를 수집하였고, 그 중에서 누가 보아도 창의적인 특허 4만 건을 집중적으로 분석하였다. 그 결과, 2만 건 정도는 물리적 모순을 해결한 것이고 나머지 2만 건 정도는 기술적 모순을 해결한 것으로 정리하였다. 알츠슐러는 기술적 모순을 해결한 2만 건을 하나씩 읽으면서 1482개의 네모 칸에 전부 배치하였다. 그래서 각각의 네모 칸에는 6~10개씩의 특허들이 쌓이게 되었다.

다음으로 알츠슐러는 각각의 네모 칸에 있는 6~10개의 특허들을 분석하였다. 그리고 각각의 네모 칸에 있는 특허들이 가장 빈번하게 사용하는 40가지 발명원리를 찾아내어 네모 칸을 번호로 채워

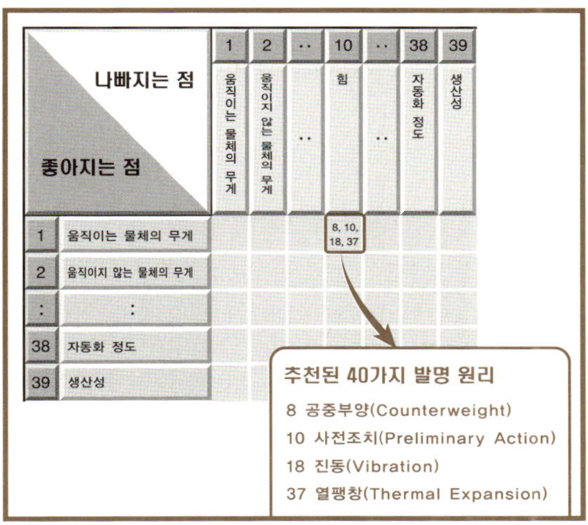

그림 6.10 모순테이블 활용법

넣었다. 그것이 모순테이블이다.

기술적 모순이 있으면 어떤 요소들이 부딪히는지 분석하고 그 요소들을 39가지 표준인자에서 찾아내어 그림과 같이 모순테이블에서 추천하는 40가지 발명원리를 적용하는 것이 모순테이블의 활용법이다.

모순테이블의 구체적인 활용사례는 '생각의 창의성' 2장의 후반부를 참고하기 바란다.

나빠지는 점 → / 좋아지는 점 ↓	1 움직이는 물체의 무게	2 움직이지 않는 물체의 무게	3 움직이는 물체의 길이	4 움직이지 않는 물체의 길이	5 움직이는 물체의 면적	6 움직이지 않는 물체의 면적	7 움직이는 물체의 부피	8 움직이지 않는 물체의 부피	9 속도	10 힘	11 응력 또는 압력	12 모양	13 물체의 안정성	14 강도	15 움직이는 물체의 작용 지속 시간	16 움직이지 않는 물체의 작용 지속 시간	17 온도	18 밝기	19 움직이는 물체에 의해 사용된 에너지	20 움직이지 않는 물체에 사용된 에너지
1 움직이는 물체의 무게			15, 8 29, 34		29, 17 38, 34		29, 2 40, 28		2, 8 15, 38	8, 10 18, 37	10, 36 37, 40	10, 14 35, 40	1, 35 19, 39	28, 27 18, 40	5, 34 31, 35		6, 29 4, 38	19, 1 32	35, 12 34, 31	
2 움직이지 않는 물체의 무게				10, 1 29, 35		35, 30 13, 2		5, 35 14, 2		8, 10 19, 35	13, 29 10, 18	13, 10 29, 14	26, 39 1, 40	28, 2 10, 27		2, 27 19, 6	28, 19 32, 22	19, 32 35		18, 19 28, 1
3 움직이는 물체의 길이	8, 15 29, 34				15, 17 4		7, 17 4, 35		13, 4 8	17, 10 4	1, 8 35	1, 8 10, 29	1, 8 15, 34	8, 35 29, 34	19		10, 15 19	32	8, 35 24	
4 움직이지 않는 물체의 길이		35, 28 40, 29				17, 7 10, 40		35, 8 2, 14		28, 10	1, 14 35	13, 14 15, 7	39, 37 35	15, 14 28, 26		1, 40 35	3, 35 38, 18	3, 25		
5 움직이는 물체의 면적	2, 17 29, 4		14, 15 18, 4				7, 14 17, 4		29, 30 4, 34	19, 30 35, 2	10, 15 36, 28	5, 34 29, 4	11, 2 13, 39	3, 15 40, 14	6, 3		2, 15 16	15, 32 19, 13	19, 32	
6 움직이지 않는 물체의 면적		30, 2 14, 18		26, 7 9, 39						1, 18 35, 36	10, 15 36, 37		2, 38	40		2, 10 19, 30	35, 39 38			
7 움직이는 물체의 부피	2, 26 29, 40		1, 7 4, 35		1, 7 4, 17				29, 4 38, 34	15, 35 36, 37	6, 35 36, 37	1, 15 29, 4	28, 10 1, 39	9, 14 15, 7	6, 35 4		34, 39 10, 18	2, 13 10	35	
8 움직이지 않는 물체의 부피		35, 10 19, 14	19, 14	35, 8 2, 14						2, 18 37	24, 35	7, 2 35	34, 28 35, 40	9, 14 17, 15		35, 34 38	35, 6 4			
9 속도	2, 28 13, 38		13, 14 8		29, 30 34		7, 29 34			13, 28 15, 19	6, 18 38, 40	35, 15 18, 34	28, 33 1, 18	8, 3 26, 14	3, 19 35, 5		28, 30 36, 2	10, 13 19	8, 15 35, 38	
10 힘	8, 1 37, 18	18, 13 1, 28	17, 19 9, 36	28, 10	19, 10 15	1, 18 36, 37	15, 9 12, 37	2, 36 18, 37	13, 28 15, 12		18, 21 11	10, 35 40, 34	35, 10 21	35, 10 14, 27	19, 2		35, 10 21		19, 17 10	1, 16 36, 37
11 응력 또는 압력	10, 36 37, 40	13, 29 10, 18	35, 10 36	35, 1 14, 16	10, 15 36, 28	10, 15 36, 37	6, 35 10	35, 24	6, 35 36	36, 35 21		35, 4 15, 10	35, 33 2, 40	9, 18 3, 40	19, 3 27		35, 39 19, 2		14, 24 10, 37	
12 모양	8, 10 29, 40	15, 10 26, 3	29, 34 5, 4	13, 14 10, 7	5, 34 4, 10		14, 4 15, 22	7, 2 35	35, 15 34, 18	35, 10 37, 40	34, 15 10, 14		33, 1 18, 4	30, 14 10, 40	14, 26 9, 25		22, 14 19, 32	13, 15 32	2, 6 34, 14	
13 물체의 안정성	21, 35 2, 39	26, 39 1, 40	13, 15 1, 28	37	2, 11 13	39	28, 10 19, 39	34, 28 35, 40	33, 15 28, 18	10, 35 21, 16	2, 35 40	22, 1 18, 4		17, 9 15	13, 27 10, 35	39, 3 35, 23	35, 1 32	32, 3 27, 15	13, 19	27, 4 29, 18
14 강도	1, 8, 40 15	40, 26 27, 1	1, 15 8, 35	15, 14 28, 26	3, 34 40, 29	9, 40 28	10, 15 14, 7	9, 14 17, 15	8, 13 26, 14	10, 18 3, 14	10, 3 18, 40	10, 30 35, 40	13, 17 35		27, 3 26		30, 10 40	35, 19	19, 35 10	35
15 움직이는 물체의 작용 지속 시간	19, 5 34, 31		2, 19 9		3, 17 19		10, 2 19, 30		3, 35 5	19, 2 16	19, 3 27	14, 26 28, 25	13, 3 35	27, 3 10			19, 35 39	2, 19 4, 35	28, 6 35, 18	
16 움직이지 않는 물체의 작용 지속 시간		6, 27 19, 16		1, 40 35				35, 34 38					39, 3 35, 23				19, 18 36, 40			
17 온도	36, 22 6, 38	22, 35 32	15, 19 9	15, 19 9	3, 35 39, 18	35, 38	34, 39 40, 18	35, 6 4	2, 28 36, 30	35, 10 3, 21	35, 39 19, 2	14, 22 19, 32	1, 35 32	10, 30 22, 40	19, 13 39	19, 18 36, 40		32, 30 21, 16	19, 15 3, 17	
18 밝기	19, 1 32	2, 35, 32	19, 32 16		19, 32 26		2, 13 10		10, 13 19	26, 19 6		32, 30	32, 3 27	35, 19	2, 19 6		32, 35 19		32, 1 19	32, 35 1, 15
19 움직이는 물체에 의해 사용된 에너지	12, 18 28, 31		12, 28		15, 19 25		35, 13 18		8, 35	16, 26 21, 2	23, 14 25	12, 2 29	19, 13 17, 24	5, 19 9, 35	28, 35 6, 18		19, 24 3, 14	2, 15 19		
20 움직이지 않는 물체에 사용된 에너지		19, 9 6, 27								36, 37			27, 4 29, 18	35				19, 2 35, 32		
21 동력	8, 36 38, 31	19, 26 17, 27	1, 10 35, 37		19, 38	17, 32 13, 38	35, 6 38	30, 6 25	15, 35 2	26, 2 36, 35	22, 10 35	29, 14 2, 40	35, 32 15, 31	26, 10 28	19, 35 10, 38	16	2, 14 17, 25	16, 6 19	16, 6 19, 37	
22 에너지 손실	15, 6 19, 28	19, 6 18, 9	7, 2 6, 13	6, 38 7	15, 26 17, 30	17, 7 30, 18	7, 18 23	7	16, 35 38	36, 38			14, 2 39, 6	26			19, 38 7	1, 13 32, 15		
23 물질의 손실	35, 6 23, 40	35, 6 22, 32	14, 29 10, 39	10, 28 24	35, 2 10, 31	10, 18 39, 31	1, 29 30, 36	3, 39 18, 31	10, 13 28, 38	14, 15 18, 40	3, 36 37, 10	29, 35 3, 5	2, 14 30, 40	35, 28 31, 40	28, 27 3, 18	27, 16 18, 38	21, 36 39, 31	1, 6 13	35, 18 24, 5	28, 27 12, 31
24 정보의 손실	10, 24 35	10, 35 5	1, 26	26	30, 26	30, 16		2, 22	26, 32						10	10		19		
25 시간 손실	10, 20 37, 35	10, 20 26, 5	15, 2 29	30, 24 14, 5	26, 4 5, 16	10, 35 17, 4	2, 5 34, 10	35, 16 32, 18		10, 37 36, 5	37, 36 4	4, 10 34, 17	35, 3 22, 5	29, 3 28, 18	20, 10 28, 18	28, 20 10, 16	35, 29 21, 18	1, 19 26, 17	35, 38 19, 18	1
26 물질의 양	35, 6 18, 31	27, 26 18, 35	29, 14 35, 18		15, 14 29	2, 18 40, 4	15, 20 29		35, 29 34, 28	35, 14 3	10, 36 14, 3	35, 14	15, 2 17, 40	14, 35 34, 10	3, 35 10, 40	3, 35 31	3, 17 39		34, 29 16, 18	3, 35 31
27 신뢰성,내구성	3, 8 10, 40	3, 10 8, 28	15, 9 14, 4	15, 29 28, 11	17, 10 14, 16	32, 35 40, 4	3, 10 14, 24	2, 35 24	21, 35 11, 28	8, 28 10, 3	10, 24 35, 19	35, 1 16, 11		11, 28	2, 35 3, 25	34, 27 6, 40	3, 35 10	11, 32 13	21, 11 27, 19	36, 23
28 측정의 정확도	32, 35 26, 28	28, 35 25, 26	28, 26 5, 16	32, 28 3, 16	26, 28 32, 3	26, 28 32, 3	32, 13 6		28, 13 32, 24	32, 2	6, 28 32	6, 28 32	32, 35 13	28, 6 32	28, 6 32	10, 26 24	6, 19 28, 24	6, 1 32	3, 6 32	
29 제조의 정밀도	28, 32 13, 18	28, 35 27, 9	10, 28 29, 37	2, 32 10	28, 33 29, 32	2, 29 18, 36	32, 28 2	25, 10 35	10, 28 32	28, 19 34, 36	3, 35	32, 30 40	30, 18	3, 27	3, 27 40		19, 26	3, 32	32, 2	
30 물체에 작용하는 유해 요소	22, 21 27, 39	2, 22 13, 24	17, 1 39, 4	1, 18	22, 1 33, 28	27, 2 39, 35	22, 23 37, 35	34, 39 19, 27	21, 22 35, 28	13, 35 39, 18	22, 2 37	22, 1 3, 35	35, 24 30, 18	18, 35 37, 1	22, 15 33, 28	17, 1 40, 33	22, 33 35, 2	1, 19 32, 13	1, 24 6, 27	10, 2 22, 37
31 유해한 부작용	19, 22 15, 39	35, 22 1, 39	17, 15 16, 22		17, 2 18, 39	22, 1 40	17, 2 40	30, 18 35, 4	35, 28 3, 23	35, 28 1, 40	2, 33 27, 18	35, 1	35, 40 27, 39	15, 35 22, 2	15, 22 33, 31	21, 39 16, 22	22, 35 2, 24	19, 24 39, 32	2, 35 6	19, 22 18
32 제조의 편이성	28, 29 15, 16	1, 27 36, 13	1, 29 13, 17	15, 17 27	13, 1 26, 12	16, 40	13, 29 1, 40	35	35, 13 8, 1	35, 12	35, 19 1, 37	1, 28 13, 27	11, 13 1	1, 3 10, 32	27, 1 4	35, 16	27, 26 18	28, 24 27, 1	28, 26 27, 1	1, 4
33 사용의 편이성	25, 2 13, 15	6, 13 1, 25	1, 17 13, 12		1, 17 13, 16	18, 16 15, 39	1, 16 35, 15	4, 18 39, 31	18, 13 34	28, 13 35	2, 32 12	15, 34 29, 28	32, 35 30	32, 40 3, 28	29, 3 8, 25	1, 16 25	26, 27 13	13, 17 1, 24	1, 13 24	
34 유지 보수의 편이성	2, 27 35, 11	2, 27 35, 11	1, 28 10, 25	3, 18 31	15, 13 32	16, 25	25, 2 35, 11	1	34, 9	1, 11 10	13	1, 13 2, 4	2, 35	11, 1 2, 9	11, 29 28, 27	1	4, 10	15, 1 13	15, 1 28, 16	
35 적용성	1, 6 15, 8	19, 15 29, 16	35, 1 29, 2	1, 35 16	35, 30 29, 7	15, 16	15, 35 29		35, 10 14	15, 17 20	35, 16	15, 37 1, 8	35, 30 14	35, 3 32, 6	13, 1 35	2, 16	27, 2 3, 35	6, 22 26, 1	19, 35 29, 13	
36 장치의 복잡성	26, 30 34, 36	2, 26 35, 39	1, 19 26, 24	26	14, 1 13, 16	6, 36	34, 26 6	1, 16	34, 10 28	26, 16	19, 1 35	29, 13 28, 15	2, 22 17, 19	2, 13 28	10, 4 28, 15		2, 17 13	24, 17 13	27, 2 29, 28	
37 조종의 복잡성	27, 26 28, 13	6, 13 28, 1	16, 17 26, 24	26	2, 13 18, 17	2, 39 30, 16	29, 1 4, 16	2, 18 26, 31	3, 4 16, 35	36, 28 40, 19	35, 36 37, 32	27, 13 1, 39	11, 22 39, 30	27, 3 15, 28	19, 29 39, 25	25, 34 6, 35	3, 27 35, 16	2, 24 26	35, 38	19, 35 16
38 자동화 정도	28, 26 18, 35	28, 26 35, 10	14, 13 17, 28	23	17, 14 13		35, 13 16		28, 10	2, 35	13, 35	15, 32 11, 13	18, 1	25, 13	6, 9		26, 2 19	8, 32 19	2, 32 13	
39 생산성	35, 26 24, 37	28, 27 15, 3	18, 4 28, 38	30, 7 14, 26	10, 26 34, 31	10, 35 17, 7	2, 6 34, 10	35, 37 10, 2		28, 15 10, 36	10, 37 14	14, 10 34, 40	35, 3 22, 39	29, 28 10, 18	35, 10 2, 18	20, 10 16, 38	35, 21 28, 10	26, 17 19, 1	35, 10 38, 19	1

그림 6.11 모순테이블의 제작

	나빠지는 점 / 좋아지는 점	21 동력	22 에너지 손실	23 물질의 손실	24 정보의 손실	25 시간 손실	26 물질의 양	27 신뢰성,내구성	28 측정의 정확도	29 제조의 정밀도	30 물체에 작용하는 유해 요소	31 유해한 부작용	32 제조의 편이성	33 사용의 편이성	34 유지 보수의 편이성	35 적용성	36 장치의 복잡성	37 조종의 복잡성	38 자동화 정도	39 생산성
1	움직이는 물체의 무게	12, 36 18, 31	6, 2 34, 19	5, 35 3, 31	10, 24 35	10, 35 20, 28	3, 26 18, 31	3. 11 1. 27	28, 27 35, 26	28, 35 26, 18	22, 21 18, 27	22, 35 31, 39	27, 28 1, 36	35, 3 2, 24	2, 27 28, 11	29, 5 15, 8	26, 30 36, 34	28, 29 26, 32	26, 35 18, 19	35, 3 24, 37
2	움직이지 않는 물체의 무게	15, 19 18, 22	18, 19 28, 15	5, 8 13, 30	10, 15 35	10, 20 35, 26	19, 6 18, 26	10, 28 8, 3	18, 26 28	10, 1 35, 17	2, 19 22, 37	35, 22 1, 39	28, 1 9	6, 13 1, 32	2, 27 28, 11	19, 15 29	1, 10 26, 39	25, 28 17, 15	2, 26 35	1, 28 15, 35
3	움직이는 물체의 길이	1, 35	7, 2 35, 39	4, 29 23, 10	1, 24	15, 2 29	29, 35	10, 14 29, 40	28, 32 4	10, 28 29, 37	1, 15 17, 24	17, 15	1, 29 17	15, 29 35, 4, 7	1, 28 10	14, 15 1, 16	1, 19 26, 24	35, 1 26, 24	17, 24 26, 16	14, 4 28, 29
4	움직이지 않는 물체의 길이	12, 8	6, 28	10, 28 24, 35	24, 26	30, 29 14		15, 29 28	32, 28 3	2, 32 10	1, 18		15, 17 27	2, 25	3	1, 35	1, 26	26		30, 14 7, 26
5	움직이는 물체의 면적	19, 10 32, 18	15, 17 30, 26	10, 35 2, 39	30, 26	26, 4	29, 30 6, 13	29, 9	26, 28 32, 3	2, 32	22, 33 28, 1	17, 2 18, 39	13, 1 26, 24	15, 17 13, 16	15, 13 10, 1	15, 30	14, 1 13	2, 36 26, 18	14, 30 28, 23	10, 26 34, 2
6	움직이지 않는 물체의 면적	17, 32	17, 7 30	10, 14 18, 39	30, 16	10, 35 4, 18	2, 18 40, 4	32, 35 40, 4	26, 28 32, 3	2, 29 18, 36	27, 2 39, 35	22, 1 40	40, 16	16, 4	16	15, 16	1, 18 36	2, 35 30, 18	23	10, 15 17, 7
7	움직이는 물체의 부피	35, 6 13, 18	7, 15 13, 16	36, 39 34, 10	2, 22	2, 6 34, 10	29, 30 7	14, 1 40, 11	26, 28	25, 28 2, 16	22, 21 27, 35	17, 2 40, 1	29, 1 40	15, 13 30, 12	10	15, 29	26, 1	29, 26 4	35, 34 16, 24	10, 6 2, 34
8	움직이지 않는 물체의 부피	30, 6		10, 39 35, 34		35, 16 32, 18	35, 3	2, 35 16		35, 10 25	34, 39 19, 27	30, 18 35, 4	35		1		1, 31	2, 17 26		35, 37 10, 2
9	속도	19, 35 38, 2	14, 20 19, 35	10, 13 28, 38	13, 26		10, 19 29, 38	11, 35 27, 28	28, 32 1, 24	10, 28 32, 25	1, 28 35, 23	2, 24 35, 21	35, 13 8, 1	32, 28 13, 12	34, 2 28, 27	15, 10 26	10, 28 4, 34	3, 34 27, 16	10, 18	
10	힘	19, 35 18, 37	14, 15	8, 35 40, 5		10, 37 36	14, 29 18, 36	3, 35 13, 21	35, 10 23, 24	28, 29 37, 36	1, 35 40, 18	13, 3 36, 24	15, 37 18, 1	1, 28 3, 25	15, 1 11	15, 17 18, 20	26, 35 10, 18	36, 37 10, 19	2, 35	3, 28 35, 37
11	응력 또는 압력	10, 35 14	2, 36 25	10, 36 3, 37		37, 36 4	10, 14 36	10, 13 19, 35	6, 28 25	3, 35	22, 2 37	2, 33 27, 18	1, 35 16	11	2	35	19, 1 35	2, 36 37	35, 24	10, 14 35, 37
12	모양	4, 6 2	14	35, 29 3, 5		14, 10 34, 17	36, 22	10, 40 16	28, 32 1	32, 30 40	22, 1 2, 35	35, 1	1, 32 17, 28	32, 15 26	2, 13 1	1, 15 29	16, 29 1, 28	15, 13 39	15, 1 32	17, 26 34, 10
13	물체의 안정성	32, 35 27, 31	14, 2 39, 6	2, 14 30, 40		35, 27	15, 32 35		13	18	35, 24 30, 18	35, 40 27, 39	35, 19	32, 35 30	2, 35 10, 16	35, 30 34, 2	2, 35 22, 26	35, 22 39, 23	1, 8 35	23, 35 40, 3
14	강도	10, 26 35, 28	35	35, 28 31, 40		29, 3 28, 10	29, 10 27	11, 3	3, 27 16	3, 27	18, 35 37, 1	15, 35 22, 2	11, 3 10, 32	32, 40 28, 2	27, 11 3	15, 3 32	2, 13 25, 28	27, 3 15, 40	15	29, 35 10, 14
15	움직이는 물체의 작용 지속 시간	19, 10 35, 38		28, 27 3, 18	10	20, 10 28, 18	3, 35 10, 40	11, 2 13	3	3, 27 16, 40	22, 15 33, 28	21, 39 16, 22	27, 1 4	12, 27	29, 10 27	1, 35 13	10, 4 29, 15	19, 29 39, 35	6, 10	35, 17 14, 19
16	움직이지 않는 물체의 작용 지속 시간	16		27, 16 18, 38	10	28, 20 10, 16	3, 35 31	34, 27 6, 40	10, 26 24		17, 1 40, 33	22	35, 10	1	1	2		25, 34 6, 35	1	20, 10 16, 38
17	온도	2, 14 17, 25	21, 17 35, 38	21, 36 29, 31		35, 28 21, 18	3, 17 30, 39	19, 35 3, 10	32, 19 24	24	22, 33 35, 2	22, 35 2, 24	26, 27	26, 27	4, 10 16	2, 18 27	2, 17 16	3, 27 35, 31	26, 2 19, 16	15, 28 35
18	밝기	32	13, 16 1, 6	13, 1	1, 6	19, 1 26, 17	1, 19		11, 15 32	3, 32	15, 19	35, 19 32, 39	19, 35 28, 26	28, 26 19	15, 17 13, 16	15, 1 19	6, 32 13	32, 15	2, 26 10	2, 25 16
19	움직이는 물체에 의해 사용된 에너지	6, 19 37, 18	12, 22 15, 24	35, 24 18, 5		35, 38 19, 18	34, 23 16, 18	19, 21 11, 27	3, 1 32		1, 35 6, 27	2, 35 6	28, 26 30	19, 35	1, 15 17, 28	15, 17 13, 16	2, 29 27, 28	35, 38	32, 2	12, 28 35
20	움직이지 않는 물체에 사용된 에너지			28, 27 18, 31			3, 35 31	10, 36 23			10, 2 22, 37	19, 22 18	1, 4					19, 35 16, 25		1, 6
21	동력	■	10, 35 38	28, 27 18, 38	10, 19	35, 20 10, 6	4, 34 19	19, 24 26, 31	32, 15 2	32, 2	19, 22 31, 2	2, 35 18	26, 10 34	26, 35 10	35, 2 10, 34	19. 17 34	20, 19 30, 34	19, 35 16	28, 2 17	28, 35 34
22	에너지 손실	3, 38	■	35, 27 2, 37	19, 10	10, 18 32, 7	7, 18 25	11, 10 35	32		21, 22 35, 2	21, 35 2, 22		35, 32 1	2, 19		7, 23	35, 3 15, 23	2	28, 10 29, 35
23	물질의 손실	28, 27 18, 38	35, 27 2, 31	■		15, 18 35, 10	6, 3 10, 24	10, 29 39, 35	16, 34 31, 28	35, 10 24, 31	33, 22 30, 40	10, 1 34, 29	15, 34 33	32, 28 2, 24	2, 35 34, 27	15, 10 2	35, 10 28, 24	35, 18 10, 13	35, 10 18	28, 35 10, 23
24	정보의 손실	10, 19	19, 10		■	24, 26 28, 32	24, 28 35	10, 28 23			22, 10 1	10, 21 22	32	27, 22				35, 33	35	13, 23 15
25	시간 손실	35, 20 10, 6	10, 5 18, 32	35, 18 10, 39	24, 26 28, 32	■	35, 38 18, 16	10, 30 4	24, 34 28, 32	24, 26 28, 18	35, 18 34	35, 22 18, 39	35, 28 34, 4	4, 28 10, 34	32, 1 10	35, 28	6, 29	18, 28 32, 10	24, 28 35, 30	
26	물질의 양	35	7, 18 25	6, 3 10, 24	24, 28 35	35, 38 18, 16	■	18, 3 28, 40	13, 2 28	33, 30	35, 33 29, 31	3, 35 40, 39	29, 1 35, 27	35, 29 25, 10	2, 32 10, 25	15, 3 29	3, 13 27, 10	3, 27 29, 18	8, 35	13, 29 3, 27
27	신뢰성,내구성	21, 11 26, 31	10, 11 35	10, 35 29, 39	10, 28	10, 30 4	21, 28 40, 3	■	32, 3 11, 23	11, 32 1	27, 35 2, 40	35, 2 40, 26		27, 17 40	1, 11	13, 35 8, 24	13, 35 1	27, 40 28	11, 13 27	1, 35 29, 38
28	측정의 정확도	3, 6 32	26, 32 27	10, 16 31, 28		24, 34 28, 32	2, 6 32	5, 11 1, 23	■		28, 24 22, 26	3, 33 39, 10	6, 35 25, 18	1, 13 17, 34	1, 32 13, 11	13, 35 2	27, 35 10, 34	26, 24 32, 28	28, 2 10, 34	10, 34 28, 32
29	제조의 정밀도	32, 2	13, 32 2	35, 31 10, 24		32, 26 28, 18	32, 30	11, 32 1		■	26, 28 10, 36	4, 17 34, 26		1, 32 35, 23	25, 10		26, 2 18		26, 28 18, 23	10, 18 32, 39
30	물체에 작용하는 유해 요소	19, 22 31, 2	21, 22 35, 2	33, 22 19, 40	22, 10 2	35, 18 34	35, 33 29, 31	27, 24 2, 40	28, 33 23, 26	26, 28 10, 18	■		24, 35 2	2, 25 28, 39	35, 10 2	35, 11 22, 31	22, 19 29, 40	22, 19 29, 40	33, 3 34	22, 35 13, 24
31	유해한 부작용	2, 35 18	21, 35 2, 22	10, 1 34	10, 21 29	1, 22	3, 24 39, 1	24, 2 40, 39	3, 33 26	4, 17 34, 26		■					19, 1 31	2, 21 27, 1	2	22, 35 18, 39
32	제조의 편이성	27, 1 12, 24	19, 35	15, 34 33	32, 24 18, 16	35, 28 34, 4	35, 23 1, 24		1, 35 12, 18		24, 2		■	2, 5 13, 16	35,1,25 11, 9	2, 13 15	27, 26 1	6, 28 11, 1	8, 28 1	35, 1 10, 28
33	사용의 편이성	35, 34 2, 10	2, 19 13	28, 32 2, 24	4, 10 27, 22	4, 28 10, 34	12, 35	17, 27 8, 40	25, 13 2, 34	1, 32 35, 23	2, 25 28, 39		2, 5 12	■	12, 26 1, 32	15, 34 1, 16	32, 26 12, 17		1, 34 12, 3	15, 1 28
34	유지 보수의 편이성	15, 10 32, 2	15, 1 32, 19	2, 35 34, 27		32, 1 10, 25	2, 28 10, 25	11, 10 1, 16	10, 2 13	25, 10	35, 10 2, 16		1, 35 11, 10	1, 12 26, 15	■	7, 1 4, 16	35,1,25 13,11		34, 35 7, 13	1, 32 10
35	적용성	19, 1 29	18, 15 1	15, 10 2, 13		35, 28	3, 35 15	35, 13 8, 24	35, 5 1, 10		35, 11 32, 31		1, 13 31	15, 34 1, 16, 7	1, 16 7, 4	■	15, 29 37, 28	1	27, 34 35	35, 28 6, 37
36	장치의 복잡성	20, 19 30, 34	10, 35 13, 2	35, 10 28, 29		6, 29	13, 3 27, 10	13, 35 1	2, 26 10, 34	26, 24 32	22, 19 29, 40	19, 1	27, 26 1, 13	27, 9 26, 24	1, 13	29, 15 28, 37	■	15, 10 37, 28	15, 1 24	12, 17 28
37	조종의 복잡성	19, 1 16, 10	35, 3 15, 19	1, 18 10, 24	35, 33 27, 22	18, 28 32, 9	3, 27 29, 18	27, 40 28, 8	26, 24 32, 28		22, 19 29, 28	2, 21	5, 28 11, 29	2, 5	12, 26	1, 15	15, 10 37, 28	■	34, 21	35, 18
38	자동화 정도	28, 2 27	23, 28	35, 10 18, 5	35, 33	24, 28 35, 30	35, 13	11, 27 32	28, 26 10, 34	28, 26 18, 23	2, 33	2	1, 26 13	1, 12 34, 3	1, 35 13	27, 4 1, 35	15, 24 10	34, 27 25	■	5, 12 35, 26
39	생산성	35, 20 10	28, 10 29, 35	28, 10 35, 23	13, 15 23		35, 38	1, 35 10, 38	1, 10 34, 28	18, 10 32, 1	22, 35 13, 24	35, 22 18, 39	35, 28 2, 24	1, 28 7, 19	1, 32 10, 25	1, 35 28, 37	12, 17 28, 24	35, 18 27, 2	5, 12 35, 26	■

그림 6.11 모순테이블의 제작(계속)

01 나누어라(Segmentation)

쪼개어 보다.

그림 7.1은 굴삭기의 손에 해당한다. 손의 끝 부분은 땅을 파내기 위해서 아주 단단한 금속으로 만들어져야 한다. 굴삭기는 면도날이나 칼날처럼 연속적인 하나의 단단한 칼날을 가지지 않고 그림과 같이 여러 부분으로 나누어 놓았다. 그래야 사용도중에 날이 파손되더라도 전부를 교체할 필요 없이 손상된 부분만 교체가 가능하고, 땅을 파내야 하는 굴삭 작업의 효율도 높다.

1980년대에 초등학교를 다닌 사람은 50원짜리 검은색 몸체의 칼을 기억할 것이다. 하지만 어느 날부터 이 칼은 사라졌고 그림 7.2와 같은 커터(cutter)칼이 등장했다. 칼날을 미리 쪼개어 놓아, 훨씬

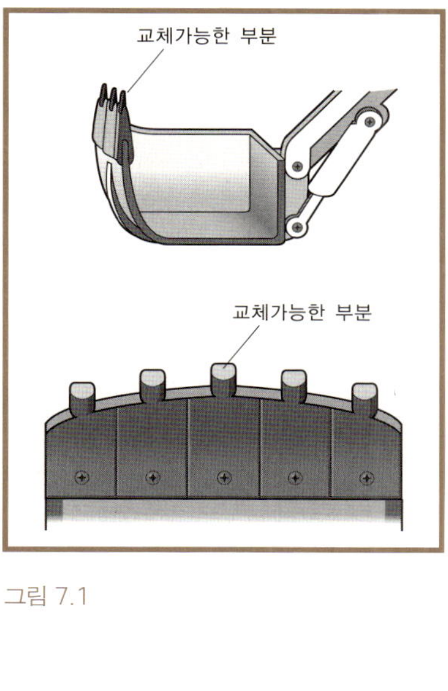

그림 7.1

더 오래 사용할 수 있게 하는 아이디어이다. 이 아이디어로 특허를 낸 사람은 일본인 발명가인데, 수십억의 특허료를 받을 수 있었다.

6장에서 설명했던 어느 낚시꾼 사례도 '쪼개어 보다'에 해당한다. 큰 고기를 잡으면 세 토막으로 나누어 프라이팬에 구우면 되는 것인데, 자기의 프라이팬 크기만 생각해서 큰 고기를 다시 놓아주고 있었다는 이야기였다.

나 자신을 변화하기 위해서는 어떻게 해야 할까? 쉽지 않은 주제이지만 쪼개어보자. 우선 생각이 변해야 한다. 그렇게 생각이 변하면, 세상을 바라보는 시각이 바뀌게 된다. 세상을 바라보는 시각이 바뀌게 되면, 비로소 자기 자신이 변하게 된다. 자신을 변화시키는 것도 이렇게 3단계로 쪼개어 볼 수 있다.

18~19세기에 서구 열강들이 아시아와 아프리카를 식민지로 만들었는데, 정복한 식민지를 관리하기 위해서 가장 많이 사용한 정책이 '쪼개어 보다'였다. 예를 들어 인도를 식민지로 관리하던 영국은 인도의 뿌리깊은 신분제도를 철저히 이용해, 인도 국민들을 분열시켜 쉽게 관리할 수 있었다고 한다.

그림 7.2

01. 나누어라

- 세부적인 여러 독립 시스템으로 나누어라.
- 조립과 분해가 쉽게 만들어라.

사례

- 제품 단위 별로 조직을 분할
- 유연한 방식으로 생산방식을 변환(셀 생산 방식)
- 업무를 작은 단위로 나누고 간소화해 업무 처리속도를 향상(사우스웨스트 항공)

02 필요한 것만 뽑아내라(Extraction)

'벼룩 잡기 위해 초가 삼간 태운다'는 속담이 있다. 뭔가를 해결하기 위해 전체를 어떻게 한다는 생각의 틀을 이야기 하고 있는 것이다. 많은 암환자의 치료에 사용되는 항암제 역시 국부적인 암세포를 죽이기 위해 환자의 신체 모든 부분의 세포들까지 힘들게 한다. 그러나 요즈음에 나오는 새로운 항암제들은 암세포만 공격하는 항암제의 방향으로 발전하고 있다.

필요한 부분이 있다면 그 부분만 뽑아 내어 조치를 취하면 된다는 것이 2번 원리이다. 그림 7.3은 치과에 가서 이빨을 틀니처럼 뽑아 내어 필요한 부분만 의사에게 건넨다는, 이해를 돕기 위해 웃자고 그린 그림이다.

병원에서는 X레이 검사를 받기 위해 방사선 사진을 찍게 된다. 하지만 임산부와 같은 경우 X레이 광선에 노출되면 안될 정도로 X레

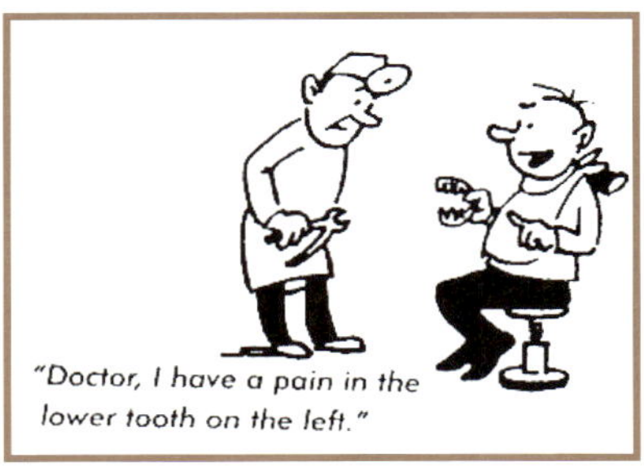

그림 7.3

이 광선은 인체에 유해할 수 있다. 그런데 일반적으로 가슴부분(폐)을 찍기 위한 X레이는 환자의 모든 부분에 불필요하게 노출된다. 그래서 그림 7.4와 같이 필요한 부분인 가슴부분(폐)만 촬영하는 장치가 특허로 등록되어 있다.

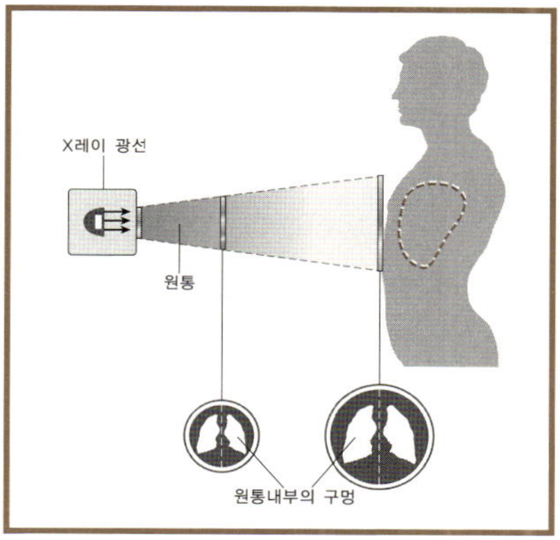

그림 7.4

02. 필요한 것만 뽑아내라

- 필요한 부분이나 특성만 뽑아낸다.
- 필요하지 않은 부분이나 특성은 뽑아낸다.

사례

- 할인 상품은 별도의 판매대에서 판매
- 상습적인 불만 고객(블랙 리슈머)을 별도로 관리(서비스 업계에서의 디마케팅)
- 마케팅, 세일즈, 광고활동 등의 하도급, 외주(아웃 소싱)
- 매장에 식탁 테이블을 두지 않고 배달로만 매출을 올리는 피자 업체

03 전체를 똑같이 할 필요 없다(Local Quality)

부분적으로 최적화하라.

서울 한강에 있는 잠수대교는 창의적인 요소가 많다. 즉 많은 모순들을 해결하고 있다. 어떤 모순들을 해결하고 있을까? 이를 알기 위해서는 해결책을 분석해 보는 것이 가장 빠른 방법이다. 우선 시간에 의한 분리를 적용하고 있다. 교통량을 2배로 늘리기 위해 다리에는 그림 7.5와 같이 하나의 교각에 2개의 교량을 설치하였다.

하지만 '여름 장마철에 한강의 수위가 올라가면 어떻게 할 것인가'라는 반대에 부딪혔을 것이다. 하면 된다. 시간에 의한 분리를 적용한 것이다. 평상시에는 교량이 2개이지만 비가 많이 내려 한강의 수위가 상승하면 다리는 이름처럼 물 밑으로 잠수하여 교량이 1개로 된다.

'유람선이 다니거나, 향후 한강을 통해 화물선이 다닐 경우는 어떻

그림 7.5

게 할 것인가?'라는 반대에도 부딪혔을 것이다. 하면 된다. 40가지 발명원리의 3번 원리를 적용하였다. 전체를 똑같이 하지 않았다. 즉, 그림과 같이 다리의 일부 부분만 낙타의 등처럼 굽어지게 하였다.

6장에서 설명한 혼다의 가변실린더 기술인 VCM 기술도 3번 원리에 해당될 수 있다. 이 기술은 전체 6개의 실린더를 전부 똑같이 할 필요 없이 평소에는 3~4개의 실린더만 작동하다가, 필요할 때 전부 똑같이 작동하여 큰 힘을 발생하게 한다. 이 원리를 좀 더 발전시키면 어떤 엔진기술이 나올까? 6개의 실린더 중 4개의 실린더에는 일반적인 길이의 피스톤이 설치되고, 2개의 실린더에는 짧은 길이의 피스톤이 설치되어 전체 피스톤 길이가 같지 않을 수 있다. 이러한 설계가 창의적인 설계일까? 일반적이고 모범적인 기술자라면 6기통 엔진을 설계할 때, 누가 시키지 않아도 당연히 6개 실린더 내의 피스톤 길이를 같게 설계하지 않을까? 그러다가 시간이 흘러 '아차, 전부 똑같이 할 필요 없지!'라고 생각하며 발명을 하게 될 것이다. 2개의 실린더에만 짧은 길이의 피스톤이 설치되면 어떤 점이 좋을까? 순간적으로 큰 힘을 발생하는데 도움이 된다. 그러면 건설중장비나 스포츠카와 같은 곳에 쓰이면 좋지 않을까? 엔진의 전문가라면 이런 이야기를 할 것이다. "그렇게 되면 피스톤과 맞물려 있는 크랭크 축이 돌아가는 회전속도에 불일치가 생겨서, 이런 저런 이유로 어렵다". 이럴 때는 어떻게 하면 될까? 안 되는 이유가 있다고 포기해야 할까, 아니면 그런 문제를 다시 트리즈 문제로 설정해서 도전해야 할까? 하면 된다는 긍정적인 태도로 포기하지 않고 즐겁게 생각해보는 것이 어떨까?

본인이 이 책을 쓰기 전에 '생각의 창의성'이란 책을 출판하였다. 트리즈에 있는 다양한 방법론들을 모두 정리한 책인데, 그 책의 표지를 디자인하면서 모순에 부딪혔다. 그림 7.6과 같이 책의 표지에 트리즈를 영어로 전부 나타내고 싶었던 것이다. 'Theory of Inventive Problem Solving'을 표지에 전부 넣으려면 글자 크기가 너무 작아지게 된다. 그렇다고 충분한 크기로 글자를 키우게 되면 책의 표지에 모두 싣기 어렵게 된다. 그래서 3번 원리를 적용하였다. 글자의 크기를 전부 똑같이 할 필요는 없지 않은가? 그림과 같이 의미를 가질 수 있는 앞의 몇 글자만 크게 하고, 나머지 글자는 작게 하였다. 나름대로 창의적인 디자인이라고 생각했다. 모순을 극복했기 때문일까? 남들은 미처 생각해보지 못한, 그래서 처음으로 고안해낸 디자인이었기 때문이다.

그림 7.6

03. 전체를 똑같이 할 필요 없다. 부분적으로 최적화하라

- 상황이나 환경을 세부적으로 다양하게 바꾼다.
- 각 부분이 각자의 조건에서 최상으로 작동되도록 한다.

사례

- 프랜차이즈 패스트푸드점은 공통의 메뉴 외에 그 지역 특유의 메뉴가 있음
- 획일적인 급여 구조에서 탈피해 능력에 따라 지급
- 영국 유통업체인 테스코의 글로컬 스탠다드정책 (Global+Local=Glocal, 예:삼성+테스코=홈플러스)
- VIP 고객을 위한 특별 판촉 프로그램

04 대칭이면 비대칭으로(Asymmetry)

차별화하라.

인간의 신체를 비롯한 주위의 거의 모든 사물들은 대칭을 이루고 있다. 우리의 눈, 코, 입, 자동차, 건물 등등. 그러한 인간의 본능적인 주위의 환경으로 인하여 우리는 언제나 뭔가를 고안하고 디자인할 때 무의식적으로(심리적 관성, Mental Inertia) 대칭형을 만든다. 그렇게 시간이 지나다 보면 누군가가 말한다. "혹시 비대칭적으로 하면 어떨까?" 일반적인 방법은 무수히 많은 사람이 이미 시도 했으므로 혁신의 가능성이 낮다. 그림 7.7에 보이는 운전자는 아주 도전적이고 실천적인 사람임이 분명하다.

횡단보도 앞에 설치되는 과속방지턱에서 새로운 아이디어를 생각해보자. 인터넷의 네이버 검색창에서 과속방지턱을 검색해 보면 다수의 과속방지턱 제품이 나오는데, 모두가 똑같은 형태의 디자인이다. 그래서 과속방지턱 사업은 경쟁이 치열할 것이다(Red

그림 7.7

Ocean). 만일 도로교통법에 모양과 크기가 반드시 똑같은 턱을 만들어야 한다는 조항 때문에 모든 과속방지턱 업체가 같은 모양의 획일적인 과속방지턱을 만들고 있다면, 차라리 과속방지턱 제조는 정부가 주도해서 납품만을 받거나 직접 제조하는 것이 더 나을 것이다. 많은 인력들을 획일적인 과속방지턱 제조산업에 투입하여 영업력과 마케팅에만 의존해서 사업을 하게 하는 것은, 그 나라의 산업구조가 창의성을 발휘하지 못하게 하는 후진적인 형태를 벗어나지 못하고 있다는 것을 보여주는 예이다.

만일 당신이 과속방지턱 회사의 사장으로서 과속방지턱을 다양하게 설계하여 신제품을 만들어내야 하는 입장이라면, 40가지 발명원리를 적용해 보기 바란다. 1시간이면 40개의 아이디어를 제안할 수 있을 것이다.

예를 들어 4번 원리를 적용하면 어떨까? 40가지 발명원리의 4번 원리 비대칭을 적용한다는 것은 무슨 뜻일까? 과속방지턱을 제조하거나 설치할 때, 분명히 자신들도 모르게 습관적으로 뭔가를 대칭적으로 제조하거나 설치했을 것이 분명하기에, 그 점을 파고 들어서 새로운 제품을 개발하라는 뜻이다. 그림 7.8의 왼쪽이 일반적

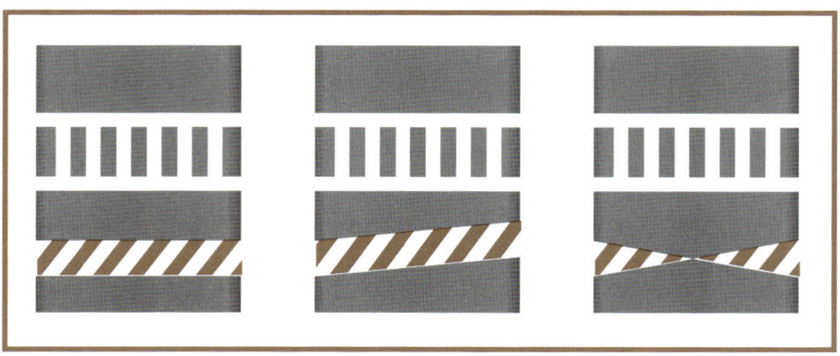

그림 7.8

인 과속방지턱의 설치 모습이다. 여기서는 무엇이 대칭으로 설치된 것인가? 이런 점을 고민하는 것이 40가지 발명원리를 적용하는 방법이다.

가운데 그림과 같이 비대칭으로 과속방지턱을 설계해 보는 것은 어떨까? 이렇게 설치하면 왼쪽 바퀴부터 방지턱을 올라간 후, 곧 오른쪽 바퀴가 방지턱을 올라가게 되므로, 운전자는 더욱 더 천천히 방지턱을 넘어가야 한다. 만일 도로교통법상에 반드시 대칭적으로 설치해야 한다는 조항이 있어 비대칭의 설치가 불가능하다고 하면? 안 될 것이 어디 있는가? 그러면 그림의 오른쪽과 같이 설계해서 설치하면 되지 않을까? 언제나 된다고 생각하고서 어떻게 하면 될 것인지 고민을 해보자.

04. 대칭이면 비대칭으로

- 대칭형을 비대칭형으로 하거나 비대칭 정도를 높인다.
- 기존의 것과 다른 차별화를 만들어낸다.

사례

- 커피판매와 제조를 동시에 제공하는 차별화된 마케팅을 하는 스타벅스
- 신흥시장과 성숙시장의 차별화된 영업 전략
- 디지털 고객과 아날로그 고객의 차별화

05 여러 작업을 한 번에 동시에 하라(Consolidation)

사람들은 해야 할 일이 여러 개가 있다면 하나씩 순서대로 일을 처리할 것이다.

그러다가 어느 정도 시간이 지나 여유가 생기고 노련해지기 시작하면 생각하기 시작한다. 그렇게 해서 어느 날, 한 번에 여러 작업을 동시에 하는 아이디어를 고안한다. 그림 7.9와 같이 낚시를 하면서 고기도 구워먹는다는 원리이다. 우리 속담의 '꿩 먹고 알 먹고'와 비슷하다. 양계장에서 달걀에 유통기한을 표시한다면 대개는 달걀을 수집하고 나서 달걀 표면에 도장을 찍는 작업을 또 해야 할 것이다. 하지만 그림 7.10처럼 날짜를 찍을 수 있는 손가락 도장을 이용한다면 양계장에서 달걀을 손으로 꺼냄과 동시에 유통기한을 표시할 수 있다. 이것이 통합(Consolidation)의 원리이다.

그림 7.9

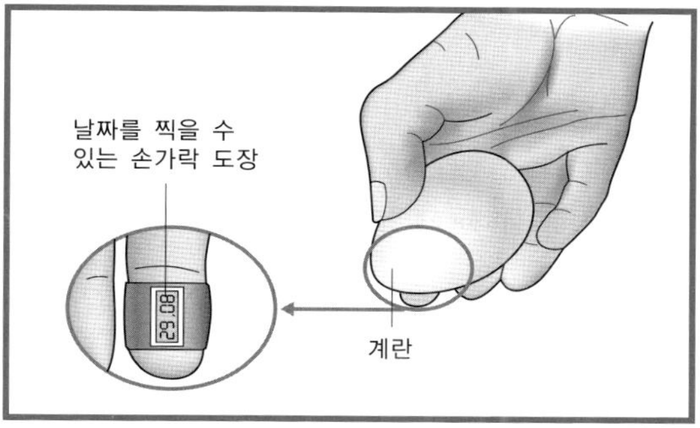

그림 7.10

05. 여러 작업을 한 번에 동시에 하라

- 동일하거나 유사한 기능을 결합하거나 통합한다.

사례

- 쇼핑몰의 진화 → 유통+영화+전시장+음식+스포츠센터+병원
- 한 번 방문으로 유선/모바일/인터넷 종합 서비스 제공(KT 원스톱 서비스)
- PB(Private Banking)는 자산관리, 자산운용, 부가 서비스를 동시에 제공

06 하나의 물건을 여러 번 사용하다(Multifunction)

하나에 여러 기능을 연계하라.

그림 7.11은 넥타이를 사용하면서 동시에 허리띠로도 사용할 수 있는 익살스러운 그림이다. 이처럼 6번 원리는 하나의 부품을 여러 용도로 사용하는 것이다.

반면 5번 원리는 여러 가지 동작을 한 번에 수행하는 것이었다. 실외기 하나로 실내기 두 대를 가동하는 L사의 에어컨이 있다면 당연히 경쟁사는 실외기 하나로 여러 대를 가동하는 에어컨을 선 보일 것이다.

네네치킨이라는 신생 치킨 업체가 있다. 이 업체의 닭을 주문하면 닭을 담아오는 박스가 독특하다. 박스에는 종이 접기를 위한 그림이 그려져 있다. 실제로 얼마나 많은 사람들이 종이 접기를 할 것인가는 종이 접기의 내용(contents)에 달려있겠지만, 뭔가를 도전해서 남과 다르게 하겠다는 태도가 좋다.

그림 7.11

최근에 새로 나온 오랄비 칫솔중에 그림 7.12와 같은 제품이 있다. 칫솔의 뒷면을 이용해 혀에 끼어 있는 설태를 제거하는 제품이다. 설태는 입냄새의 원인중 하나로서 혀의 바닥에 끼어있는 것을 말하는데, 이를 긁어내어 설태를 제거하는 제품은 약국에서 1000원 이상의 가격으로 판매된다. 이 제품은 6번 원리인 다기능 원리로 해석할 수 있다. 너무 단순하다고 생각될 수 있다. 그렇다면 레오나르도 다빈치의 메모수첩에 있었던 글귀를 읽어보자. '내가 이런 것을 생각하기 전에 나보다 먼저 생각해서 만들어 본 사람 있으면 나와 봐'

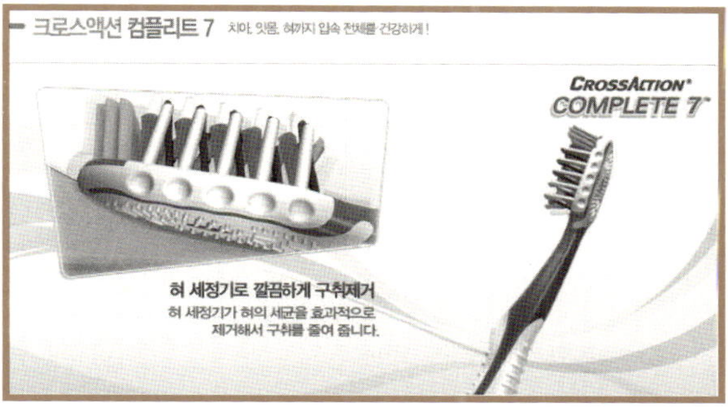

그림 7.12

06. 하나의 물건을 여러 번 사용하다

- 하나에 여러 기능을 연계하라.

사례

- 스타벅스의 바리스타(Barista)는 주문, 제조, 서비스를 동시에 제공하는 기능을 수행
- 서비스 쿠폰의 연계 사용(OK 캐쉬백)
- 자본 시장 통합법에 의한 투자은행의 증권, 종금, 선물, 신탁 업무를 동시에 수행

07 포개어 보다(Nesting)

짝짓기를 하라.

그림 7.13은 알츠슐러가 포개기 원리의 이해를 돕기 위해, 자신의 친구인 삽화가와 함께 그린 그림이다. 이 그림에서는 두 개의 나팔을 포개고 있다. 포개어보다? 이런 사실을 모르는 사람이 몇이나 될까? 과연 포개어 보다라는 것이 발명원리에 포함될 가치가 있는 것일까? 아파트 공사장을 지나다 보면 타워크레인을 볼 수가 있다. 처음 아파트를 지을 때는 타워크레인이 4~5층 높이로 설치되는데, 아파트의 층수가 올라갈수록 타워크레인의 높이도 높아져 마지막에는 20층 이상의 높이가 되는 것을 본 적이 있을 것이다. 대부분의 사람들은 이것을 참 신기하다고 생각한다. 본인도 신기하게만 생각하다가 그로부터 3년 정도 지난 후, 결국 한 아파트 공사현장에 직접 찾아가 물어보았다. 그러자 그림 7.14와 같이 중간에 연결부분이 있어 이 부분을 기준으로 하여 아래 위로 크레인의 기둥이 포개어져 있는

그림 7.13

그림 7.14

모습을 보여주었다. 크레인의 높이를 올리려고 할 때는 연결부분 안에서 크레인의 조각을 설치해서는 유압잭으로 들어올린다고 설명도 해주었다.

모두가 알고 있을 것 같던 포개기 원리이다. 그럼에도 실제로 많은 사람들은 타워크레인의 높이가 자라는 것을 신기해하고 있다. 40가지 발명원리는 그런 것들이다. 얼핏 하나씩 살펴보면 '이런 것이 어떻게 발명원리이지?'라는 의문이 들 수 있지만, 막상 자신의 문제에 부딪히게 되면 절대로 쉽게 생각나지 않는 것들이 발명원리들이다. 그래서 몇 개의 문제를 가지고 40가지 발명원리를 적용해서 아이디어를 제안해 보는 훈련을 하면 크게 도움이 된다. 앞에서 설명했던 횡단보도 앞의 과속방지턱과 관련한 신제품을 제안하는 데 40가지 발명원리를 하나씩 적용해보자. 최소한 20개 이상의 원리가 직접적으로 적용되어 기발한 아이디어들을 제안할 수 있을 것이다. 운전을 하는 사람이라면 도로에 다니는 화물차들을 보고 언제나 40가지 발명원리들을 적용해볼 수 있다. 예를 들어 현대자동차의 포터라는 화물차는 그림 7.15에 보이는 것처럼 앞바퀴에 비해 뒷바퀴가 작다. 3번 원리가 적용된 것이다. 4개의 바퀴 모두가 같을 필요는 없다. 뒷바퀴가 작아지면 짐을 싣는 적재공간이 늘어나고, 적재공간이 늘어나면서 적재공간의 높이가 낮아져 물건을 싣고 내릴 때 편리하게 된다. 콘크리트 운반차량에는 4번 원리가 적용되고 있다. 비대칭으로 설계된 탱크가 돌아가고 있는 것이다. 40가지 발명원리 중 하나인 비대칭이 적용되었다는 것은 뭔가 발명이 이루어졌다는 것이며 그렇게 설계된 충분한 이유가 있을 것이다.

그림 7.15

그림 7.16

07. 포개어 보다, 짝짓기를 하라

- 하나의 객체를 다른 객체 속에 넣는다.
- 하나의 객체가 다른 객체의 속을 통과하게 한다.

사례

- 은행내의 작은 은행(ATM기 설치)
- 카지노 호텔 구조(손님은 화장실에 갈 때도 게임지역을 통과)
- 에스컬레이터 계단의 광고
- 유니버셜 스튜디오 상품 판매장(고객은 공연장에서 나올 때 캐릭터 상품 매장을 통과)

09 미리 반대 방향으로 조치하라(Preliminary Count Action)

9번, 10번, 11번은 원리가 비슷하다. 모두 미리 준비를 한다는 것인데, 9번은 반대방향으로 준비를 취한다는 것이고, 11번은 미리 보상을 한다는 것이다. 10번은 일반적인 의미에서 미리 준비를 한다는 원리이다. 3가지 원리 모두 원하는 효과나 작용 등을 위하여 사전에 어떤 조치를 미리 취한다는 원리이다.

그림 7.17을 어떤 사람들은 "고기를 잡기 위해 미끼를 미리 뿌려두는 것이다"라고 말한다. 그리고는 미국 사람들이 러시아어를 번역하면서 실수한 것이라고 한다. 미끼(bait)를 소금(salt)으로 번역한 실수가 있었다는 것이다. 과연 그럴까? 좀 더 생각해보면 10번 원리를 가장 잘 설명하는 그림이라는 것을 알 수 있을 것이다. 미끼가 아니라 소금이 맞는 말이다. 곰곰이 생각하다 보면 정답이 떠오를 것이다.

그림 7.17

경작하는 농작물이 병충해에 잘 견디며 수확할 때까지 튼튼히 자란다면 가장 이상적인 경우일 것이다.

그림 7.18은 싹이 돋아 나면 일부러 그림과 같은 롤러를 이용하여 뭉개어 버리는 모습이다. 어릴 때 뭉개어진 싹은 병충해에 잘 견뎌내고, 수확할 때는 약간 한쪽으로 기울어져 있어 수확하기도 편하다고 한다. 아마도 그런 뭉개짐을 견뎌낼 정도의 튼튼한 싹만이 선택되었기 때문일 것이다.

이 농법은 미리 조치를 취하되, 작물의 성장과는 반대되는 방향을 취했다.

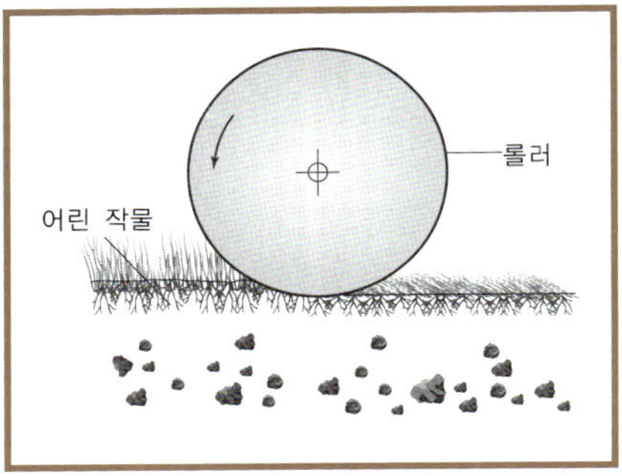

그림 7.18

09. 미리 반대 방향으로 조치하라

- 부작용을 제거하기 위해 미리 반대 조치를 준비한다.

사례

- 해고 전에 보상, 전직 알선, 재취업 교육 등을 실시
- 임금 피크제(정년 이전부터 미리 급여가 삭감되는 제도)
- 이동통신사의 경쟁사로 전화 고객을 막기 위한 전환 비용 부가
- 렌터카 업체에서 반납 지연을 막기 위해 대여료보다 많은 연체 비용 책정

10 미리 조치하라 (Preliminary Action)

어느 정유회사에서 기름을 운반하는 유조차의 기사가 있었다. 어느 날 사장은 이 기사가 기름을 운반하면 50리터 정도의 휘발유가 언제나 부족하다는 것을 알게 되었다. 그래서 어떤 식으로 기름을 빼내는가를 알기 위하여 기름을 유조차에 싣는 과정과 주유소에서 기름을 옮겨 담는 과정을 전부 CCTV로 녹화를 해서 관찰했지만 어떤 속임수도 발견할 수 없었다. 분명히 정확한 양의 기름이 탱크에 들어갔고, 나중에 주유소에서 기름을 뽑아낼 때는 조금도 남기지 않고 모두 뽑아내었다. 그래도 언제나 50리터 정도의 기름의 오차가 발생하고 있었다. 사장은 이유를 밝힐 수 없었고, 어쩔 수 없이 기계의 오차 정도로 판단하였다. 유조차의 기사는 어떤 방법을 쓰고 있었을까? 이 기사는 기름탱크 안에 바구니를 매달아 놓았다가, 기름을 모두 뽑아낸 뒤 나중에 천천히 바구니를 들어내었던 것이다.

그림 7.19

10. 미리 조치하라

사례

- 도심공항터미널에서 사전 출국 수속
- 회의 전 미리 안건을 배포하고 종료시간을 알려주는 제도
- 허츠(Hertz) 렌터카는 렌터카 출발 직전 사전 시동으로 냉방 혹은 난방을 해 놓음

가짜 휘발유

부도덕한 주유소에서는 가짜 휘발유를 판매하고 있다. 일반 휘발유에 다른 성분을 넣어서 단가를 낮추어 이익을 남기는 것이다. 어떤 방법을 사용하고 있을까? 미리 주유소 지하에 가짜 휘발유 탱크를 설치해서, 리모콘으로 조작하여 원할 때 가짜 휘발유를 주유하는 것이다. 미리 조치를 취해놓은 것이다. 가끔 정부에서 가짜 휘발유 적발을 위해 단속반이 방문하게 된다. 그 때는 리모콘을 조작해서 정품 휘발유를 주유한다. 이러한 사실을 알게 된 정부는 사복을 입고 일반차량으로 가장해서, 주유소를 방문하여 기름을 수거해 분석하는 방법을 사용하였다. 기는 사람 위에 걷는 사람이 있는 경우이다. 하지만 걷는 사람 위에는 언제나 뛰는 사람도 있는 법이다. 부도덕한 주유소에서는 자주 방문하는 손님들의 주유구에 노란색이나 하얀색 스티커를 붙여 놓는다. 그래서 주유구를 열었을 때 스티커가 있으면 가짜 휘발유를 넣고, 스티커가 없으면 처음 주유소를 찾아온 손님이거나, 정부의 단속반일 가능성이 높으므로 정품 휘발유를 주유하였다.

만일 정부가 정말 성실히 단속하겠다는 의지가 있어, 스티커가 붙은 차량을 수소문해서 그 스티커를 일부러 붙여 주유소를 방문하고 기름을 수거하여 몇 개의 불량주유소가 적발되었다고 가정해보자. 이런 사실이 소문

으로 퍼지면 불량 주유소는 가짜 휘발유 주유를 중단할까? 아니다. 돈 앞에서는 어떤 아이디어도 만들어진다. 뛰는 사람 위에는 나는 사람도 있다. 아마도 특수 형광페인트를 사용해서 표시를 해둘 것이다. 그리고 직원이 쓰는 안경의 일부 부분을 코팅해서 스티커가 없어도 형광페인트를 알아 볼 수 있을 것이다. 여기서는 결국, 아이디어에 아이디어로 대응해서는 안 된다는 것을 알 수 있다. 시스템과 법으로 대응해야 한다.

기름도 문제이지만 음식거리와 관련한 부도덕한 업체들이 참 많다는 것을 대한민국에서는 느끼게 된다. 부도덕한 업체들이 아이디어를 내어 국민을 속이면, 정부는 아이디어로 대응하는 것보다는 강력한 처벌과 금융제재 시스템으로 대처해야 한다. 그런 부도덕한 업체가 적발될 경우에 강력한 형사 처벌과 모든 금융관계에서 신용을 없애는 금융제재시스템이 대책이 될 것이다. 돈을 벌기 위해서 온갖 아이디어를 내는 자본주의 사회에서 어떻게 각자의 아이디어를 막을 것인가? 아이디어는 끊임없이 발전하게 되어 있다. 소 잃고 외양간 고치는 식의 대책보다는, 사회제도가 이를 보완해 주어야 한다고 생각한다.

11 사전에 예방 조치하라 (Preliminary Compensation)

다이빙을 훈련하는 선수들은 하루에도 수십 번씩 물속으로 점프한다. 반복되는 점프로 물과의 충격도 만만치 않게 된다. 그래서 그림 7.20과 같이 물속에 기포가 발생하게 하였다. 미리 보상조치를 취한 것이다. 이렇게 하면 물의 밀도가 낮아져서, 다이빙할 때 충격을 감소할 수 있다.

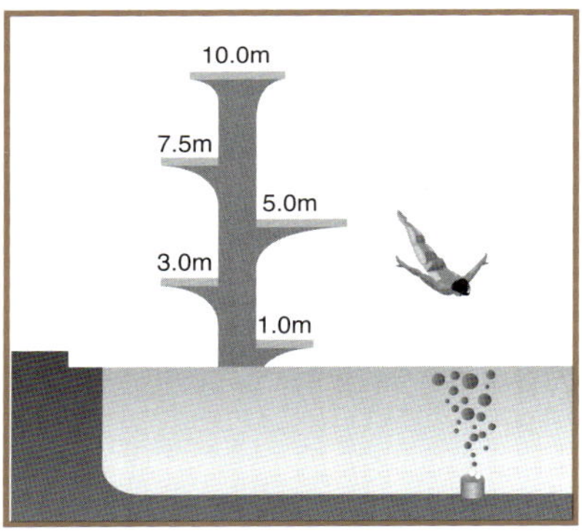

그림 7.20

11. 사전에 예방조치 하라

- 미리 안전 및 예방 조치를 취한다.

사례

- 총각네 야채가게 → 맛있는 과일을 판매하기 위해 철저한 시식 후 구매
- 의자를 없애서 짧고 효과적인 회의 실행
- 판매량이 떨어질 것에 대비해 판매망을 분산해서 운영

12 들어서 옮길 필요 없다 (Eqipotential)

천안에는 삼성의 LCD 관련 공장들이 밀집해 있다. LCD 모니터를 만들기 위해서는 얇은 유리가 필요한데, 이 유리는 삼성정밀유리에서 만들어진다. 정밀유리에서 만들어진 유리는 차에 실려 삼성전자 공장으로 운반되는데, 대형 LCD TV의 유리인 경우, 아주 얇으면서도 대형 사이즈라서 옮기기가 쉬운 일이 아니다. 그래서 정밀유리는 2002년도에 트리즈 자문을 실시했는데, 트리즈 전문가는 정밀유리 공장과 전자 LCD 공장 사이에 작은 운하를 설치하는 것을 제안하였다. 물에 띄워서 운반하면 물류비용을 절감할 수 있기 때문이다. 처음에는 컨베이어 벨트나 롤러를 설치하여 운반

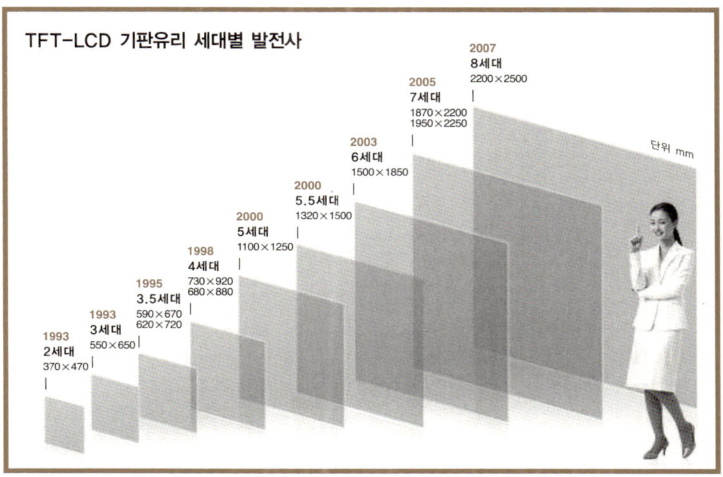

그림 7.21

하는 아이디어였는데, 컨베이어벨트나 롤러로 움직이면 흠집이 발생할 수 있다는 문제가 있었다. 지구의 중력 때문에 유리의 자체 무게로 인하여 컨베이어 벨트나 롤러로부터 손상이 갈 수 있다는 것이다. 그래서 다시 제안한 것이 지구의 중력을 극복하는 아이디어였다. 즉 물위에 띄워서 운반하면 된다는 것이다. 실제로 유리는 이물질이 묻은 것을 씻어내기 위해 정밀유리 공장에서 출하직전에 물로 샤워를 하고, 삼성전자 공장에 들어오자마자 맨 먼저 하는 일이 물로 샤워를 하는 일이었으니, 물에 띄워서 운반하는 아이디어는 이상성이 높았다. 지구의 중력을 극복하는 방법은 많은데 40가지 발명원리 중에서 8번 원리가 지구중력극복하기(Count weight)이다.

13 반대로 하라
(Do it reverse)

반대로 생각해 보라는 것이다. 소위 말하는 '역발상'이다. 이것이 40가지 발명원리에 포함되는 것은 당연하다.

그림 7.22는 웃자고 그린 그림이다. 그렇다고 해서 전혀 가치가 없는 것은 아니다. TV를 통해 보는 마술 프로그램 중에서 무중력 마술이라는 것이 있다. 이 마술에서는 사람이 천장에 매달려서 콜라의 마개를 딴다. 그러면 물이 바닥으로 떨어지는데 그림과 같이 촬영하면 마치 물이 천장으로 솟구치는 것처럼 보이게 되는 마술의 기법이다. 일반적인 창의성의 방법론들에서도 가장 많이 다루었던 '역발상'이란 원리이다.

키가 작은 사람은 이를 보완하기 위하여 일반적으로 키 높이 구두를 신는다. 그런데 최근에는 머리카락을 이용해서 키를 높이는 아이디어를 적용하여 특수가발을 만들어 착용하기도 한다.

그림 7.22

그림 7.23

13. 반대로 하라, 거꾸로 하라

- 반대작용을 실행한다.
- 돌리거나 뒤집는다.

사례

- 티저 광고(광고 상품을 숨겨서 호기심을 유발)
- 일본의 돈키호테 상점은 무질서한 진열로 고객이 상품을 발견하는 즐거움을 갖게 함
- 카페에서 커피를 파는 대신 입장료를 받음(민들레 영토)
- 고객이 가격을 결정하는 역경매

14 직선형은 곡선형으로 바꾼다 (Curvature Increase)

직선으로 만들어진 것이 있다면 한 번쯤은 곡선으로 바꾸어보자. 사람은 언제나 연필로 쭉 그어서 직선을 만들어 내지 처음부터 곡선으로 만들지는 않는다.

활주로는 언제나 그 길이가 중요하다. 그림 7.24는 만일 활주로가 곡선으로 된다면 활주로의 길이는 무한대로도 만들 수 있을 거라는 우스개 그림이다. 하지만 정말 우스개 그림일 뿐일까? 미국의 항공모함은 위에서 내려다 보았을 때, 갑판의 모서리에서 반대쪽 모서리까지 사선으로 활주로를 배치하여 가장 긴 거리의 활주로를 만들었다. 소련의 항공모함 중에는 옆에서 보았을 때, 활주로의 끝 부분이 곡선으로 처리되어 있어 이륙에 도움이 되게 하는 항공모함이 있다.

자동차의 간단한 튜닝 용품 중에 '싸이클론'이란 제품이 있다. 공

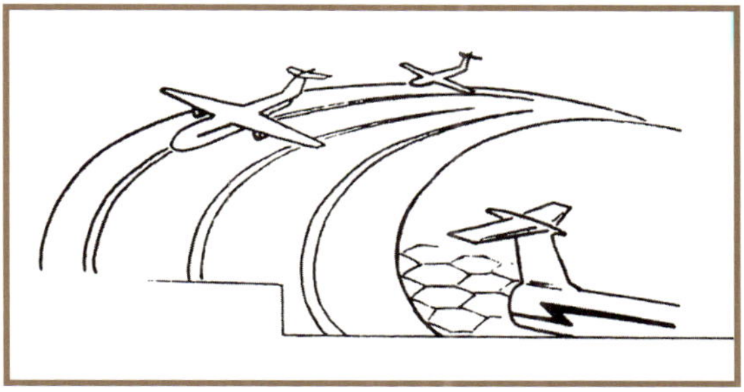

그림 7.24

기를 빨아들이는 입구(흡기부분)나 엔진의 연소가스가 빠져나가는 부분(배기부분)에 자동차의 엔진을 장착하는 것인데, 그림 7.25와 같이 공기의 흐름을 나선형으로 바꾸어 준다. 직선의 형태로 공기가 들어오거나 나가는 것보다 그림과 같이 곡선의 형태로 나선형을 그리면 훨씬 더 많은 양의 공기가 들어오고 나갈 수 있다. 엔진의 흡기밸브나 배기밸브로 더 많은 공기가 원활히 움직이게 되면, 엔진의 성능이 좋아진다고 한다(이론적으로는 이런 제품을 장착하면 향상이 있다. 하지만 얼마만큼 향상이 이루어졌는지를 객관적이고 과학적으로 체크해보는 사람은 많지 않다).

그림 7.25

14. 직선형은 곡선형으로 바꾼다

사례

- 두바이 인공섬 팜 아일랜드는 65km 해안선을 곡선화해서 1500km로 확대해 모든 집이 바다를 정원으로 갖게 함
- 각종 프로세스를 직선 구조에서 고리형 구조로 전환
- 경영권 강화를 위한 고리형 순환 출자 구조
- 내부 순환 보직으로 CEO를 양성하는 구조

15 자유롭게 하라(Dynamic)

부분적으로 자율권을 부여하라.

그림 7.26은 자동차의 중심에 회전축을 설정함으로써 자유도를 증가시키고 있다. 이렇게 회전축을 설정하여 유연성을 증가시키면 사람이 자동차에 타고 내릴 수 있는 공간이 생기기 때문에 자동차의 문을 처음부터 만들지 않아도 되는 구조를 가지게 된다.

물론 이러한 자동차가 일반적인 자동차의 구조에 적용되기에는 많은 문제들이 있다. 하지만 산업용이나 군사용 등 특수목적에 사용하는 차량이라면 한 번 고려해 볼만 할 것이다.

이 특허는 미국의 GM에 의해 등록되었다. 아이디어가 형편 없어서 아직 이런 차량이 없는 것일까? 아니면 있는데 보지를 못했을까? 혹시 아직까지 누구도 도전해 보지 않았을 뿐일까?

자동차의 엔진에서 나오는 배기가스는 상당한 압력으로 뿜어져 나온다. 각 실린더마다 연결된 배기가스의 파이프 부분을 특별히

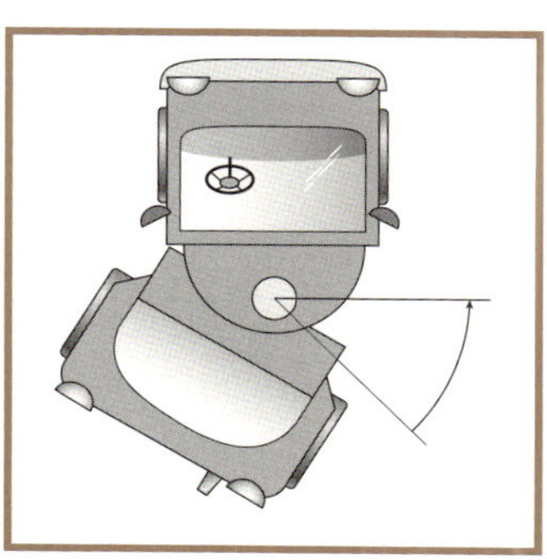

그림 7.26

'매니폴더'라고 부르는데 이 매니폴더의 길이가 자동차의 성능특성에 큰 영향을 미친다. 예를 들어 매니폴더 길이가 길면 고속주행에 적합하고, 길이가 짧으면 힘있는 주행이 가능하다. 일본의 혼다자동차는 매니폴더에도 15번 원리를 적용하여 가변식 매니폴더 기술을 개발하였다. 혼다는 매니폴더의 길이가 자동으로 변화되어서 출력도 좋고 연비도 좋은 자동차를 만들고 있다.

15. 자유롭게 하라, 부분적으로 자율권을 부여하라

- 다양한 환경에서 최고의 능력을 발휘하도록 바꾼다.

사례

- 고객 대응팀의 즉각적 반응으로 고객 불만 해결
- 리츠 칼튼 호텔의 2000달러, KFC의 20달러 제도(고객 불만을 없애기 위해 상사의 승인 없이 사용 가능한 금액)
- 3M의 15% 규칙, 구글의 20% 규칙(일과 중, 자기 직무와 관계없는 부분에 자기 시간 사용)
- GE에서는 일반 회의 시, 후반에는 실무자들만 참여

16 지나치게 혹은 부족하게
(Partial or Excessive)

어느 곳이나 적당한 값은 있고 그 값을 구해야 한다. 하지만 가끔 그러기가 어렵기도 하고, 실제로 그럴 필요가 없는 경우에도 계속 적당한 최적의 값을 구하기 위해 노력하는데, 이것도 일종의 생각의 틀이 작용한 결과이다. 모두가 온건한 생각을 할 때, 한 번쯤 과격한 혹은 바보 같은 생각을 해 보는 것이 도움이 된다. 모두가 온건한 생각으로 최선을 다해 보았다면 이미 그 곳에는 해결책이 없을 가능성이 높다. 전혀 다른 곳에 있는 해결책을 가장 빨리 만난 사람에게 똑똑하다고 말하지 않는가? 성실한 사람이라고 말하지는 않을 것이다.

그림 7.27은 안테나가 좋지 않아, 혹은 TV가 고장 나서 화면이 나오지 않자 자기가 그린 그림을 TV 앞에 붙여놓고 혼자서 환호하고 있는 그림이다. 지나치기도 하고 뭔가가 부족하기도 한 그런 상황의 우스개 그림이다.

그림 7.27

술에 취해 귀가하는 사람은 가끔 자동차 문짝에 있는 사이드미러를 손으로 세게 쳐버린다. 그렇게 부러진 사이드미러는 1개당 대략 3만원~8만원 정도한다. 10년 전만 하더라도 가끔씩 일어날 수 있는 일들이었다. 하지만 요즈음의 자동차 문짝에 있는 사이드미러는 세게 밀면 부러지지 않고 뒤로 젖혀져 버린다. 16번 원리가 적용되었다.

비슷한 아이디어는 산업의 분야를 넘나들며 적용이 된다. 다만 그것이 비슷한 아이디어인지 아닌지를 알기가 어렵다. 40가지 발명원리와 같은 하나 하나의 개념들이 그 공통점이다. 다음의 사례는 자동차의 뒤로 젖히는 사이드미러와 비슷한 사례라는 것을 16번 원리로서 알 수 있다.

3~4년 전의 노트북에는 외부모니터포터에 나사의 홈이 있었다. 프로젝터나 외부모니터와 연결하는 연결포터와 노트북의 외부모니터포터를 나사를 이용해서 단단히 연결하는 것이다. 그래픽 신호가 노이즈 없이 잘 연결되려면 잘 고정되어있어야 하고, 무언가를 연결할 때는 반드시 단단히 연결하고 싶은 것도 일종의 생각의 틀이다. 나사로 단단히 연결하면 문제가 발생한다. 지나가는 사람

그림 7.28

의 발에 모니터케이블이 걸리면 책상 위나 단상 위의 노트북이 외부모니터 케이블과 함께 바닥으로 떨어져 고가의 노트북이 파손되는 경우가 많았던 것이다. 요즈음의 노트북은 그림과 같이 나사로 고정하는 부분이 없다. 일종의 '부족하게 하는' 원리가 적용된 것이다.

그림 7.29

16. 초과나 부족, 극단적으로 생각하라

- 많거나 적게 하여 문제를 해결한다.

사례

- 2500달러짜리 인도의 타타 자동차
- 가격 책정 시, 일부러 99원, 999원으로 끝나게 함
- 두바이의 세계 최고 160층 빌딩, 버즈 두바이

자동차 선팅 허용문제

최근에 정부에서는 실용을 중시하면서 많은 규제철폐 정책들을 내놓았다. 그 중에 하나가 자동차 선팅의 전면 허용이다. 실질적인 단속이 이루어질 수 없고(측정장비가 충분치 않음), 실제로도 이루어지지 않으므로 형식적인 법으로 규제할 필요가 없다는 논리이다. 즉 완전하지 않은 법이므로 없애겠다는 것이다. 하지만 16번 원리를 적용하면, 완전하지 않은 부분적인 이 법규는 상당히 효과가 있다고 생각된다. 어떤 효과가 있을까?

자동차 선팅을 규제하지 않는다고 발표가 났으므로 지나칠 정도로 진하게 선팅한 자동차가 나타날 것이다. 그리고 그런 자동차들로 인해 몇 건의 교통사고가 나고, 어떤 차량은 실내가 잘 보이지 않는 점을 이용해 유괴나 강도 등의 범죄를 저지르는 사례가 방송에 나오게 될 것이다. 그러면 자연스럽게 국민감정이나 여론에 기대어, 결국 강력한 자동차 선팅 규제 조치가 만들어질 것이다.

그래서 적당히 규제하는 것이 좋다. 실제 단속의 한계로 인하여 실효성이 없다고는 하지만, 그래도 그런 법이 있기 때문에 아주 노골적으로 진한 선팅은 못하고 있었던 것이 아닐까? 적당히 어설픈 규제가 효과적인 경우도 있는 것이다. 그래서 정작 이 법안은 2008년 상반기에 국회 심의과정에서 통과되지 못하였다.

일본 자동차 회사의 마케팅 아이디어

일본의 스포츠카로는 니산(Nissan)의 스카이라인 GTR34, 도요다의 예전 모델인 수프라(Supra), 마쯔다의 RX-7, 미쯔비시의 랜서-에볼루션, 혼다의 NSX, 스바루의 임프레자 등이 있다. 이들 모델들은 거의 다 공장에서 출고될 당시에는 180km 속도제한이 되어 있다. 일본 국내에서 법규로 묶어 놓은 것은 아니다. 다만, 일본 내 업체들간의 암묵적인 약속이다. 최근에 출시된 니산의 스카이라인 GTR35 모델은 차량 내 GPS를 통해서 자동차 경기장에서만 속도 제한이 풀리게 되어 있다. 얼핏 생각해 보면 일본 정부의 도로교통법에 협조하는 듯한 느낌이 들기도 하고, 또한 일본 내 자동차 기업들간의 출혈경쟁을 막기 위해서 180km 제한(280마력 제한)을 실시하고 있는 듯하다. 하지만 조금 더 생각해보면, 16번 원리 '초과나 부족' 원리를 적용한 일본 자동차 업계의 상술이라는 것을 알 수 있다.

어떠한 기계든지 한계 상황으로 작동시키게 되면, 그 수명이 눈에 띌 정도로 줄어들게 된다. 사람이든 자동차든 젊었을 때 몸을 혹사시키면 늙어서 금방 표가 난다. 일반적인 자동차로 200km 이상을 상습적으로 주행하면 당장 타이어가 받쳐 주지 못하므로 정말로 위험한 상황을 맞이 할 수 있지만, 무엇보다도 엔진을 혹사시키기 때문에 10년 탈 자동차를 7년밖에 못 타게 될 것이다. 위에서 언급한 일본 차량들은 200km 이상의 속력을 충분히 낼 수 있는 어마어마한 마력과 토크를 자랑한다. 그러면 그 내구성은 어떨까? 10만 킬로, 20만 킬로 이상을 달려도 그만한 힘을 여전히 발휘할 수 있을까? 180km 이하, 280마력 이하로 주행을 한다면

그림 7.30 포르쉐 911 GT3 모델과 911 카레라 모델

10만 킬로, 10년 이상의 내구성을 보장받을 수 있도록 한 것이 일본의 스포츠카들이다. 반면에 180km 제한을 해지하거나, 280마력 이상의 마력으로 튜닝을 하게 되면 일반적인 A/S나 보증을 받지 못하게 된다. 그래서 거의가 10만 킬로를 못 가서 엔진에 문제가 발생하게 된다. 즉 정밀함을 지나치게 추구한 나머지 내구성이 충분히 따라주지 못하기 때문에, 엔진을 분해해 필요한 부품을 새 것으로 바꾸어주는 작업을 해야 한다.
반면에 포르쉐와 같은 브랜드의 경우, 5년 무제한 킬로수의 A/S와 보증을 실시하고 있다. 180km와 같은 속도제한도 없다. 아무리 혹독하게 자동차를 몰아붙여도 내구성을 뒷받침해줄 수 있는 한 차원 높은 자동차 기술을 포르쉐는 가지고 있다.
일본의 스포츠카들이 포르쉐와 같은 높은 가격을 가지고도 시장에서 팔릴 수 있다면, 어쩌면 포르쉐와 같은 내구성을 갖출지 모른다. 이것은 단순히 기술력의 차이가 아니다. 일본 스포츠카가 아무리 성능과 내구성을 갖추었다 하더라도 포르쉐와 같은 가격으로 시장에 내놓으면 소비자들이 선택하지 않을 것이기 때문이다. 니산 스카이라인 GTR34의 엔진인

그림 7.31 니산 스카이라인 GTR 34 모델(위)과 GTR 35 모델(아래)

RB26-DETT의 경우, 500~600마력을 충분히 견디는 구조로 설계했지만, 정작 공장에서 출고될 때는 280마력으로 봉인이 걸려있다.
만일 공장에서 출고될 때부터, 500마력의 엔진과 동시에 충분한 내구성을 가지게 하였다면, 차량의 가격은 원래 출고 가격인 5500만원이 아닌, 거의 정확히 포르쉐 911 터보 가격(미국시장 가격, 1억6천~2억 원)만큼 올라갔을 것이다.

일본 스포츠카는 낮은 가격에 포르쉐만큼의 성능을 가진다는 장점이 있다. 하지만 A/S나 무상서비스 보증을 거의 포기하다시피 해야 한다. 왜냐하면, 180km 속도제한이나 280마력 제한이라는 터무니 없는 정책 때문이다. 180km 속도제한을 풀거나 엔진의 원래 힘을 발휘하기 위해 튜닝을 하게 되면 A/S를 받지 못한다. 하지만 그런 차를 구입해서, 튜닝을 하지 않는 사람은 아주 극소수이다. 튜닝을 하지 않으면 A/S를 받을 수 있겠지만, 대부분의 소비자는 속도제한을 풀고 튜닝을 하게 된다.
일본 자동차 업계는 고성능 스포츠카를 낮은 가격에 팔면서도, A/S 걱정을 하지 않아도 되니 금상첨화일 것이다. 2007년 가을에 출시된 니산의 스카이라인 GTR35(Nissan GTR)는 공장 출고시의 마력이 470마력으로 차량가격이 7000만원대이다. 하지만 구입시 작성해야 하는 계약서에는 튜닝 후 다시 정상으로 개조하여 운행을 계속하기 위해서는 3년 후, 약 3000만원의 비용을 들여 정비를 해야 한다고 명시되어 있다. 니산은 GTR35의 엔진 가격이 2900만원이라고 발표하였다. 차 값의 반에 해당하는 터무니 없는 가격이다. 한 마디로 엔진을 개조하지 말라는 말이다. 엔진을 개조하였다가 문제가 발생해서, 새로 엔진을 구입하여 장착하려면 공임을 포함해 3500만원이 필요하기 때문이다. GTR35를 구입해서 5년 동안 재미있게 운행하려는 사람이 있다면, 차라리 그 가격으로 포르쉐를 구입하는 것도 나쁘지 않은 선택이 될 것이다. 어차피 비슷한 비용을 지불해야 하니까. 일본 자동차 업계는 처음부터 '부족하게' 만들어서, 낮은 가격에 높은 성능의 스포츠카를 만들어 팔고 있는 것이다. A/S라는 회사의 추가 비용 없이.

17 수평이면 수직으로(Dimension Change)

다른 각도에서 보라.

한국의 피자 업계는 치열한 경쟁을 하고 있다. 그래서 전 세계 어디보다도 새로운 맛과 모양의 피자가 만들어지고 있는데, 여기에 발명의 원리가 적용되지 않을 수 없다.

대부분의 사람들은 피자를 먹을 때, 피자의 바깥 쪽 테두리 부분은 딱딱해서 먹지 않으려고 한다. 피자 전체의 입장에서는 기피 대상이 되는 부분이다. 어느 피자 업체에서는 40가지 발명원리 22번에 해당하는 '유해한 것을 유용한 것으로 바꾸기' 원리를 적용하였다. 동시에 7번 원리 '포개기'도 동시에 적용하였다.

피자의 테두리 부분의 내부에 말랑말랑한 치즈를 채워 넣어, 그 동안 가장 기피하던 부분을 서로 먹겠다고 할 만큼 맛있는 부분으로 바꾸어 놓은 것이다.

그러자 다른 피자 업체에서는 한 발 더 나아가, 40가지 발명원리의

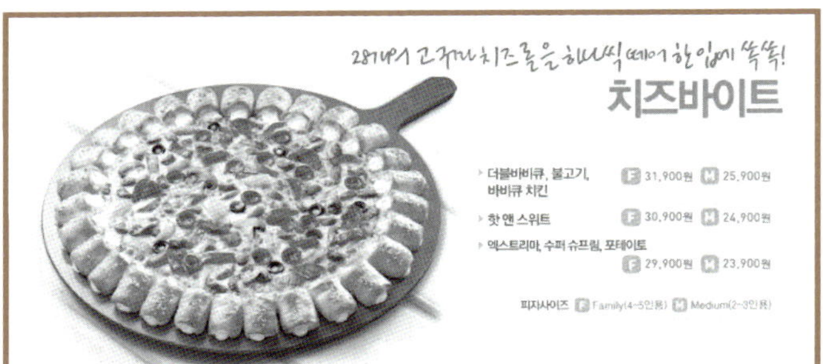

그림 7.32

17번 원리를 적용하였다. 일반적으로 원주방향으로 둘려져 있는 피자의 테두리를 그림 7.32와 같이 세로방향으로 쪼개어 놓은 것이다. 1번 원리 '쪼개어 보다'도 적용한 것이다. 미리 쪼개어 놓아, 편리하게 테두리 부분을 먹을 수 있게 하였으므로 10번 원리 '미리 조치하다'를 적용한 것으로 해석할 수도 있다. 이렇게 점진적으로 생각의 틀을 깨어 나가고 있는 것이다.

17. 수평이면 수직으로, 다른 각도에서 보라

사례

- 소비자 관점에서 본 정수기 렌탈 사업
- 오프라인 교육을 온라인으로 전환한 메가스터디 학원
- 고객만족도조사(CSI)를 고객감동지수(CDI)로 전환

19 연속적이 아니라 주기적으로 하라 (Periodic Action)

앞에서 자동차 선팅의 규제 철폐에 대해서 이야기 했었다. '모' 아니면 '도' 식의 철저함보다는 약간 부족하게 법을 집행해서 과격한 선팅을 막을 수도 있고, 과격한 자동차 매니아들을 규제할 수도 있는 최소한의 조치로 활용할 수도 있다. 사회적 관용을 통하여, 극한의 일부 매니아 소수를 규제하는 장치라고도 볼 수 있다.

정부는 매년 3월이면 자동차 불법구조변경에 대한 단속을 전국적으로 실시한다. 부정적인 생각을 가진 사람은 '또 전시 행정 하는구나, 매년 이 때쯤 되면 저런 실속 없는 단속을 올해도 또 하네'라고 생각한다. 뭔가를 하면 반드시 지속성을 가지고 꾸준히 해야 한다는 것도 현대인이 가지고 있는 생각의 틀이다.

하지만 정부가 그렇게 주기적인 단속을 하기 때문에, 드러내 놓고 과도하게 불법 구조 변경하는 것을 막을 수 있는 것은 아닐까?

어차피 차량의 구조 변경을 막는 것은 현실적으로 어려울 것이다. 그래서 어떤 사람들은 쓸데없는 규제, 혹은 과도한 행정 낭비라고 보지만 그렇다고 차량의 구조변경을 합법적으로 묵인하지도 못하는 정부의 입장도 충분히 미루어 짐작할 수 있다. 이런 모순을 16번 원리나 19번 원리로 해결하고 있다.

19. 연속적이 아니라 주기적으로 하라

- 작용과 그 다음 작용 사이의 기간 간격을 이용한다.

사례

- 레스토랑에서 점심 시간을 이용한 스낵과 커피 판매
- 기업에서 적용되기 시작하는 안식년 휴가
- 가변 차선제와 버스 전용차로제

20 유용한 작용을 지속하라

한 동안 연료전지 자동차가 미래의 자동차가 될 것으로 이야기 되었지만, 실제로 연료전지 자동차가 상용화되기 위해서는 앞으로도 10년 이상의 연구개발이 필요하다. 반면 전기자동차는 1990년대 말에 상용화가 이루어졌다. 그럼에도 불구하고 그 때 생산된 전기자동차들은 모두 회수되어 폐기 처분되었고, 동시에 '진정한 환경친화 자동차는 연료전지 자동차'라는 슬로건이 나오면서, 연료전지 자동차에 대한 환상을 대중에게 심어주었다. 전기자동차를 만들어 낼 수 있는 기술은 이미 모두 완성이 되어 있다. 밧데리 기술이 부족하다고 하지만, 1회 충전에 400km를 주행할 성능은 이미 확보되어 있다. 오히려 연료전지 기술을 내세우면서 전기자동차를 뒤로 밀어버린 것이 우스운 일이다.

지금은 IT시대이지 않은가? IT는 전기 문화의 결정체이다. 전기자동차와 관련된 문제는 정책의 문제였던 것 같다. 만약 10년 전에 전기자동차가 상용화되기 시작하였다면, 거대한 다국적 석유기업들, 거대 자동차 회사들, 그 외 자동차와 관련된 다양한 산업에 종사하는 무수한 사람들은 견디기 어려운 변화에 직면해야 했을 것이다. 전기자동차가 상용화되면, 더 이상 자동차 정비소에서 기름을 묻힐 필요가 없게 된다. 다국적 거대 석유회사는 최근과 같은 어마어마한 순이익을 맛보지도 못했을 것이다.

아이러니하게도 결국에는 하이브리드 자동차가 미래의 자동차 모습으로 확실시 되고 있다. 전기자동차와 휘발유 자동차 양쪽을 모두 만족시켜주고 있기 때문이다. 기존의 석유 산업을 몰아내지 않으면서도, 차세대 친환경 에너지원인 전기를 사용할 수 있기 때문이다. 친환경 에너지인 전기를 사용하는 것이 이렇게도 힘들 줄이야.

하이브리드 자동차란 유용한 작용의 연속으로도 해석할 수 있다. 출발할 때나 급작스럽게 강한 힘이 필요할 때는 전기모터가 도움을 주다가, 고속의 안정된 주행 등을 할 때는 가솔린 엔진이 작동하기 때문이다. 그래서 연비가 리터당 20km를 넘어가게 된다. 최근에는 자동차가 브레이크를 작동할 때 발생하는 기계적 열 에너지를 전기로 바꾸는 장치도 상용화되고 있다. 20번 원리 '유용한 작용의 지속'으로 해석할 수 있다.

20. 유용한 작용을 지속하라

사례

- 업무가 중단된 동안 교육 실시
- 스키장의 여름 골프장

21 유해하다면 빨리 진행하라

허리가 아파서 파스를 붙였다. 12시간이 지나고 나서 그 파스를 떼어내려고 한다. 물론 떼어낼 때 아플 것이다. 그렇다고 천천히 떼어내야 할까? 어차피 아플 것이라면 후딱 떼어내야 한다.

그림 7.33처럼 어차피 부딪힐 나무라면 아주 빠른 속도(빛의 속도?)로 지나면 혹시 괜찮지 않을까? 웃자고 그린 그림이다.

기업에서의 혁신도 마찬가지이다. 혁신은 몸에서 반창고를 떼어내듯이 신속하게 해야 한다. 어차피 부작용은 있게 마련이니 그것을 부각시킬 시간적 여유를 제공하지 말아야 한다.

감자를 보관하는 창고가 있다. 6개월 정도 보관하면 많은 감자가 썩게 되므로 대부분 냉장보관창고에 보관한다. 그런데 냉장을 유지하려면 만만치 않은 보수 비용이 들어간다.

그래서 그림 7.34와 같이 감자를 보관하기 전에 아주 강한 불꽃으

그림 7.33

로 감자의 표면을 아주 조금만 태워버린다. 그러면 감자의 딱딱한 표면이 방해가 되어 벌레나 곰팡이 등이 감자의 내부로 들어가지 못하고 감자는 오랫동안 보관 될 수 있다.

13번 원리에 해당하기도 한다.

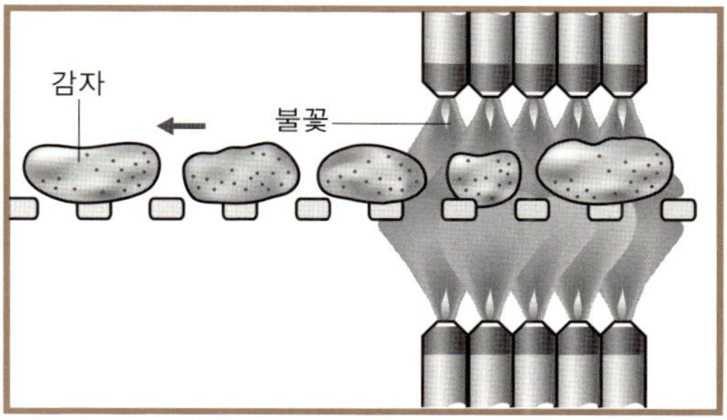

그림 7.34

21. 유해하다면 빨리 진행하라

- 위험 요소를 배제하기 위해 빠르게 진행한다.

사례

- 비행기 도착 후 재출발 시간을 15분으로 단축하여 항공기 운항 → 회전율을 높임(사우스웨스트 항공)
- 고속도로 톨게이트에 설치된 하이패스
- ING 보험의 다이렉트 상품 → 판매 상품 수는 대폭 줄이고 온라인 판매 창구는 단순하게 하여 신속한 체제로 바꿈

22 유해한 것은 좋은 것으로 바꿔라
(Convert harmful to useful)

앞에서 설명한 스웨덴의 해난 사고에서, 물은 유해한 자원이다. 물 때문에 배가 전복되었기 때문이다. 하지만 22번 원리를 적용하면 어떤 아이디어가 떠오를까? 물로 인해서 배가 전복되었기 때문에 물은 유해한 자원이지만, 물이라는 유해한 자원을 유용한 자원으로 바꾸어 보라는 것이다. 자동차가 들어있는 갑판에 구멍을 뚫어서 배로 들어온 물을 배의 아랫부분으로 유도하면 들어온 물 때문에 오히려 배의 무게중심이 낮아져 균형을 잘 잡을 수 있다. 22번 발명원리를 적용한 것이다.

피자의 테두리 부분은 대부분의 사람들이 싫어하는 부분이었다. 이 부분에 말랑말랑하고 달콤한 치즈를 넣어서 맛있는 부분으로 만든 것은 좋은 아이디어이다. 나중에는 테두리 부분의 내부에 고구마를 넣어서 더 달콤한 피자를 만들기도 했다. 가장 맛이 없

그림 7.35

던 부분을 제품의 가장 큰 매력적인 요소로 만든 것이다.

22. 유해한 것은 좋은 것으로 바꿔라

- 유해한 요소를 이용해서 유해함을 제거한다.
- 유해한 정도를 증가시켜 더 이상 유해하지 않게 한다.

사례

- BMW의 이 달의 가장 창의적인 실수상
- 갈등 상황을 윈-윈 상황으로 바꿈
- 계약 시 가격을 낮추는 대신 장기 계약을 체결하는 방안
- 고객 불편에서 착안하여 신시장 개척

23 피드백(Feedback)을 이용하라

트리즈(TRIZ)에서는 이상해결책(IFR, Ideal Final Result)이 그 목표이다. 이상해결책의 특징 중 가장 중요한 것은 '저절로' 이루어 진다는 점이다. 단점은 '저절로' 없어지고 장점은 '스스로' 증가하는 것이다. '저절로'와 '스스로'의 개념을 수행하는 방법 중에 23번 원리도 많이 활용된다. 그림 7.36은 연설을 너무 오랫동안 하면 칼이 내려와 처단하겠다는 웃자고 그린 그림이다.

2살 난 아기를 데리고 아기 수영을 다닐 때의 일이다. 어느 순간부터 직원들이 불친절하다고 느꼈고 그 정도가 심해졌으며, 수영을 담당하는 강사마저도 성실하지 못하다고 느끼기 시작하였다. 하지만 대부분의 아주머니들은 참고 또 참으면서 이해하려고 노력하였다. 결국에는 수영을 담당하는 강사가 그만 두었다. 더구나 대신 수업을 맡은 강사는 수영장에 들어오지도 않고 아기 수영강습을

그림 7.36

진행하였다. 터질 것이 터져버리고 말았다. 한 번 터진 불만의 소리는 잦아들지 않았다. 삼성에서 관리하는 곳이라, 당장에 강력한 조치들이 시행된 듯 했다.

다음 날부터 너무나 많은 것들이 급격히 달라졌다. 과잉 친절이라고 할까? 수영을 담당하는 강사선생님은 지나칠 정도로 열심히 하여, 수업을 따라가기조차 힘들 지경이었다. '저럴 필요까지는 없는데'라는 생각이 들 정도로 친절한 여직원들 때문에 괜히 우쭐하기까지 했다. 만일, 충분한 서로간의 피드백, 의사소통 시스템이 있었다면 그런 홍역은 겪지 않았을 것이다. 소비자, 고객과의 충분한 피드백 시스템이 필요했던 것이다.

23. 피드백을 이용하라

- 피드백을 적용해서 고객의 반응을 살핀다.

사례

- 인터넷을 통한 모니터링 조사
- 댓글 마케팅 기법
- 웰스 파고(Wells Fargo)은행의 '챌린저 챔피언'제도 은행 서비스의 다양한 실험에 참여하는 적극적 고객을 유지 관리

24 직접 하지 않고 중간 매개체를 이용하라(Intermediate)

결혼에 '골인'하고 싶은 사람은 특히 24번 원리를 잘 알아야 한다. 상대방 이성에게 직접적으로 잘해주는 것도 중요하지만 이것은 한계가 있다. 정말 상대방을 잘 공략하려면 그 주위사람을 내 사람으로 만들어야 한다. 결혼은 인생의 큰 일이므로 대사를 앞두고 누구나 마음이 흔들리게 마련이다. 이 때 주위에서 중간자들이 (Intermediate) "그 사람 놓치면 아까워, 뭘 망설이니"라고 하면 이 한마디가 성패를 좌우한다.

결혼하고 나서도 마찬가지의 원리를 적용해야 한다. 시어머니와 며느리의 관계가 좋아지려면 서로가 남편이자 아들이라는 중간자를 잘 이용해야 한다. 시어머니와 며느리간의 갈등은 한 남자를 사이에 둔 갈등이다. 시어머니는 아들이 소중하고, 아내는 남편이 소중하다. 아들과 남편간의 갈등인 것이다. 이때, 결혼하기 전과 같

그림 7.37

이 아들과 친해지고 싶은 시어머니라면 며느리에게 잘해 주면 된다. 그러면 아들은 어머니에게 고마움을 느껴 저절로 어머니를 잘 대접하지 않을까? 연애할 때와 같이 부드러운 남편과 살고 싶은 아내는 시어머니에게 잘해 주면 된다. 그러면 남편은 아내에게 고마움을 느껴 저절로 아내를 더 아끼게 된다. 일반적으로는 그렇다는 이야기이다.

어느 할머니에게 말썽만 피우는 아들이 하나 있었다. 얼마나 말썽을 피우는지 동네사람들이 모두 고개를 흔들었다고 한다. 이 아들은 장가를 가서도 여전하였는데, 어느 날 할머니가 손자를 맡아 기르게 되었다. 얼마나 지극정성으로 손자를 돌보았던지 동네사람들이 "그렇게 마음 고생시키는 자식의 아들인데, 그 손자가 그렇게 귀여워요?"라고 물었다. 그랬더니 할머니가 대답하기를 "이 녀석을 잘 키워야, 나중에 내 복수를 해줄 것 아닙니까?" 과연 할머니의 대답에는 22번 원리가 적용되었을까, 24번 원리가 적용되었을까?

황금 같은 토요일 오후에 아내에게 이끌려 대형할인점에 갔다고 가정해보자. 물건을 담고서 계산을 하기 위해 긴 줄에 서서 기다리고 있는데, 어느 아주머니가 내 앞을 새치기하고 들어왔다면 어떻게 할 것인가? 많은 사람들은 직접 그 아주머니에게 뭔가를 말하려고 할 것이다. 이것이 상식적인 행위이다. 누구나 그렇게 하고 싶어한다. 문제의 제공자에게 직접 달려들고자 하는 것이다. 하지만 이것은 생각의 틀이다.

만일 충분한 경험을 가진 사람이라면, 새치기한 아주머니에게 뭐라고 말을 하지는 않을 것이다. 벌건 대낮에 그 많은 사람들의 시선을 무시하고 새치기 할 정도의 아주머니라면, 당신이 뭐라고 말을 하든 그것은 기름에 불을 붙인 것이고, 화약고에 성냥을 던진 것과 같다. 그래서 그냥 그렇게 내버려 두는 사람도 많다.
지혜로운 사람이라면, 그 아주머니를 직접 공략하지는 않는다. 그렇다고 그냥 내버려 두기에는 정의감이 용서치 않는다. 그렇다면 어떻게 해야 할까? 중간자를 활용하도록 한다. 계산을 하는 직원에게 항의하는 것이다. 그 아주머니와는 눈길도 마주치면 안 된다. 계산하는 직원에게 "새치기 한 사람을 왜 그냥 계산해 주는 겁니까?"라고 항의해야 한다. 만일 계산하는 직원이 베테랑이라면, 얼버무리면서 그냥 넘어가려 할 것이다. 왜냐하면 그런 아주머니에게 뭐라고 말을 해봐야 말다툼이 일어날 것을 경험으로 알고 있기 때문이다. 그렇게 직원이 얼버무리며 넘어가려 하면, 또 하나의 중간자를 활용해야 한다. "매니저 어디 있어요? 매니저 불러요!"이렇게 항의하면 십중팔구 계산대의 직원을 통해서 새치기한 아주머니를 제압할 수 있게 된다. 새치기한 아주머니가 원인이므로 그 아주머니를 직접적으로 대하려고 하는 것은 생각의 틀이다. 새치기하는 아저씨도 마찬가지이다.

24. 중간 매개체를 이용하라

사례

- 펀드를 이용한 간접 투자
- 자산 관리를 위해 타인의 명의로 재산을 등록
- 컨설턴트를 고용하거나 에이전트를 이용

CHAPTER

08

자원을 활용하여 구체적인 해결책을 제시하라

트리즈의 3대 요소는 이상해결책, 모순, 자원이다. 트리즈로 문제를 해결한다는 것은 문제에서 이상해결책이 무엇인지 고민해보고, 모순을 통해서 문제를 분석하며, 자원을 활용하여 구체적인 해결책을 제시하는 것이다. 맥가이버가 창의적인 이유는 주위의 자원을 최대한 활용하기 때문이다. 8장에서는 자원 활용에 관한 트리즈의 대표적 방법인 물질-장 모델링과 다차원분석을 간략히 소개한다.

문제와 해결책을
그림으로 표현하면?

기계가공 분야의 문제

밀링이나 각종 기계가공 설비들은 금속으로 된 물체를 깎고 다듬어, 여러 가지 부품들을 가공한다. 초정밀가공의 경우 수 mm의 오차도 허용하지 않는데, 정확하게 가공하기 위해서는 가공되는 물체가 잘 고정되어 있어야 한다. 이 때 물체를 고정하는데 사용하는 것이 바이스이다.

일반적인 바이스들의 공통적인 어려움은 그림 8.2와 같이 다양한 곡선을 가진 물체를 가공하는 경우이다. 가공의 정밀도를 높이려면 물체를 단단히 고정하여야 하는데, 그림과 같은 모양의 물체는 바이스로 단단히 고정시키기 어려운 문제가 있다.

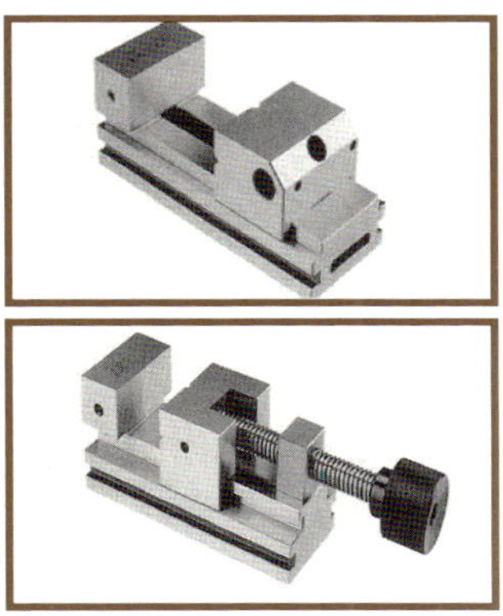

그림 8.1 여러 가지 바이스

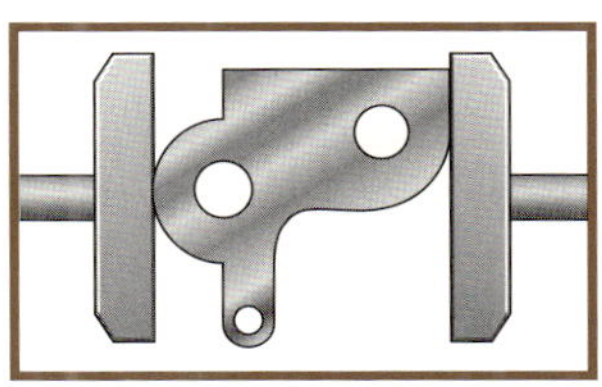

그림 8.2 곡선이 많은 모양의 부품을 바이스로 고정하기

이삿짐 옮기는 문제

이사를 하는 경우, 많은 물건을 포장하여 옮기게 된다. 고가의 도자기가 있다고 가정해 보자. 도자기 크기에 맞는 박스를 마련해서 도자기를 넣었더니, 도자기가 박스 안에서 약간씩 움직인다. 이때 어떻게 할 것인가?

대부분의 사람은 '신문지를 빈 공간에 구겨 넣으면 된다'고 대답할 것이다. '종이를 빈 공간에 구겨 넣으면 된다'라고 말하는 사람은 거의 없다. '신문지' 자체도 현대를 살아가는 우리들의 생각의 틀이라고 말할 수 있다.

그러면 이삿짐을 옮기는 경우의 도자기 포장문제를 가장 간단한 그림으로 나타내는 방법을 생각해 보자. 세상의 모든 문제는 일단, 두 개의 서로 다른 물체 사이에서 일어난다. 손뼉도 마주쳐야 소리가 나지 않는가. 그리고 모든 물체들은 서로가 영향을 주고 받는다. 그러한 영향을 '장(field)'이라고 하자. 예를 들어 사과를 손에서 놓으면 떨어진다. 이것은 사과와 지구, 두 개의 물체가 서로 영향을 주고 받은 결과이다. 그 영향이란 뉴튼의 만유인력에 의한 지구

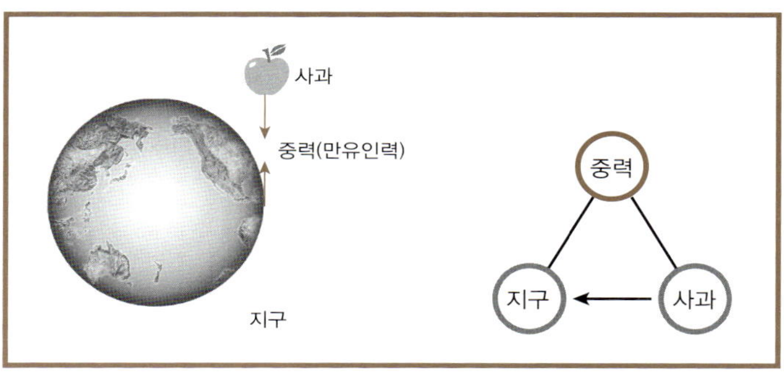

그림 8.3 사과와 지구가 주고 받은 영향(중력장)과 물질-장 삼각형

중력장이다.

그림 8.3과 같이 삼각형을 그린 후, 아래 두 꼭지점에 물체(Substance)를 놓고 위의 꼭지점에 영향(장, Field)을 놓은 것을 물질-장 삼각형이라고 한다. 그럼, 이삿짐을 옮기는 경우의 도자기 포장 문제를 물질-장 삼각형으로 그려보자.

그림 8.4에서 박스와 도자기 사이에 점선으로 된 화살표가 있는데, 이것은 박스가 도자기에게 유용한 작용을 하고 있지만 불충분하다는 것을 나타낸다. 즉 박스는 도자기를 흔들리지 않게 하는 기능을 하는데, 약간씩은 도자기가 박스 안에서 움직이게 되므로 그 기능이 충분하지는 않다는 것이다. 실선의 화살표는 유익한 작용을 나타내고, 구불구불한 화살표는 유해한 작용을 나타낸다. 이렇게 2개의 물질과 하나의 영향(장, field) 사이의 관계를 화살표로 나타낸

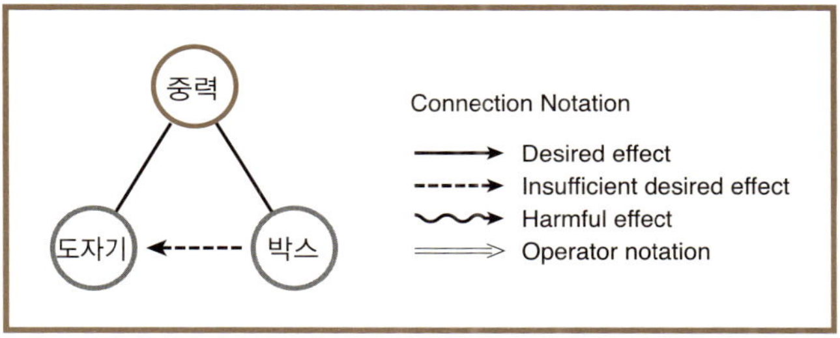

그림 8.4 도자기 문제의 물질-장 모델링

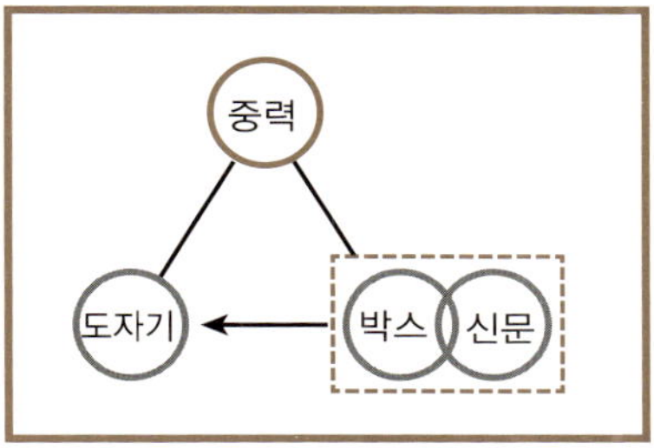

그림 8.5 해결책의 물질-장 모델링

것을 물질-장 모델링(Substance Field Modeling, Su-Field Modeling)이라고 한다. 그러면 이제 해결책도 물질-장 모델링으로 나타내보자. 박스가 그 기능을 충분히 발휘하지 못하므로, 신문지를 추가하였다. 그래서 물질-장 모델링을 그림과 같이 수정하였다. 그림 8.5는 해결책을 물질-장 모델링으로 나타낸 것이다.

기계가공분야 바이스의 문제 해결

바이스는 자유로운 곡면을 가진 물체를 단단히 고정시키지 못하는 문제가 있다. 이 문제를 물질-장 모델로 나타내면 그림 8.6과 같다. 물질-장 모델링으로 상황을 표현하였을 때, 불충분한 작용을 나타내는 점선의 화살표나 유해한 작용을 나타내는 구불구불한 화살표가 나타난다면, 그 상황에 문제가 있다라고 판단할 수 있다. 바이스 문제의 물질-장 모델링을 가만히 살펴보면, 도자기 옮기는 문제의 물질-장 모델링 그림과 비슷하다는 것을 알 수 있다. 이삿짐 옮길 때 도자기가 흔들리는 문제와 해결책을 하나의 그림으로 나타내면 그림 8.7과 같다.

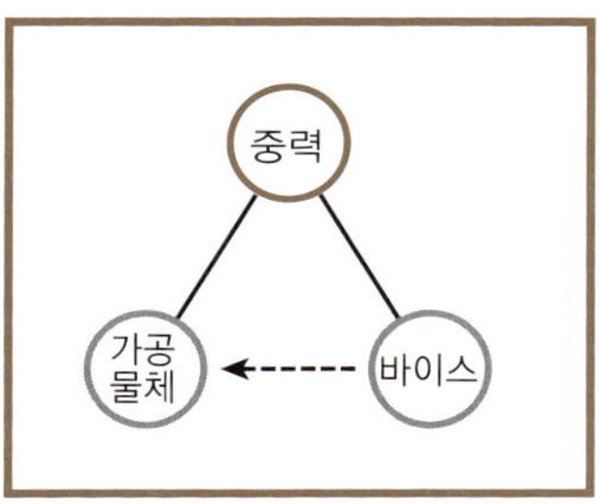

그림 8.6 바이스 문제의 물질-장 모델링

바이스 문제의 물질-장 모델링과 도자기 문제의 물질-장 모델링이 비슷하므로, 해결책의 물질-장 모델링도 비슷하지 않을까? 즉 그림 8.8과 같이 바이스 문제와 해결책을 나타내 보자.

물음표에 해당하는 것은 무엇일까? 도자기를 옮길 때 신문지와 같은 역할을 하는 것으로 무엇이 가능할까? 그림 8.9와 같이 쇠구슬이나 쇠로 된 핀을 배열하여 곡면을 가진 자유 곡선의 물체도 단단히 고정할 수 있게 되었다.

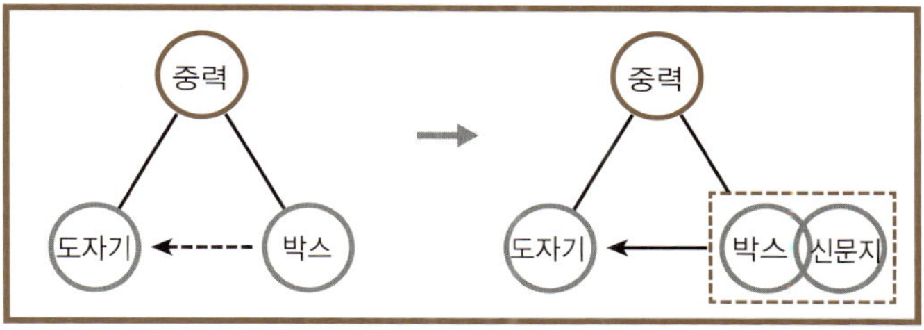

그림 8.7 이삿짐 옮길 때 도자기에 관한 문제와 해결책

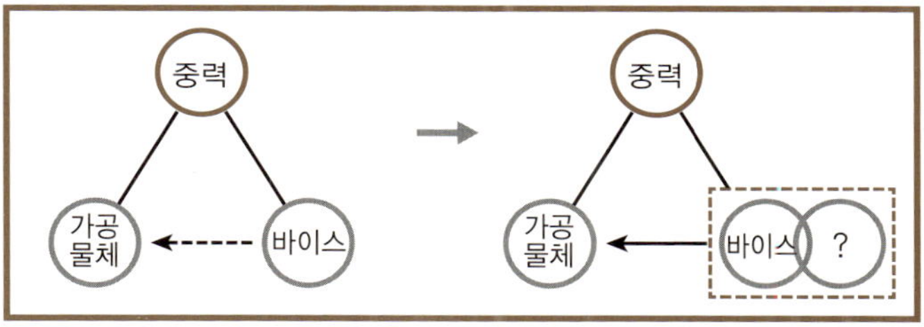

그림 8.8 바이스에 관한 문제와 해결책

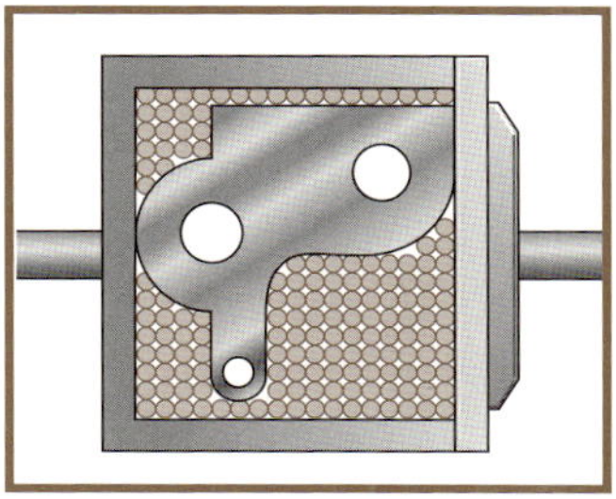

그림 8.9 자유 곡선의 물체도 단단히 고정하는 바이스

76가지의 공통된 그림과 패턴 = 76가지표준해결책

알츠슐러는 문제와 해결책을 그림으로 가장 간단하게 표현하는 방법으로 물질-장 모델링을 생각해내었다. 삼각형의 꼭지점에 2개의 물질과 하나의 장을 놓고, 그 관계를 화살표로 나타낸다는 아이디어는 가장 간단하면서도 효과적인 방법이다. 알츠슐러는 이러한 물질-장 모델링을 200만 건 이상의 특허들에 적용하였다. 모든 특허에는 문제와 해결책이 존재하는데, 그 문제와 해결책을 모두 물질-장 모델링으로 가장 간단하게 표현하여 정리하였다. 200만 건 이상의 특허들을 물질-장 모델링으로 그려 본 결과, 76가지의 공통된 그림과 패턴을 찾아내었다. 그것이 '76가지표준해결책'(76 Standard Solution)이다. 그림과 같은 표준적인 물질-장 모델링이 76가

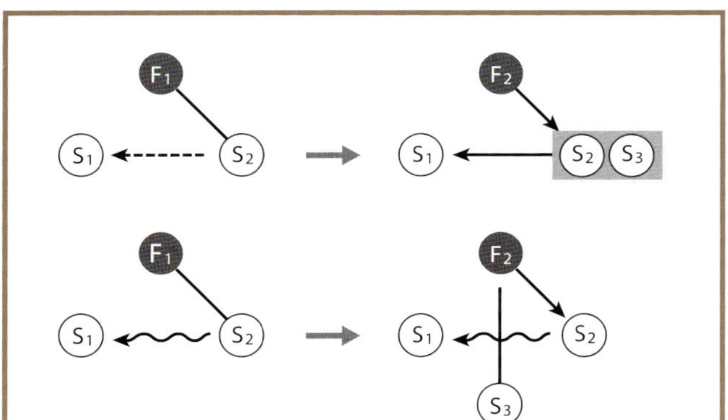

그림 8.10 76가지 표준해결책의 모습

지 존재한다는 것이다.

76가지 전부의 표준해결책은 '생각의 창의성' 책의 4장에 자세히 설명하였으니 자세한 내용을 원한다면 참조하기 바란다.

앰플 주사약을 대량으로 신속히 생산하려면

실제로, 물질-장 모델링을 이용하여 문제를 해결한 사례를 살펴보자. 주사약은 유통과 보관이 중요하다. 인체 내부에 직접적으로 투여되는 약물이기 때문에, 절대로 변질되거나 외부 공기와 접촉되어서는 안 된다. 그래서 의료계에서는 유리용기로 된 앰플을 사용한다. 유리 용기의 윗부분을 밀봉하기 위해서 그림과 같이 윗부분은 유리 용접을 하게 된다.

어느 날 특정 질병이 갑자기 확산되어, 그에 대응하는 백신주사약을 대량으로 신속히 생산해야 하는 상황이 발생하였다. 주사약을 만드는 것은 화학적인 합성 과정이므로 문제가 없었는데, 유리 용기에 담아 밀봉하는 부분에서 문제가 발생했다. 생산량을 늘리기 위해서는 유리 용접을 하는 불꽃의 세기를 강하게 해야 한다. 그렇게 하면 생산량은 늘릴 수 있지만 불꽃의 세기가 강하면 불꽃의

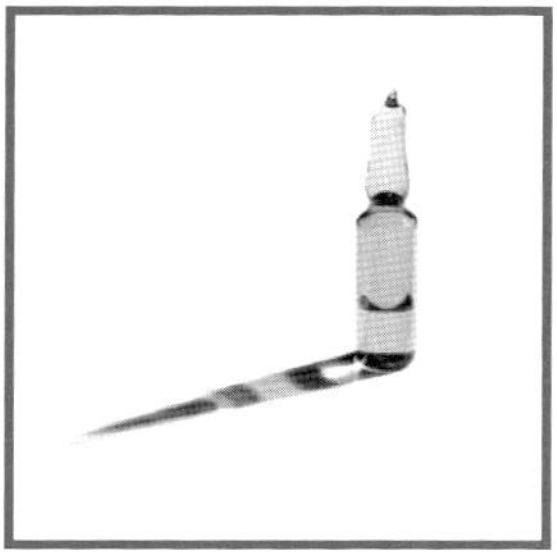

그림 8.11 앰플의 모습

열로 가열된 유리용기가 주사약을 변질시켜버려, 주사약의 품질에 치명적인 문제를 일으킨다. 그래서 불꽃의 세기를 강하게 해야 하지만, 약하게 해야 한다(생산량을 늘리면, 품질이 저하되는 기술적 모순이었는데 결국은 불꽃이 강해야 하고 약해야 한다는 물리적 모순으로 전환된 것).

이 문제를 해결하기 위해 여러 가지 정보를 검색하던 중, 독일에서 새로 개발한 불꽃 용접기계를 찾아내었다. 이 기계는 불꽃의 세기 단계를 15단계로 정밀하게 조절할 수 있어서, 기존의 생산량을 2배로 증가시킬 수 있다고 한다. 하지만 신기술의 장비라 해도 기계의 가격이 너무 비쌌다. 그래서 이 회사는 독일 장비를 구입하기 전에 마지막으로 트리즈 자문을 의뢰하였다.

이 문제를 물질-장 모델로 변환해 보자. 우선 문제가 어떤 물질 사이에서 일어나고 있는가? 불꽃의 영향으로 유리용기가 가열되고, 가열된 유리용기가 주사약을 변질시키는 문제이다. 그래서 장은 불꽃이 되고(굳이 물리학적인 중력장, 전자기장 등이어야 할 필요는 없다. 영향을 잘 설명해주는 단어이면 충분함) 물질1은 주사약, 물질2는 유리용기가 될 것이다.

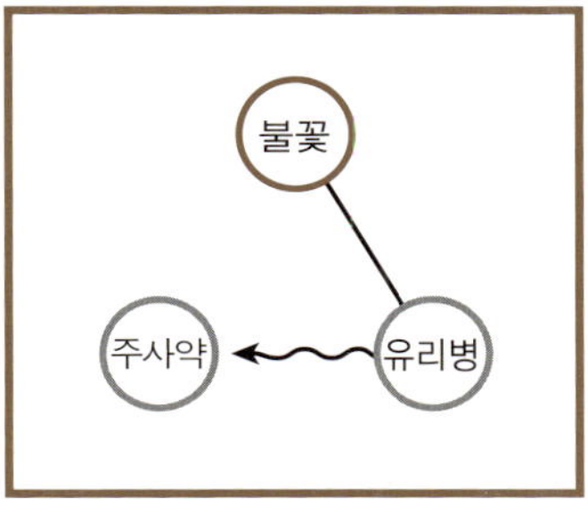

그림 8.12 앰플문제 모델링

이러한 물질-장 모델의 상황에서, 200만 건 이상의 특허들은 어떤 방식으로 문제를 해결하였을까? 이런 질문에 답하기 위해 이와 비슷한 방식의 문제가 그림으로 표현된 76가지표준해결책 중 하나를 찾아 보자. 그림 8.13의 두 번째 사례(표준해결책 1-2-1)가 비슷한 경우이다. 그러면 다음 그림과 같이 고민해보자.

특히 표준해결책에는 어떤 물질을 가져다 사용해야 하는지에 관한 구체적인 설명이 들어 있다. 표준해 1-2-1의 경우 제3의 물질, S3는 우선 내부에서 만들어질 수 있는 물질을 고려하라고 한다. 예를 들어, 불꽃과 유리가 반응하여 만들어질 수 있는 물질을 이용해 유해작용을 차단하는 것을 고려해 보라는 것이다. 혹은 유리병과 주사액이 만나서 만들어질 수 있는 물질을 이용해 볼 수도 있다. 또한 제3의 물질로서 주위에서 쉽게 구할 수 있는, 공기, 물 등을 사용해보라고 권유한다. 이 문제를 표준해를 이용하여 고민했던 사람은 다음과 같은 아이디어로 문제를 해결하였다.

불꽃으로 용접하기 위해서 대기하는 앰플들을 물 속에 놓아두는 것이다. 그래서 불꽃을 최대한으로 강하게 해도, 그 열은 유리용기를 지나서 주사약으로 가지 않고 물로 빠져나가게 되었고, 이로써

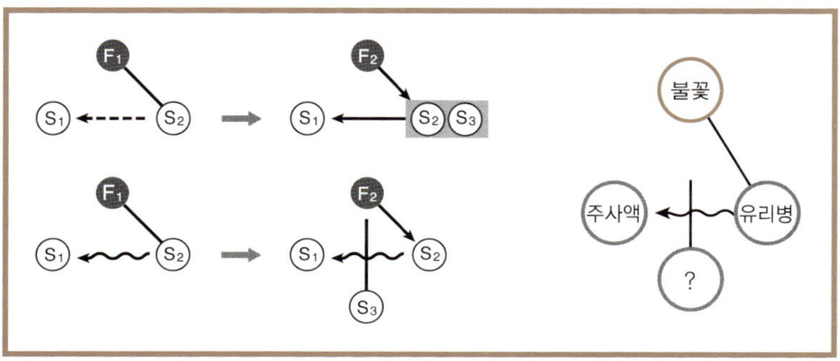

그림 8.13 앰플문제의 해결책에 대한 고민

10원도 들이지 않고 생산량을 5배로 증가시킬 수 있었다. 이상해결책에 도달한 것이다.

표준해결책 76가지 각각의 설명을 위해서는 '생각의 창의성' 4장을 참조하기 바란다.

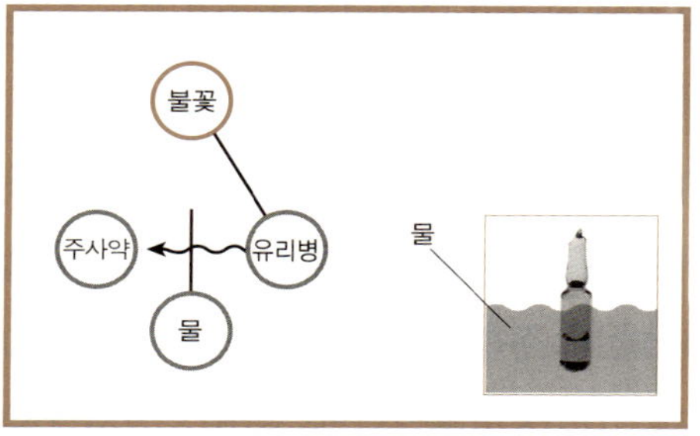

그림 8.14 앰플문제의 해결책

CHAPTER 09

한 번 더 고민해 보자

트리즈(TRIZ)는 창의성에 대한 이론이다. 이 이론이 얼마나 효용이 있고, 정말 '이론'으로까지 불러도 되는 것인지는 지금까지 이 책을 읽어온 독자들이 판단해 주길 바란다. 지금까지 창의성에 대한 트리즈의 설명들을 개략적으로 하였다. 이제 창의성의 본질에 대해서 한 번 더 고민을 해보자.

답(Solution)보다는 개념(Concept)이 중요하다

회사를 다니면서 여러 가지 사내 교육을 들어본 독자라면 아마 아래의 문제를 잘 알고 있을 것이다. 많은 강사들이 퀴즈문제로 제시하는 문제중의 하나이다. 아래 그림은 9개의 점을 네 번만 선을 그어 모두 연결하라는 문제이다. 볼펜이든 연필이든 한 번도 떼지 않고 한 번에, 네 개의 직선으로 모두 연결하라는 것이다. 만일 이 문제를 처음 보는 독자라면, 지금 당장 한 번 시도해 보기 바란다. 생각보다 많은 사람들이 이 문제의 답을 알고 있을 것이다. 하지만 그 답을 알기 전에는 대부분 아래와 같이 시도하지 않았을까?

이 문제를 처음 접하는 대부분의 사람들이 그림 9.2와 같은 시도를 하는 것은 아주 당연하고 일반적이다. 현재 이 세상을 살아가는 사람으로서 가지는 일반적인 사고방식의 결과인 것이다. 정답은 다음 그림 9.3과 같다.

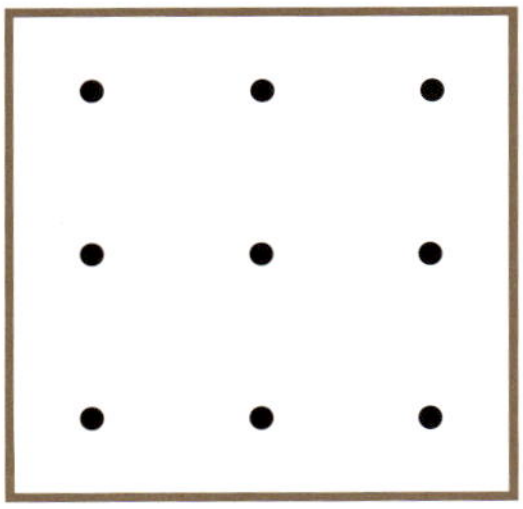

그림 9.1 점 9개를 4개의 선으로 연결하라

그림처럼 그리게 되면 4개의 선만으로 모두 연결할 수 있다.
중요한 것은 이런 구체적인 방법이 아니라 개념이다. 그림 9.3의 방법을 알고 있다고 해서 여기에 만족해서는 안 된다. 이 문제는 대부분의 사람들이 쉽게 풀지 못하기 때문에 퀴즈문제로도 많이 등장했었다. 왜 사람들은 이 문제를 쉽게 풀지 못한 것일까? 어떤 종류의 생각의 틀을 가지고 있었기 때문일까? 대부분의 사람들은 자신도 모르게 네모의 영역을 벗어나지 않으려는 습관을 가지고 있기 때문이다. 이러한 생각의 틀을 이겨내면 그림 9.3의 답을 쉽게 알 수 있게 된다.
그림 9.3과 같은 단순한 해결책이 중요한 것이 아니라, 개념이 중요하다. 네모의 영역을 벗어난다는 개념을 알게 되면 선 1개만으로도 9개의 점을 모두 연결할 수 있다. 어떻게 하면 될까?

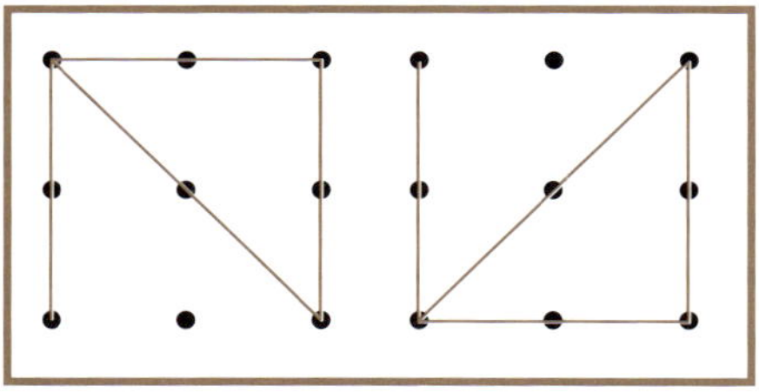

그림 9.2 대부분의 사람들이 시도하는 방법

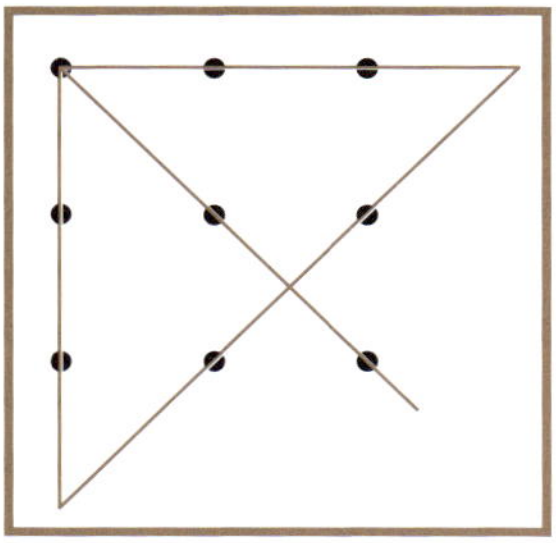

그림 9.3 점 9개를 4개의 선으로 연결하는 방법

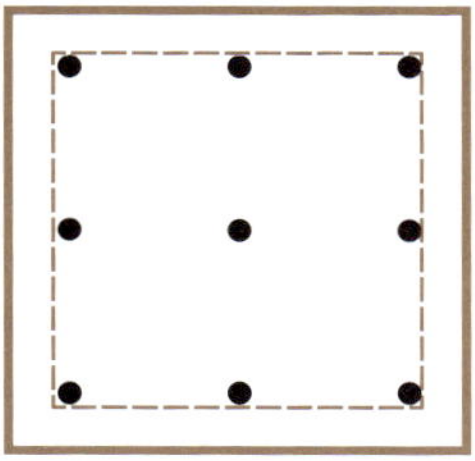

그림 9.4 영역을 벗어나지 않으려는 생각의 틀

그래도 풀리지 않는 문제

앞에서 설명한 문제는 생각보다 많은 사람들이 이미 경험해본 퀴즈 문제일 것이다. '생각의 틀'이란 말에 약간의 의심이 있다면 다음 문제를 풀어보기 바란다.

그림 9.5와 같이 W자가 있다. 이 W를 직선 3개만 사용해서 삼각형 9개로 만들어 보자. 지금 당장 책에 필기도구를 사용해서 그려보기 바란다. 정답을 보기 전에, 일단 책에다 직접 그려보기를 권한다.

9개를 만드는 것이 쉽지 않을 것이다. 대부분의 사람들은 그림 9.6과 같이 시도한다. 대부분의 경우, 왼쪽 모서리 부분에서 선을 그어가기 시작한다. 이미 생각의 틀이라는 함정에 빠져 있는 것이다. 이렇게 모서리에서부터 선을 긋고 나서 9개의 삼각형을 만들었다는 사람은 4각형을 3각형으로 착각한 것이니, 한 번 더 자세히 3각형의 개수를 세어보기 바란다.

그림 9.5 직선 3개를 사용하여 삼각형 9개 만들기

더욱 재미있는 것은 자신도 모르게 왼쪽 모서리에서 시작한 처음의 직선을 W의 오른쪽 옆구리 부분으로 긋는다는 것이다. 차마 W자의 아래쪽에 있는 오른쪽 꼭지점 부분으로 긋지는 못한다. 의심이 많아서일까? 그런 다음 두 번째 직선은 자신도 모르게, 습관적으로 처음의 직선과 대칭으로 그리게 된다. 40가지 발명원리의 4번 원리와 같이 그렇게 대칭의 직선을 긋고 싶은 것이 사람의 마음이다. 그런 다음, 많은 경우 3번째 직선을 그림 9.6과 같이 이미 그은 2개의 직선과 서로 만나게 그려본다. 왜냐하면 그렇게 해서 9개가 안 나오면, 그림 9.7과 같이 수정해 볼 생각이기 때문이다.
일단 그림 9.6의 첫 번째 그림처럼 W자의 모서리에서 시작하면 생각의 틀에 빠진 것이고 9개의 삼각형을 얻지 못하게 된다. 앞에서

그림 9.6 일반적으로 시도하는 방법

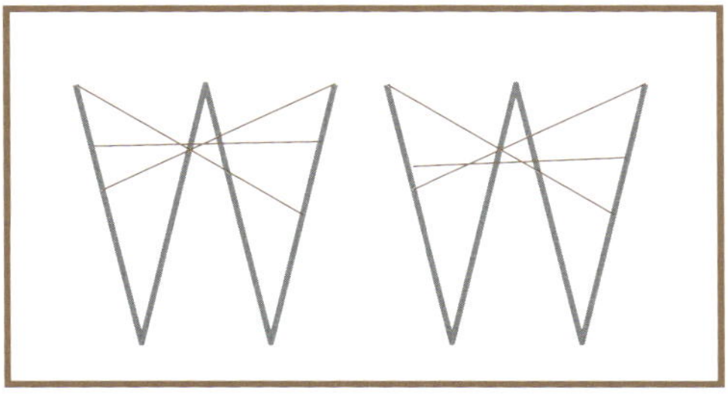

그림 9.7 삼각형 9개를 만드는 것이 쉽지는 않다

살펴본 9개의 점을 4개의 직선으로 연결하라는 문제를 이미 알고 있었던 독자라도, 이 문제에서는 또 다시 쉽게 풀리지 않는 것을 느끼게 될 것이다. 정답은 그림 9.8과 같다. 왼쪽 모서리에서 시작하지 말아야 한다. 그런 생각의 틀을 깨면 된다.

'네모의 영역을 벗어나지 않는 것'과 마찬가지로 'W자의 모서리에서 시작하는 것'은 누구나가 가지고 있는 생각의 틀이었던 것이다.

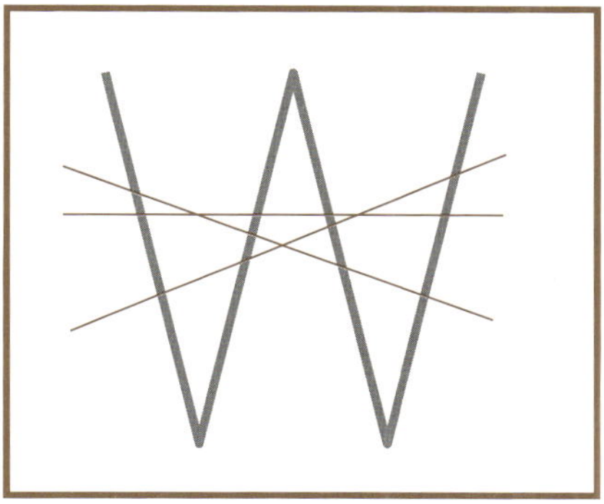

그림 9.8 생각을 틀을 깨면 9개의 삼각형이 그려진다

정답이 이런 곳에 있을 줄이야

또 하나의 문제를 풀어 보자. 강의나 교육 등에서 참석자들이 지루해하거나, 무언가 분위기를 새롭게 만들기 위하여 강사가 자주 사용하는 문제들 중의 하나이다. 이런 퀴즈를 제시하고 그 답을 알려주면, 많은 사람들은 환한 미소를 지으면서 다시 한 번 강의에 집중하게 된다. 자기가 미처 생각하지 못했던 생각의 틀을 확인하였기 때문이다. 그런 것을 좋아하는 것을 보면, 모든 사람들이 창의성을 좋아한다고 생각해도 되지 않을까?

그림 9.9와 같이 1층에 사는 사람과 2층에 사는 사람이 추운 겨울 아침 7시 정각에 동시에 '야호'하고 외쳤다. 그러자 2층에 사는 사람이 '어! 누가 밑에서 야호하고 있네'라고 알게 되었고 1층에 사는 사람도 누군가가 위에서 야호하고 있는 것을 알게 되었다. 누가 먼저 알게 되었을까? 1층 사람이 2층에서 누군가 야호하고 있다는

그림 9.9 1층 사람과 2층 사람문제

사실을 먼저 알았을까, 아니면 2층 사람이 누군가 1층에서 야호하고 있다는 것을 먼저 알게 되었을까? 한 번 고민해 보기 바란다.

"생각해보기"

혹시 아래의 그림 9.10과 같이 고민하지 않았는가?

일반적이고 모범적이며, 상식적인 사고를 가졌다면 그림과 같은 고민을 먼저 해 보게 된다. 해결책은 여기에 있지 않았다. 트리즈를 이용하여 많은 문제들을 자문하다 보면 한결같이 실무자가 이야기하거나 생각하는 것이 있다. 바로 "여기에는 문제가 없습니다. 왜 자꾸 물어보시는 겁니까?"이다. 하지만 거기에 해결책이 없다고 생각한 것 자체가 생각의 틀인 경우도 많았다. 1층 사람과 2층 사람의 문제에 대한 답은 그림 9.11에 나타나 있다.

1층 사람의 입부터 2층 사람의 귀까지의 거리보다는, 2층 사람의 입으로부터 1층 사람의 귀까지의 거리가 더 짧다. 그래서 1층 사람

그림 9.10 일반적인 생각의 방향

이 먼저 듣게 된다.

뭔가에 속았다는 느낌이 들기도 하고, 심지어 괘씸하기까지 할 수 있지만, 곰곰이 생각해보면 해결책은 여기에 있었던 것이다.

그림 9.11 1층 사람이 먼저 듣게 된다

TRIZ 전문가도 생각의 틀에 빠지다

생각의 틀을 깬다는 것은 누구에게나 쉬운 일이 아니다. 그렇다고 아주 불가능한 어려운 일은 아니지만 깨고 나면 그렇게 유쾌할 수가 없다. 문제를 풀고 나서는 너무나 기분이 좋아지게 되는 것이 창의성인가 보다.

결혼 후, 아직 아기가 없을 때의 이야기이다. 아내가 처녀 때부터 가졌던 소원 하나가 귀여운 강아지 한 마리 키워보는 것이었다. 그래서 키워보자고 했더니, 서울 충무로 애견 거리에서 무려 50만원이나 주고 주먹만한 밤톨을 하나 사왔다. 이왕 산 것을 어쩌랴 싶어서 집으로 데리고 와서는, 신문지를 말아 신고식을 해줬다. 신문지를 둘둘 말아서 만든 막대기로 방바닥을 세 번 치면서 말했다. "너 방바닥에 오줌 싸면 안 된다" 그리고는 마련해준 자기 집에 데려다 놓았다. 그런데 강아지는 곧 설사를 하기 시작했고, 멈추지를 않아 집 앞 동물병원에 데리고 갔다. 의사는 강아지의 증상이 장염바이러스로 갓 태어난 강아지에게 잘 일어나는 병인데 치사율이 높다고 했다. 사기를 당했나 싶기도 했지만, 어쩔 수 없다 싶어 속상했다.

다음날 아침 일찍 일어나 베란다 창문을 여는데, 그 조그마한 밤톨이 뒤뚱거리며 내 발치에 다가오더니, 내 발에 앞발을 모으고는 세 번 뛰었다. 그리고는 기운이 빠졌나 보다. 장염바이러스로 계속 설사를 하고 있어 탈수현상이 왔을 것인데, 정말 기운이 없었는지 세 번 뛰고는 그대로 자기 집으로 들어가 웅크리고서 눈감고 자려고 했다. 나는 그 때, 너무나 큰 감동을 받았다. 마음과 마음이 통하는 그런 감동! 그래서 그 때부터 우리 강아지를 위해 극진히 간호를 했다. 백열등 스탠드를 가져와서 따뜻이 해주고, 솜을 물에 적셔서 입에다 가져다 주었다. 게다가 설사를 하면, 그 많은 엉덩이 털 사이로 직접 세면대에서 다 씻겨주었다. 죽을 힘을 다해서, 마지막 죽는 순간까지, 처음 본 나를 위해 세 번 뛰어준 강아지에게 돈 들어가는 것 말고는 뭐든지 해야겠다는 생각을 했다. 그 덕분인지 강아지는 2주 후에 나았다. 나중에 생각해보니 그 강아지는 장염바이러스(파보 바이러스)에 걸린 것이 아니라, 내가 신문지로 방바닥을 내려치면서 호통한 것 때문에 스트레스를 받아서 그랬던 것이 아닌가 추측된다. 이후에 아내와 나는 '큐티'라고 이름 짓고, 건강하게 키웠다.

그러던 어느 날, 공원에서 놀다가 귀엽다고 와락 다가오는 아이들을 피

그림 9.12 다리가 부러졌던 강아지

해 벤치에서 급하게 뛰어내리던 강아지의 앞다리가 부러지고 말았다. 급히 동물병원에 데리고 갔더니, 수술을 받아야 된다고 했다. 30만원을 달라기에 그냥 만원 주고 깁스만 하고 왔다. 그런데 다리가 부러져 깁스를 하고부터 강아지가 사료를 먹지 않았다. 그러면서도 1500원짜리 소고기 캔은 잘 먹었다.

어떻게 강아지에게 1500원짜리 식사를 줄 수 있단 말인가? 아프리카의 굶주리는 사람들을 생각하면 그건 죄악이라고 생각되었다. 아무리 다리가 부러져 아프다고는 해도 어떻게 쇠고기만 먹겠다고 저런단 말인가? 그래서 억지로 사료를 먹이려고 했다(8000원짜리 사료 하나면 보름 이상은 먹일 수 있다). 먹지 않으려고 하면 입에다가 사료를 쑤셔 넣기까지 했는데, 끝까지 안 먹었다. 그래서 "네가 지금 아프다고 유세하느냐, 아무리 아파도 우린 너에게 쇠고기 못 준다"고 하며 강아지의 허벅지를 신문지로 때렸다. 그렇게 3일을 버텼는데도 끝까지, 사료는 안 먹었다.

귀여운 강아지가 다리 부러져서는 3일 동안 물만 먹었으니 나도 마음이 아팠다. 갑자기 '아차'하고 생각이 났다. 혹시나 하는 마음에서 사료를 물에 불려 주었다. 그러자 강아지가 사료를 3접시나 먹었다. 예상은 이랬다. 딱딱한 사료를 이빨로 깨는 순간, 그 충격이 앞다리의 금간 뼈에까지 전달되어서 너무나 아팠던 것이다. 그래서 통조림으로 된 쇠고기는 잘 먹었나보다.

죽을 정도로 기운이 빠진 상태에서도 한 번 본 주인에게 세 번 뛰어오르고는 자기 집에서 실신하는 강아지인데, 어떻게 아프다고 유세를 떨겠는가? 강아지는 강아지일 뿐인데, 내가 생각의 틀에 빠져서는 순진한 강아지만 3일 동안 굶겼으니……나중에 아기가 생겨 강아지는 어느 할아버지, 할머니 댁으로 보냈다. 보낸 다음날, 전화가 왔다. "강아지가 생수를 먹어요, 보리차 물을 먹어요?" "아, 예, 저흰 수돗물 먹였습니다" 돈 받고 보내진 않았지만, 정성스럽게 돌봐주시니 오히려 고마웠다. 언제나 그 집 할아버지 침대 위에서 할아버지의 팔베개를 베고 잔다는 강아지. 큐티를 좋은 집에 참 잘 보냈다고 생각하고 있다.

삼성전자는 이렇게 특허관련 문제를 해결했다

강아지에게 사료먹이던 문제와 1층 사람 2층 사람의 문제가 그렇게 단순한 것은 아니다. 그보다 더 단순한 경우로, 삼성전자의 특허관련 문제를 해결한 사례가 있다.

2000년 하반기에 삼성전자는 일본에 저가형 세탁기를 수출하였다. 일본 각지의 판매점에 세탁기가 배달되고, 판매되기 일주일 전, 일본 전자회사로부터 팩스가 도착했다. 자기 회사의 특허를 무단으로 사용했으니 10억의 특허료를 지불하라는 내용이었다.

일반적으로 세탁기에 첨부되는 섬유유연제는 헹굼과정에 넣게 된다. 대개 세 번의 헹굼과정을 거치는데 두 번째 헹굼과정을 마치고 세 번째 헹굼과정 전에 섬유유연제가 투입된다. 그래서 그림 9.13과 같은 구조를 가진 섬유유연제 투입구가 마련되어 있다.

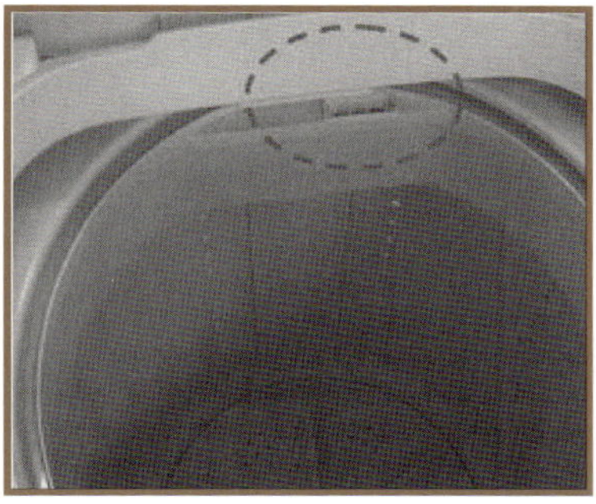

그림 9.13 특허침해로 문제가 된 세탁기의 섬유유연제 투입구

일반적인 가장 간단한 시스템이라면, 타이머가 달리고, 솔레노이드밸브(자석으로 여닫히는 구조)와 같은 스위치를 이용하여 정해진 시간에 문이 열리면 섬유유연제가 정확한 시간에 세탁조에 투입될 것이다. 하지만 그러자면 타이머, 솔레노이드밸브 등의 여러 가지 부품이 필요하다.

반면 일본의 특허는 이상해결책에 가까웠다. 그림 9.14와 같이 처음의 1번 방에 투입된 섬유유연제는 첫 번째 헹굼의 탈수과정에서 세탁조가 어느 정도의 회전속도로 회전하면, 그 때 발생하는 원심력으로 자그마한 벽을 넘어서서 2번 방으로 옮겨지게 된다. 2번 방과 3번 방은 높이 차이가 있어 세탁조가 멈추면 저절로 3번 방으로 이동하게 된다. 다시 두 번째 헹굼의 탈수과정에서 섬유유연제는 자그마한 벽을 넘어서서 4번 방으로 옮겨지게 되고, 세탁조가 멈추면 섬유유연제가 세탁조에 투입된다. 어떠한 타이머도 필요 없고, 전기로 작동하는 스위치도, 문도 필요 없이 모든 것이 저절로 작동되는 이상해결책인 것이다. 세탁기의 원심력이라는 가장 쉽게 얻을 수 있는 자원을 활용한 사례이다.

그림 9.14 섬유유연제 투입과 관련한 일본업체의 이상해결책

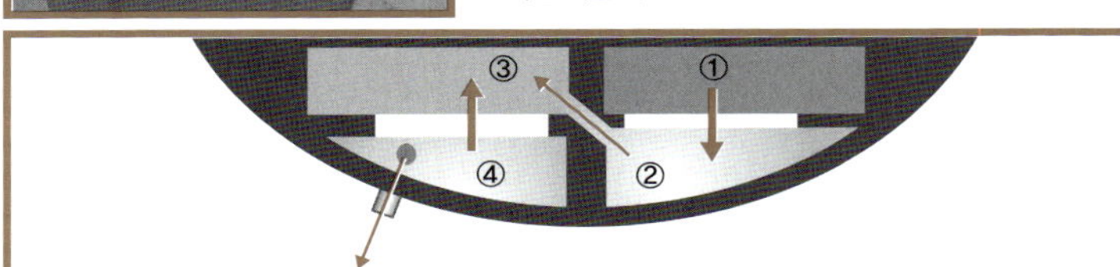

그런데 이것을 특허로 등록한 일본 업체가 삼성전자에게 특허침해소송을 알려왔다. 일본 전국의 판매점에 이미 세탁기가 배달된 상태에서 소송을 제기한 것은 특허료를 받아내기 위해 준비하고 있었던 것이 틀림없다. 이 때, 트리즈를 적용하여 3일만에 문제를 해결하였다. 모순을 도출하기도 하고, 이상해결책을 고민도 하고, 다른 사용 가능한 자원도 찾아보았지만, 아이디어 전개가 만족할 만한 수준이 못 되었다. 이렇게 뭔가가 논리적으로 진행되지 않을 때는 우선 40가지 발명원리를 적용해보는 것이 순서이다. 그래서 17번 원리 차원변화를 통하여 그림 9.15와 같은 아이디어를 제시하고, 변리사 의견을 통하여 특허 회피에 성공하였다. 간단한 아이디어가 10억을 절감시킨 것이다. 이후 일본 전자회사와 협의하여 서로간의 특허 라이센스 협상을 통해 별도의 비용 지출 없이 무사히 세탁기를 판매할 수 있었다.

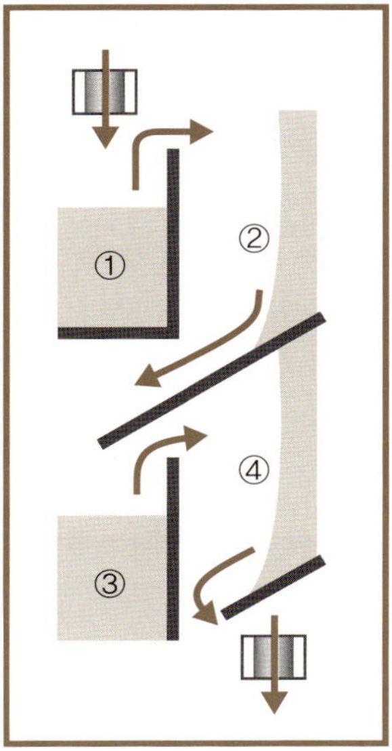

그림 9.15 원심력을 이용한 개념을 구현하는 방법은 다양하다

창의성과 생각의 틀

2장에서 설명하였던 광픽업의 사례를 살펴보면, 너무나 허무할 정도의 간단한 아이디어이다. 점 9개를 4개의 선으로 연결하기, W자에 직선 3개로 삼각형 9개 만들기, 1층 사람 2층 사람 문제, 강아지에게 사료먹이기 문제 등과 비교할 때, 아이디어의 난이도로 따진다면 큰 차이가 없다. 광경로를 일치 시킬 필요 없이, 서로 다른 광경로에 대하여 검출기를 하나 더 설치한 것뿐이다. 초등학생도 금새 이해할 수 있는 그런 아이디어이다.

하지만 그런 아이디어로 매년 수백억을 절감할 수 있었다. 창의성이란 이렇게 미처 생각하지 못한 것을 생각하는 것이다. 결코 지식이 부족해서도 아니고, 열정이 부족해서도 아니며, 노력이 부족해서도 아니다. 창의성이란 비록 간단한 것이지만, 생각의 틀로 인해서 생각하지 못하던 것을 생각하는 것이다.

생각의 틀에는 여러 가지가 있다.

'해도 안 된다', '불가능하다'라는 생각의 틀이 있을 때는 '불가능'이란 단어를 '모순'이란 단어로 바꾸어서 적극적이고 체계적으로 접근해 보아야 한다. 특히 분리의 원리를 활용해보자.

현대를 살아가는 사람으로서 누구나가 가지고 있는 생각의 틀이 있다. 그러한 생각의 틀을 깨뜨리기 위해서는 40가지 발명원리를 하나씩 적용해 보아야 한다.

반드시 대단하고 복잡한 무언가가 꼭 필요한 것은 아니다. 그것도 생각의 틀이다. 맥가이버처럼, 언제나 주위의 풍부한 무엇인가를(자원을) 잘 활용해보자. 그러면 이상해결책이 도출될 가능성이 높아진다. 좀 더 체계적으로 주위의 자원을 활용하고 싶으면 물질-장 모델링을 통하여 76가지 표준해결책을 적용해 볼 수 있다.

예술가와 개그맨의 창의성

예술분야에는 창의적인 거장들이 많다. 예술 분야의 창의성이란 어떤 것일까? 기술분야의 창의성과 다른 것일까?

고흐가 처음부터 해바라기를 저렇게 그렸을까? 아니다. 고흐는 우선 당시에 존재하던 모든 화풍을 열심히 배웠다. 그 때까지 존재하는 다양한 그림들을 배우고 나서, 자기만의 새로운 화풍을 개발한 것이다. 자기만의 새로운 화풍이란 무엇일까?

이제까지 일반 사람들이 미처 생각하지 못했던 점을 파악하여 그것을 미의 세계로 끌어들인 것이다. 생각의 틀을 깨고 나서, 그것을 다시 일반인들이 인식할 수 있는 미의 수준으로 가지고 온 것이다. 그래서 미술의 영역이 확대되고, 그렇게 예술가는 창의성을 발휘한다. 훌륭한 예술가는 기존의 방법을 숙달하는 것을 넘어, 이제까지 다른 사람들이 미처 발견하지 못한 아름다움의 가능성을

그림 9.16 예술가의 창의성

찾아, 그것을 갈고 닦아서 미의 세계로 편입시키는 사람들이다.

개그맨도 창의성이 필요한 사람이다. 개그맨들의 창의성이란 무엇일까? TV프로의 개그 방송을 보고 있으면 하나의 공통점이 있다. 개그맨이 어떤 우스운 행동과 대사를 한 후, 그것을 보고 웃기까지는 2~3초의 시간이 필요하다는 것이다. 즉, 처음 그 행동이나 대사를 보았을 때는 우리들 생각의 틀이 깨진다. 그래서 고민하게 된다. '저게 무슨 뜻이지?'라고. 얼마 지나지 않아 그 행동과 대사가 우리들 생각의 틀 안으로 들어와서 이해되면, 우리는 웃게 되고, 그렇게 생각의 틀이 확장된다. 그리고는 다음 번에 그와 같은 행동과 대사가 일종의 유행어가 되고 나면, 곧바로 웃게 된다. 즉 우리

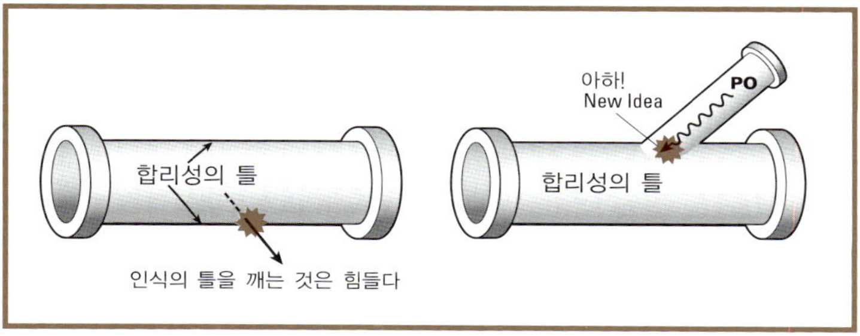

그림 9.17 생각의 틀을 벗어난 것을 도입하여 생각의 틀을 확장

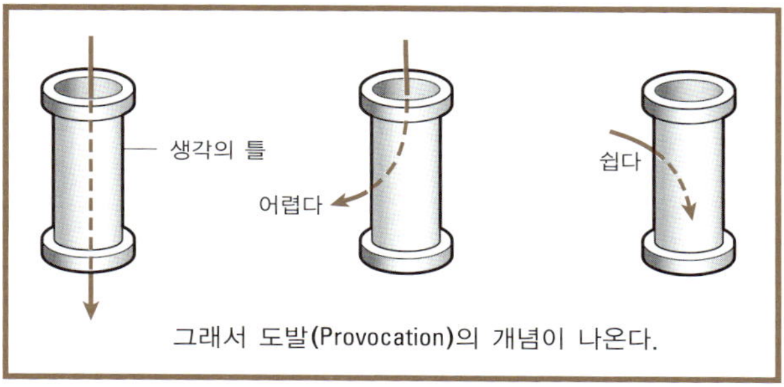

그림 9.18 생각의 틀을 깨는 것이 가장 어렵다

들 생각의 틀이 확장된 것이다.

이러한 창의성을 개발하는 데 있어 가장 어려운 점은 생각의 틀을 벗어나는 것이다. 일단 벗어난 생각을 생각의 틀로 편입시켜서 생각의 틀을 확장시키는 것은 자동적인 사고과정이다. 창의성에 있어서 생각의 틀을 벗어나는 것이 가장 어렵다. 그래서 개그맨들은 치열하게 고민하고 있다.

뉴튼과 라이프니치의 미적분

다음 그림의 적분 공식은 고등학교를 마친 사람이라면 누구나 알고 있는 공식이다. 수학이란 학문 분야에서 'Fundamental Theorem'이라는 명칭을 가지는 공식은 몇 되지 않는데, 그 중의 하나가 아래의 공식이다. 정식명칭은 'Fundamental Theorem of Calculus'이다.

이러한 미적분을 만든 사람은 뉴튼과 라이프니치이다. 얼마나 창의성이 탁월했기에 이런 대단한 것을 만들었을까? 사실 알고 보면 이것 또한 미처 생각해보지 못한 것을 생각한 것일 뿐이다.

우선 질문해 보자. 그림에 보이는 적분 공식에 대해서 '왜?'라는 질문을 던져 보았는가? 왜 왼쪽의 부분이 오른쪽 부분과 같다는 말인가? 왼쪽 부분은 수학에서 구분구적법이란 표현으로 정의해 놓았다. 쉽게 말해서 그림 9.20과 같이 f(x)의 면적을 왼쪽의 수식으로 정의해 놓은 것이다.

$$\int_a^b f(x)dx = [F(x)]_a^b$$

그림 9.19 적분 공식

왜 이러한 f(x) 면적의 개념이 그림 9.19 적분공식의 오른쪽과 같이 F(x) 값으로 결정된다는 말인가? (F(x)를 미분한 것이 f(x)이다) 고등학교 2학년 때는 우선 f(x)의 면적을 그림 9.20과 같이 구분구적법으로 계산했다. 그리고는 그 값이 산술적인 계산에 의한 F(b)-F(a) 값과 같다는 것을 배운 다음부터는 적분 기호가 나타나면 무조건 F(b)-F(a)로 계산하게 되었다. 그렇지 않은가?

그림 9.19의 공식과 같이 f(x)의 면적이 왜 F(x)의 양 끝 값과의 차이와 같단 말인가? 이런 질문을 가져 보았는가?

라이프니치와 뉴튼은 그림 9.20과 같이 인테그랄f(x) a, b의 값을 약속(정의)한 다음, 그 값을 구하기 위해 노력하였다. 그러던 어느 날, 다음과 같은 생각을 하였다.

"만일, f(x)가 그 어떤 것의 변화율이라면?"

"계속 덧셈하고자 하는 것이 어떤 것의 변화율이라면?"

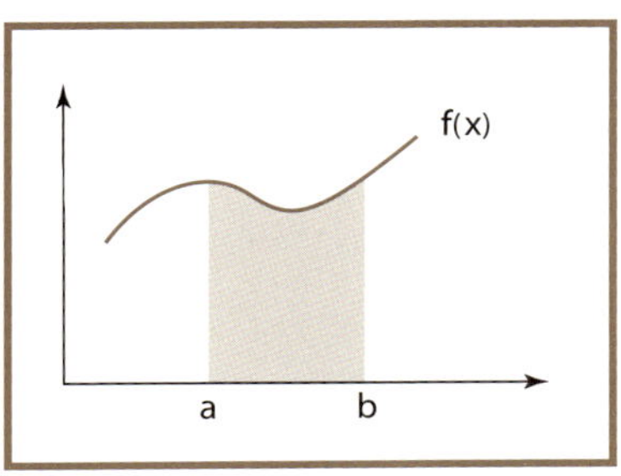

그림 9.20 인테그랄f(x) a,b의 의미

바로 이 대목에서 위대한 미적분학이 탄생한 것이다. 만일 f(x)가 그 어떤 것, 즉 F(x)의 변화율이라면, 인테그랄f(x) a, b란 것은 그 변화율을 전부 더했다는 것이다.

예를 들어보자. 은행에서 1월 1일 자본금 1억으로 영업을 시작하였다. 1월 1일은 고객들이 돈을 저축하여 천 만원이 은행 금고에 입금되었다. 그래서 1월 1일 오후에 정산을 하였더니 은행 금고에는 총 1억 1천 만원이 남아 있었다. 1월 2일에는 고객들이 돈을 인출하여 3천 만원이 나갔다. 그렇게 1년 동안 영업한 후, 12월 31일 오후에 정산을 하니, 그 날은 2천 만원의 금액이 입금되었고 은행 금고에는 총 3억 원이 남아 있었다. 즉 1월 1일에는 +1000, 1월 2일은 -3000, …. 12월 31일에는 +2000이 되었고 12월 마지막 날 은행 잔고는 3억 원이었다.

1월 1일부터 매일 매일 들어오고 나간 돈을 전부 합친다면, 그것은 무엇과 같아져야 할까? 그 금액은 12월 31일에 남아있는 은행의 잔고와 1월 1일 영업을 시작하기 전에 금고에 있던 잔고의 차이인 2억원과 같아야 한다는 것은 상식이지 않은가?

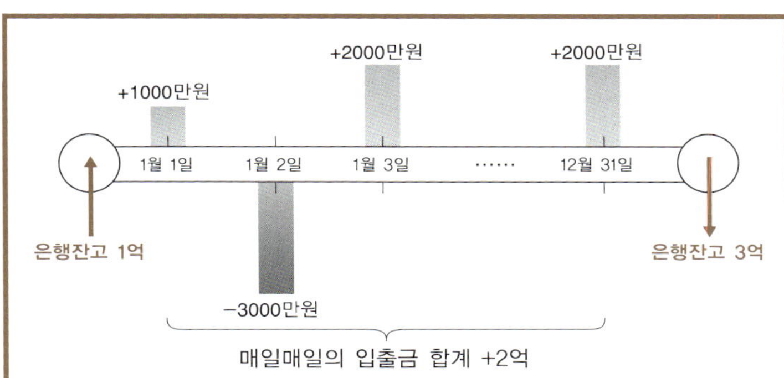

그림 9.21 은행의 매일 매일 입출금액을 합하면 무엇과 같은가?

마찬가지로 인테그랄 f(x) a, b는 f(x)를 a부터 b까지 더하라는 정의인데, 만일 f(x)가 F(x)의 변화율이라면, F(x)의 양 끝 값의 차이와 같아야 하는 것이다.

이러한 점을 이해하면, 미분과 적분이 가능하기 위해서 연속이어야 한다는 조건들이 저절로 이해될 것이다. 하지만 교과서에서는 적분과 미분이 가능하기 위한 조건들을 먼저 주입식으로 알려준 후, 시험 문제로 출제하고 있는 것은 아닌가?

공과대학에서 1학년 2학기에 배우는 미분기하학(Vector Calculus)은 이러한 공식을 2차원, 3차원으로 확장한 것뿐이다. 어느 면적 내에서의 무언가를 전부 합한 것은, 만일 내부가 자연스럽게 연속적인 양이라면(미적분의 조건, 대부분의 자연과 기계시스템이 이에 해당된다), 그 테두리(boundary)에서의 값으로부터 알 수 있다(매일 매일의 은행 입출금을 전부 합한 것은 업무개시일과 종료일의 은행 잔고로부터 알 수 있다는 것과 같다). 이것이 Stoke Theorem이다. 어떤 3차원의 부피 안에서 무언가를 전부 합한 것은 그 표면적의 값에서부터 알 수 있다. 이것이 Green Theorem이다. 이것을 이해한다면, 미분기하학은 단순한 곱셈, 나눗셈, 즉 산수에 지나지 않는다. 이런 근본적인 이유를 모르면 미분기하학은 그렇게도 어렵고 대단하게 보일 수밖에 없다.

실험계획법과 창의성

어떤 것을 설계하고, 개발하는 과정에서 가장 중요한 것 중의 하나가 최적의 설계 값을 찾아내는 것이다. 붕어빵을 만든다고 가정하면, 밀가루의 양은 얼마가 좋고, 팥의 양은 얼마일 때 가장 고소하고, 가스불의 세기가 어떻게 되며, 그 세기가 시간에 따라 어떻게 조절되어야 가장 맛있는 붕어빵이 나오느냐를 결정짓는 것이 최적화이다.

이러한 최적화의 일반적인 방법은 시행착오이다. 만일 서울 종로의 대한극장 앞에서 파는 유명한 붕어빵이 있다면, 20년~30년의 경험을 가진 사람이 피나는 노력의 시행착오를 거쳐서 만들어 낸 최적의 제조 기법일 것이다. 그래서 아무에게나 전수해 주지 않을 것이다.

하지만 이러한 최적화를 시행착오도 거치지 않고, 가장 빠른 시간에 체계적으로, 빈틈없이 찾아내는 방법이 실험계획법이다. 실험계획법은 처음 미분과 적분을 배우는 고등학생의 느낌과 같이 아주 어렵게 느껴지고 신기하기까지 하다. 각종 통계적, 수학적 공식이 활개를 치고 있기 때문이다. 그래서인지 아직도 많은 대학의 연구자들이나 기업의 연구, 개발자들은 실험계획법을 사용하고 있지 않다.

실험계획법이 처음에는 아주 어려워 보이지만, 뉴튼과 라이프니치의 미적분과 같이 아주 간단한 발상에서부터 시작된 것뿐이다. 미처 생각해보지 못한 점을 먼저 생각해낸 것뿐이다. 즉 창의적인 요소가 있는 것이다. 뉴튼과 라이프니치가 '지금 더하려고 하는 것이 만일 그 어떤 것의 변화율이라면?'이란 발상의 전환을 통해서 미적분을 만들어 낸 것과 같이, '3인자 이상의 교호작용은 없다고 가정하는데, 왜 이런 값이 나오게 되는 것일까? 만일 3인자 이상의 교호작용 계산 값이 실험의 오차라고 생각한다면?'이라는 발상의 전환을 통해 실험계획법이 완성된 것이다. 미처 생각해보지 못한 것을 남보다 먼저 생각해낸 것일 뿐이다. 그 생각이란 결코 어렵거나 지적 수준이 높은 것이 절대 아니었다. 뉴튼과 라이프니치의 경우와 같이 초등학생도 알 수 있는 은행의 입출금과 같은 그런 간단한 수준의 아이디어지만, 남들은 미처 생각해보지 못한 것을 먼저 생각해 냈을 뿐이다.

대한민국의 기술자, 개발자, 연구원이라면 반드시 실험계획법의 원리를 이해했으면 한다. 누군가가 실험계획법과 TRIZ 둘 중에 하나를 선택하라면 본인은 기꺼이 실험계획법을 택할 것이다. 왜냐하면 TRIZ 없이도 아이디어는 반드시 나오기 때문이다. 사람이 지극정성을 다하면, 시간이 걸릴지라도 모든 문제는 해결되기 마련이다. 다만, 남보다 빨리 체계적이고 효율적으로 아이디어를 찾아내기 위해서 TRIZ를 적용할 뿐이다. 그것이 회사의 경쟁력이다. 하지만 실험계획법이 없으면, 결코 최적화를 달성할 수 없다. 인간이 아무리 최선을 다해도 불가능하다. 실험계획법을 적용해야만 최적화가 가능하다. 왜냐하면 인간은 인간이기 때문이다. 그래서 나는 실험계획법과 TRIZ 둘 중의 하나를 선택하라면, 실험계획법을 선택할 것이다.
그러나 사실 실험계획법과 TRIZ를 둘 다 선택하는 것이 가장 현명하다.

그림 9.22 호도과자 만드는 기계, 붕어빵 제조와 같은 원리

트리즈로 경쟁력을 높이자

창의성이란 미처 생각해보지 못한 것을 남보다 먼저 생각하는 것이다. 생각의 틀을 깨는 것이다. 트리즈란 미처 생각해보지 못한 것을 체계적이고 효율적으로 짚어주는 방법론이다. 이 방법은 생각의 틀을 뛰어넘게 도와준다. 40가지 발명원리, 모순, 모순테이블, 분리의 원리 등의 트리즈 각종 툴들은 다양한 생각의 틀에 대한 대처 방법들이다. 이러한 툴들을 사용하지 않더라도, 시간이 지남에 따라 인간은 생각의 틀을 확장시켜 나간다. 다만, 트리즈를 사용하여 남들이 미처 생각하지 못한 점들을 시간을 절약해서 효율적으로 잡아내자는 것이다. 기업에서의 창의성이란 남들이 미처 생각하지 못한 아이디어를 남보다 먼저 생각하는 것이다. 그래서 트리즈를 도입하여 경쟁력을 높이자는 것이다.

하면 된다고 생각하자. 해도 안 된다고 생각하면 더 이상 생각하지 않게 되기 때문이다.

CHAPTER

10

생활 속에서 적용해보는 트리즈

지금까지 창의성의 구체적인 방법론에 대해서 트리즈를 언급하며 알츠슐러의 고전적인 방법과 논리를 설명하였다. 이는 10장의 내용을 설명하기 위한 준비과정이라고 해도 지나치지 않을 것이다. 10장에서는 알츠슐러의 고전적인 트리즈를 현대적으로 재해석하여 트리즈의 효용성을 극대화 시키고자 한다.

알츠슐러는 수백만 건의 특허에서 그 공통점을 통계적으로 추출하여 창의성의 원리로 제시하였다. 전 세계 많은 다국적 기업에서는 이 원리들을 기술의 분야에 그대로 적용하여 다양한 혁신적 성과들을 이루었다. 이에 대해 본 저자는 "왜 그러한 공통점들이 인간의 창의성에 도움이 될까?"라는 의문을 가지고 그 이유들을 분석하였다. 여기서 트리즈 자체에 대한 깊은 이해와 분석이 선행했다는 점을 강조하고 싶다.

문제를 고민하고 해결하는 주체가 사람이라는 점을 고려하면, 창의적 문제해결에 대한 기본 원리를 분석해서 기술의 분야가 아닌 정치, 경제, 외교, 금융 등의 분야에도 적용할 수 있지 않을까? 이러한 생각에 착안하여 10장에서는 기술의 분야뿐만 아니라 일반적인 분야에서도 적용이 가능한 비즈니스 트리즈(Business TRIZ) 방법론을 제시하고 있다.

정치, 외교, 문화, 경제 등에 트리즈를 적용하려면

트리즈를 기술 분야에 적용하는 것과 기술분야가 아닌 정치, 외교, 문화, 경제 등에 적용하는 것에는 근본적인 차이가 있다. 기술분야, 즉 자연현상은 인간이 가지는 한계로 인하여 인과관계를 파악하기가 힘들다.

형광등을 예로 들어보자. 형광등을 뚫어지게 주시한다고 해서 형광등 내의 전자흐름이 눈에 보이지는 않는다. 자연현상도 같은 이치이다. 하지만 사람이 주체가 되는 정치, 문화, 경제, 외교 등의 분야에서는 그 인과관계의 파악이 어느 정도 가능하다고 볼 수 있다. 그래서 비기술 분야에서는 다음과 같이 트리즈를 적용하는 것을 추천한다.

일반적인 문제의 트리즈 적용 절차

1. 우선 '문제'와 '문제의 원인'을 분리하는 것이 중요하다. '문제'는 물리적 모순으로 정의한다.

2. 각각의 물리적 모순의 사항에서 그 이유를 풀어나가면, 이유가 서로 충돌하고 있다는 것을 알 수 있다. 문제가 발생하는 원인은 뭔가가 서로 부딪혔기 때문이다. 서로 다른 이해, 혹은 서로 다

른 목적과 이념이 부딪혔기 때문에 문제가 발생한다. 그래서 각각의 이유는 기술적 모순이 되고 이러한 기술적 모순을 '문제의 원인'으로 정의할 수 있다.

3. 그림 10.1과 같이 엇갈리게 화살표를 그리면, 그것이 이상해결책의 방향이 된다. 어떠한 경우의 어떤 해결책이라도 이 두 개의 방향에 포함이 된다.

4. 두 개의 해결책 방향 중에서 하나를 고른다. 이러한 전략적 해결책 방향에서 사용 가능한 주위 자원을 최대한 활용하여 구체적인 아이디어를 생성한다.

이 절차를 요약해보면 모순을 통해서 문제의 상황을 정리하고, 해결책의 일반적인 방향을 이상해결책으로 설정한 다음, 마지막으로 자원을 고려하여 구체적인 해결책을 고민한다는 것이다. 이것이 트리즈를 활용해서 비기술분야의 문제를 해결하는 근본 절차이다.

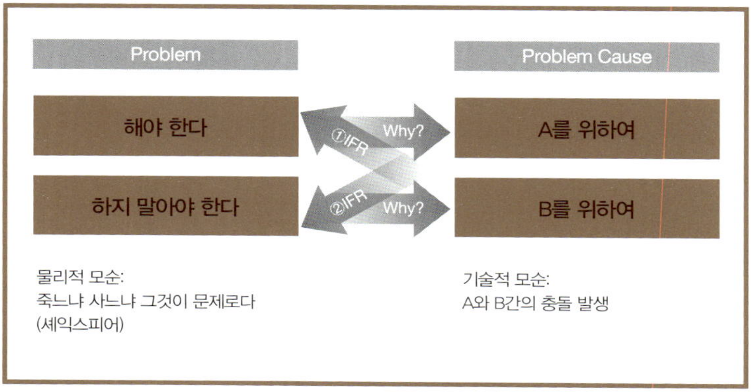

그림 10.1 일반적인 분야에서 트리즈 적용 절차

몇 가지 예를 들어 이해해 보자.

김정일 국방위원장의 외교 정책

2000년 초반부터 2006년 7월 달까지, 방송사의 뉴스에서는 이상한 일이 벌어지고 있었다. 마치 1980년대의 '땡전 뉴스'처럼 이상한 뉴스의 패턴이 반복되고 있었다(9시 정각을 울리는 초침이 나오면서 '땡~~' 소리를 내면 "전두환 대통령께서는~~"이라는 아나운서의 멘트가 시작되어 '땡전'뉴스라고 불렸다).

9시 뉴스가 시작되면 아나운서는 첫 번째 뉴스로 북한의 핵과 미사일에 관련된 내용을 보도하였다. 그리고 5분쯤 지난 후, 그 다음 이어지는 뉴스는 남북한의 교류에 관한 내용이었다.

이것이 7년 동안 끊임없이 반복되었다. 북한이 NTP(핵확산당지조약)를 당장 탈퇴한다고 하면 곧바로 다음 뉴스로서 금강산관광 뉴스가 나왔다. 9시 뉴스가 시작되자마자 미사일발사 위기 소식을 전하고는 이산가족 상봉 뉴스가 나오기도 했다. 플루토늄을 추출한다, 핵

그림 10.2 연속으로 방송되는 전혀 상반되는 뉴스

탄두가 있다는 등의 미국과 일본을 자극하는 뉴스가 나오고 나서는 예외 없이 곧바로 남북장관급 회담 뉴스, 경의선 착공 뉴스, 개성공단 경제특구 뉴스, 이산가족 화상회의 뉴스 등이 나오고 있었다. 서로가 서로를 기만하고 있는 상황이다. 김정일 국방위원장의 외교전략이 핵심에 있다고 추론하고서 트리즈의 논리를 적용해보자.

1994년 김일성 주석이 사망하고 나서, 김정일 국방위원장은 정권을 착실하게 이어받았다. 5호담당제, 정치범수용소, 교화소 등의 철통 같은 방법으로 독재정권을 유지할 수 있었지만, 1996년과 1997년에 북한 정권은 절대 절명의 위기상황을 맞게 된다. 홍수와 그에 따른 심각한 기근으로 북한주민들이 굶어 죽어가고 있었던 것이다. 억압을 하면 어떻게든 정권은 유지되지만, 주민이 굶게 되면 어떤 정권도 유지될 수가 없다는 것이 역사의 진리이다. 그 때 몇 명이 굶어 죽었는지 제대로 알고 있는 국민이 몇 안 된다는 점은 참 의아스런 일이다. 수십만 명 수준으로 대략 알고 있지만, 210만 명의 우리 민족, 동포가 굶어 죽었다는 것을 아는 사람은 많지 않다. 민간단체에서는 300만 명으로 추산하고, 북한 정부는 100만 명이 아사했다고 공식 발표했으며, 미국의 뉴욕타임스와 같은 언론은 그 당시에 210만 명이 아사했다고 발표했다. 수백만 명의 우리 동포, 민족이 굶어 죽어가고 있었는데, 그 당시 남한의 정권에서는 왜 가만히 있었는지 의아하다. 어쨌든 수백만 명의 주민이 굶어 죽는 상황의 1996년, 1997년은 김정일에게는 가장 최악의 위기상황이었을 것이다.

그래서 김정일은 기차를 타고 블라디보스톡과 중국을 방문하였다.

개방, 개혁 정책을 벤치마킹하기 위해서였다. 더 이상의 폐쇄 정책을 가지고는 북한의 경제문제를 해결하기 어렵다는 판단을 했다. 당시 러시아는 옐친이 집권하고 있었는데, 급작스런 개방, 개혁정책으로 사회가 불안하고 마피아와 같은 각종 범죄집단이 사회질서를 어지럽혀 정국의 불안정이 정점에 이르고 있었다. 북한은 소련보다 더한 폐쇄상태였기 때문에 북한도 개방을 하면 얼마만큼의 사회적 불안이 올 것인지 예상할 수 있었을 것이다. 김정일 국방위원장은 다음 방문지인 중국의 상해를 방문해서는 '상전벽해'라는 말이 무색할 정도의 경제 성장과 사회 안정을 목격하였다. 하지만 20년 전부터 차근히 진행된 중국의 정책을 당장 북한이 따라하기에는 무리가 있었다.

블라디보스톡과 중국을 다녀온 김정일 국방위원장의 문제는 무엇이었을까? 문제를 물리적 모순으로 표현하면 쉽게 정의할 수 있다. 셰익스피어의 말대로 죽느냐 사느냐, 즉 물리적 모순이 문제인 것이다. 김정일 국방위원장의 문제는 '개방을 하느냐 하지 않느냐'의 문제였다. 왜 개방을 해야 하는가? 경제발전을 통해 주민의 기

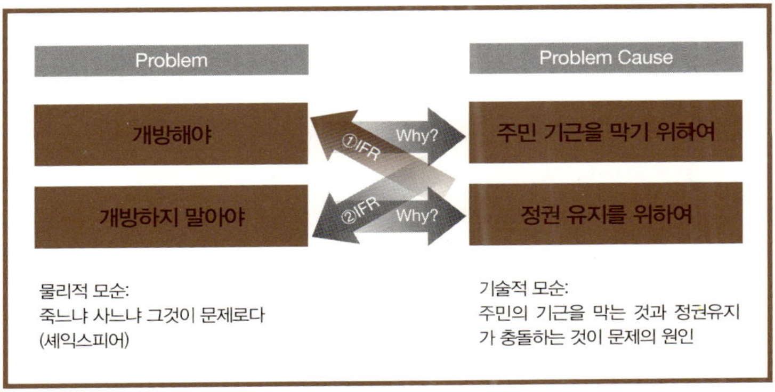

그림 10.3 북한의 외교 전략, 개방을 하면서 정권을 유지하는 정책

근을 막기 위해서이다. 왜 개방을 하지 말아야 하는가? 블라디보스톡의 사례처럼 개방을 하게 되면 정권이 무너지게 되는 것이 염려되어서이다. 즉 주민의 기근을 막는 것과 정권을 유지하는 것이 서로 충돌하는 것이 문제의 원인이고 그러한 원인으로 발생되는 문제가 개방을 해야 하지만 개방을 하지 말아야 하는 점이다. 주민의 기근을 막는 것과 정권을 유지하는 것이 서로 충돌하는 기술적 모순이 문제의 원인이고, 개방을 해야 하지만 하지 말아야 하는 물리적 모순이 문제의 정의(핵심)이다. 모순을 통해서 복잡한 문제의 상황을 정리한 것이다. 그림 10.3과 같이 트리즈에서는 두 가지의 이상해결책을 제시한다. 개방을 하지 않으면서 주민의 기근을 막는 해결책의 방향과 개방을 하면서도 정권을 유지하는 해결책의 방향이 있다. 김정일 국방위원장은 후자의 방향을 북한 외교 정책의 핵심전략으로 삼았다.

모순과 이상해결책을 이야기 했으니, 트리즈의 3대 요소 중에 남은 나머지 하나가 자원이다. 경제를 개방하면서 정권을 유지하는데 있어서 최고의 자원은 무엇일까? 경제를 개방해서 발전시키기 위해서는 대한민국이 최고의 자원이다. 같은 언어를 사용하고, 최고의 경제성장 모델과 IT산업의 경쟁력을 가지고 있다. 게다가 김대중 정권이 들어섰으니 최고의 자원으로 한국이 된 것이다.
또한 역사적으로 정권을 유지하는 가장 보편적인 방법이 무엇일까? 외세로부터의 침략을 통해 내부 결속을 다지는 것이다. 마침 미국에서는 공화당 부시가 대통령에 당선되고, 연두교서에서 북한을 악의 축으로 표현하였으니 김정일 국방위원장은 이를 얼마나 환영하고, 북한 주민 들으라고 북한 방송에 내보냈을까? 남한을 이용해서 경제를 개방하여 발전시키면서도 그로 인해 정권이 불안정해지는 것을 막기 위해서 미국과 일본을 끌어들이는 김정일의 외교정책은 상당히 높은 수준이다. 즉 개방과 관련된 물리적 모순을 해결하기 위해 한반도 내에서는 평화정책을, 한반도 밖에서는 전쟁분위기 고조정책으로 공간에 의한 분리를 적용하고 있는 것이다.

이러한 북한의 외교전략을 봉쇄하기 위해서는 미국과의 긴장고조를 없애는 것이 가장 우선시되어야 한다. 그래서 지난 정권 막바지에 대통령이 미국을 방문했을 때, 미국과 북한간의 평화협정 조약을 외교적 관례를 넘어서면서까지 무리하게 추진하려고 했던 것이 아닐까?

하지만 미국의 입장에서는 북한이 전쟁분위기를 고조하는 것이 싫지는 않았을 것이다. 북한을 이유로 일본과 손을 잡고 극동아시아에서 세력을 넓혀서 확실하게 중국을 견제하겠다는 것이 미국의 이익이라면 왜 미국이 북한과 평화협정 조약을 체결하려고 할 것인가?

2008년 북한은 미국과 직접적인 긴밀한 관계를 발전시키며 이를 통해서 남한을 외교적으로 고립시키려는 '북미통남'의 정책을 사용하고 있다고 한다. 이런 상황에서 대한민국은 중국과의 적극적인 교류를 통하여 일본과 미국, 북한, 중국 사이에서 균형감각 있는 실용외교를 펼칠 수 있을 것이다. 또한 1996년, 1997년에 굶어죽은 우리 동포 210만 명을 생각해서라도 최근의 북한 기근은 우리 민족이 가장 관심을 기울여야 할 문제이다.

과거의 정권은 이런 북한의 외교정책의 가능성을 생각해 보았을까? 창의성이란 미처 생각하지 못한 것을 경쟁자보다 먼저 생각하는 것이고, 이를 위해서는 생각의 틀을 깨야 한다. 생각의 틀을 깨기 위해서 이상해결책, 모순, 자원과 같은 구체적인 가이드를 제시하고 있는 것이 트리즈이다.

쇠고기 수입문제

2008년은 쇠고기 수입문제와 FTA, 그리고 촛불집회가 어우러진 복잡한 문제가 이슈가 된 해이다. 미국과의 FTA를 둘러싼 복잡한 상황을 트리즈 적용절차에 대입하여 보자.

1. 모순으로 상황 분석

쇠고기 시장을 개방해야 → FTA를 성사시키기 위하여

쇠고기 시장을 개방하지 말아야 → 국민의 건강을 위하여

'현 시점의 문제는 쇠고기 시장을 개방해야 하지만 개방하지 말아야 한다는 점이다. 그러한 문제가 발생한 원인은 FTA를 성사시켜 경제를 재도약 시키는 것과 국민의 건강이 충돌하고 있기 때문이다.'

2. 해결책의 일반적인 방향 정립

쇠고기 시장을 개방하면서 국민의 건강을 지키는 방법

쇠고기 시장을 개방하지 않으면서 FTA를 성사시키는 방법

3. 사용 가능한 자원 분석

-일본과 주변국의 미국 광우병에 대한 대응책

-과거 정권에서의 미국 광우병에 대한 대책과 분석

-시민 단체들의 먹거리에 대한 강력한 저항
-미국 농민과 다른 우리 농민들의 영세성과 차별성

문제의 초기단계에서 의사결정권자에게 충분한 정보가 전달되지 않았기 때문에, 쇠고기 수입개방만 하면 큰 문제없이 FTA 체결이 될 것으로 기대한 것이 사건의 발단이었다. 전달되지 않았던 정보라는 것은 과거 정권에서 가지고 있던 수입개방 반대의 논리들, 또한 그러한 입장을 지지했던 그 당시의 야당(지금은 여당이지만)의 입장들이다. 그러한 사실들로 인과관계를 파악하고 있던 시민단체들과 국민들은 정권이 바뀌고 나서 쇠고기 수입을 개방하겠다고 하니 납득이 되지 않았던 것이다. 예전에 야당이었고 지금은 여당인 정당 입장에서는 개방해야 되고 개방하지 말아야 한다는 물리적 모순을 단순히 시간에 의한 분리에 적용시켜버렸지만(과거 정권에서는 수입개방 반대, 지금 정권에서는 수입개방 찬성),

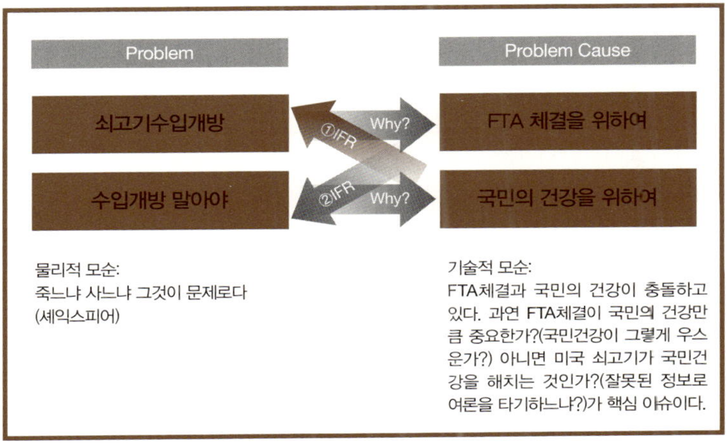

그림 10.4 쇠고기 수입개방과 FTA를 둘러싼 문제 분석

그 과정에서 일관성과 진실성이 결여되었기에 국민들이 납득하지 못하였던 것이다. 옳고 그름을 떠나서, 어느 정도의 충분한 명분을 가지고 국민을 설득해 보려는 노력도 부족했던 것이다.
결국 촛불집회 등을 통해 그림 10.4의 2번 해결책으로 사건은 진행되었다. 미국과의 추가협상을 통해서 국민의 건강을 위한 최소한의 장치를 마련하면서 쇠고기 수입개방을 유지하는 것이다.

구글의 광고전략

4장에서 비행기 바퀴가 있어야 하고 없어야 한다는 모순을 이야기 했고, 이것은 물리적 모순이며 시간에 의한 분리 원리가 적용된 것이라고 설명하였다. 비행기 바퀴가 접히는 것은 요즘 사람이라면 누구나 알고 있는 일반적인 상식이지만, 1927년도에는 미국의 뉴욕타임즈가 선정한 그 해 최고의 발명이었다.
그러면 비행기 바퀴의 사례를 통해 세계 최고의 인터넷 기업 구글의 혁신적인 아이디어를 도출해 보는 것이 가능할까? 그렇게 간단해

그림 10.5 한 포털 업체의 광고

보이는 비행기 바퀴사례로부터 어떤 아이디어가 나올 수 있을까?

인터넷 포털 업체는 광고를 통해 수익을 얻는다. 그래서 인터넷 화면에 많은 광고를 띄울수록 수익이 늘어나게 된다. 하지만 화면에 광고가 많아지면 네티즌들이 싫어하게 되고 접속 횟수가 줄어들게 된다. 즉 광고가 많아야 하지만 동시에 광고가 적어야 하는 물리적 모순을 가지고 있는 것이다. 그래서 그림 10.5와 10.6에 보이는 한 포털 업체의 첫 화면과 같이 업체들은 레이아웃과 색깔 등의 디자인을 통해서 최적화를 하고 있다. 최대한 광고를 많이 실으면서도 디자인을 통해 광고가 최대한 적게 실린 것처럼 보이게 최적화하는 것이다. 굵은 사각형으로 둘러싸인 것들이 모두 광고이다.

광고가 많아야 하고 적어야 한다는 인터넷 포털 업체의 물리적 모순을 비행기 바퀴의 사례와 비교해서 해결해 보자.

우선 비행기 바퀴의 문제는 다음과 같이 이해할 수 있다.

"
비행기 바퀴는 있어야 → 착륙을 위하여
비행기 바퀴는 없어야 → 공기저항을 줄이기 위하여
"

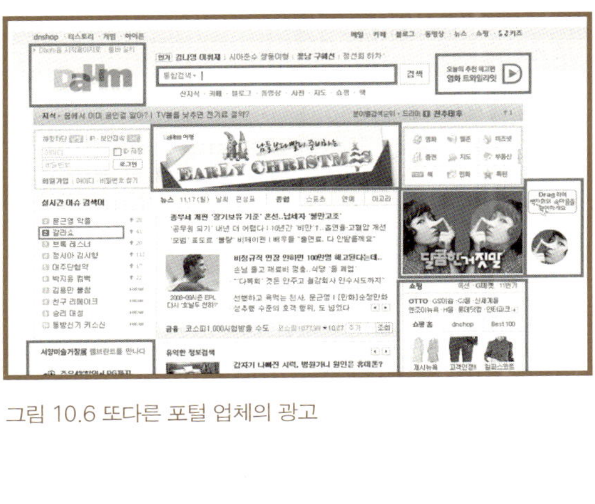

그림 10.6 또다른 포털 업체의 광고

비행기 바퀴가 있어야 하고 없어야 한다는 물리적 모순이 있고, 착륙과 공기저항을 막는 것 사이의 충돌, 즉 기술적 모순이 존재하고 있다. 해결책은 시간에 의한 분리였다. 단순히 물리적 모순만을 고려해서 시간에 의한 분리를 적용한 것이 아니다. 기술적 모순까지 고려해서 시간에 의한 분리를 적용한 것이다. 이것이 트리즈의 원리이다. 착륙과 공기저항을 막는 것 간의 기술적 모순과 바퀴가 있어야 하고 없어야 하는 물리적 모순이 서로 유기적으로 연결되어야 문제가 해결된다. 그래서 착륙을 위한 시간과 공기저항을 막는 시간을 분리하는 시간의 분리 원리가 적용되었다.

이와 같은 논리를 인터넷 포털 업체의 모순문제에 그대로 적용해 보자.

> "
> 광고는 많아야 → 수익을 위해서
> 광고는 적어야 → 네티즌 접속을 위해서
> "

비행기 바퀴에서 이러한 물리적 모순을 착륙을 위한 시간과 공기저항을 막는 시간의 분리를 통해서 해결한 것처럼 인터넷 포털 업 264

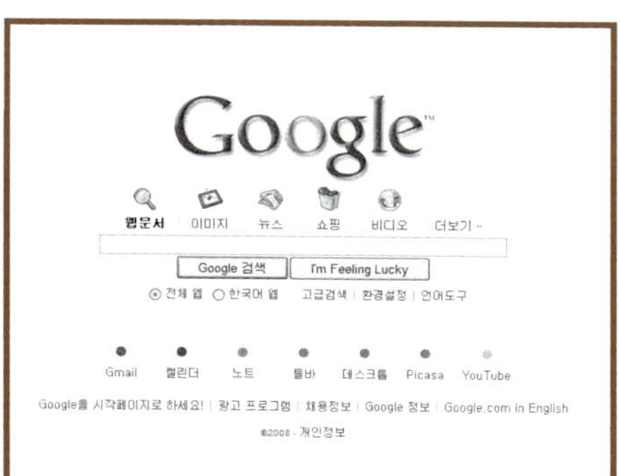

그림 10.7 구글의 첫 화면

체의 이 문제도 똑같이 적용해보자. 있는 그대로 기계적인 대입을 해보면 '수익을 위한 시간과 네티즌 접속을 위한 시간으로 분리'하라는 말이 된다.

수익을 위한 시간, 즉 광고를 싣는 시간과, 네티즌 접속을 위한 시간, 즉 광고를 싣지 않는 시간으로 분리하라는 뜻이다. 인터넷 포털 업체의 모순 문제를 이렇게 단순히 비행기 바퀴문제에 그대로 적용하면 과연 어떤 아이디어가 나올 수 있을까?

세계 최고의 혁신 기업인 구글의 인터넷 첫 화면은 그림 10.7과 같다. 마치 도시에 살다가 시골에 간 것과 같이 시원함을 느낀다. 군더더기와 같은 광고가 하나도 실리지 않아 청량감을 준다. 전 세계 네티즌들이 구글을 선호하는 이유중의 하나이다. 그러면 구글은 광고를 안하고 어떻게 수익을 올린다는 말인가? 구글의 검색창에 피자를 치면 아래와 같은 검색화면이 나온다.

검색결과 화면에서는 그림 10.8과 같이 광고로 뒤덮여 있다. 사각형을 한 부분이 모두 광고이다. 하지만 네티즌들은 이 광고를 싫어하지 않는다. 왜냐하면 피자를 검색창에 입력한 후의 원하는 정보이기 때문이다. 가장 이상적인 광고라는 것은 원하는 소비자에게

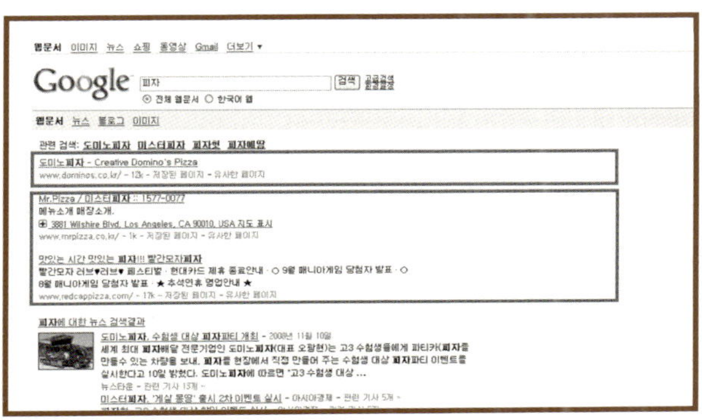

그림 10.8 구글의 검색화면

정확한 정보를 전달해주면서 광고주에게는 마케팅의 역할도 해주는 것인데, 이러한 이상적인 상황을 구글은 만들어 주고 있는 것이다. 이것이 그 유명한 구글의 애드워즈(Adwods) 기법이다. 광고가 많아야 하고 적어야 한다는 물리적 모순을 네티즌이 처음 접속하는 화면과 검색 후 결과 화면으로 분리하고 있는 것이다. 처음 접속하는 시간과 검색하는 시간으로의 분리.

앞의 설명에서 시간에 의한 분리 대신에 공간이라는 단어를 대입해보라. 그러면 구글의 또 다른 획기적인 기법을 생각해 볼 수 있다. 개인들의 블로그나 웹사이트에 구글의 광고를 게재한다는 애드센스(Adsense) 기법이다. 구글 자체의 페이지에 광고를 싣기에는 공간상의 한계가 있는데 이를 극복해서 훨씬 더 많은 공간에 광고를 게재한다는 발상이다.

세상의 많은 문제들이 동일하다고 말할 수는 없지만, 상당히 많은 문제들이 동일한 패턴을 반복하고 있다는 것을 부인하기는 어렵다. 그러한 동일성을 찾아내고 검증하는 노력을 오랜 시간 해왔기 때문에 트리즈를 창의성의 이론(Theory of Inventive Problem Solving)이라고 이름 지을 수 있다.

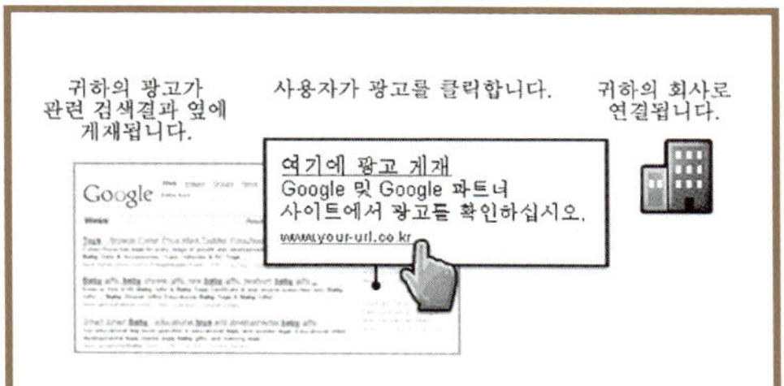

그림 10.9 구글의 광고기법

복잡한 토론은 모순으로 풀어보자

신문, 라디오 등에서는 어떤 사안에 대해 다양한 사람들의 의견을 바탕으로 토론을 진행하는 것을 자주 볼 수 있다. 복잡하게 얽힌 것 같고, 풀기가 어려운 난제처럼 팽팽해 보이는 경우가 많지만, 위에서 제시한 트리즈의 절차를 적용하면 잘 정리되는 경우가 많다.

아래 그림은 혼잡통행료의 징수확대 방안에 대해 토론을 펼친 어느 토론 기사를 신문에서 가져온 것이다.

이 문제를 트리즈 적용절차에 넣어, 모순으로 상황을 분석하면 다음 그림 10.11과 같다.

오피니언 2004년 1월 20일 화요일 21

온 & 오프 토론방

혼잡 통행료 징수 확대해야 하나

"운전자 부담 느끼면 교통량 줄어들 것"

황기연

"버스 서비스 높인 뒤 시행해도 늦지 않아"

김창균

수익은 대중교통 확대에 사용을

주변 우회로 병목현상 더 심해져

그림 10.10 찬반이 엇갈리는 토론

우선 문제의 원인으로서 기술적 모순의 성립이 매끄럽지 못하다. 즉 교통량을 줄이는 것과 버스 서비스를 먼저 높이는 것이 서로 충돌하지는 않는다. 문제의 어려움이 심각하지 않다는 말이다. 그래도 결론을 내자면 혼잡통행료를 징수하면서 버스 서비스를 높이면 된다. 특히, 혼잡통행료로 얻은 수익을 버스 서비스를 높이는 데 사용하고, 그 사용과정을 객관적인 시민단체들로부터 감리를 받으면 될 것이다.

2003년에 사회적 이슈가 되었던 교육행정정보시스템(NEIS, 나이스)은 문제가 있었다. 이 시스템은 정부에서 교육행정과 관련된 모든 정보를 전산화, 투명화하여 교육행정의 업무 효율을 높이고자 하는 정책이었다. 하지만 전국교육노동자조합(전교조)을 비롯한 시민단체들이 학생과 교사의 인권침해를 이유로 나이스 철폐를 요구하면서 당시 교육현장은 극한 대립으로 치달았다. 당시 이 문제를 트리즈 적용절차에 대입해보면, '교육행정정보시스템을 사용하면서 학

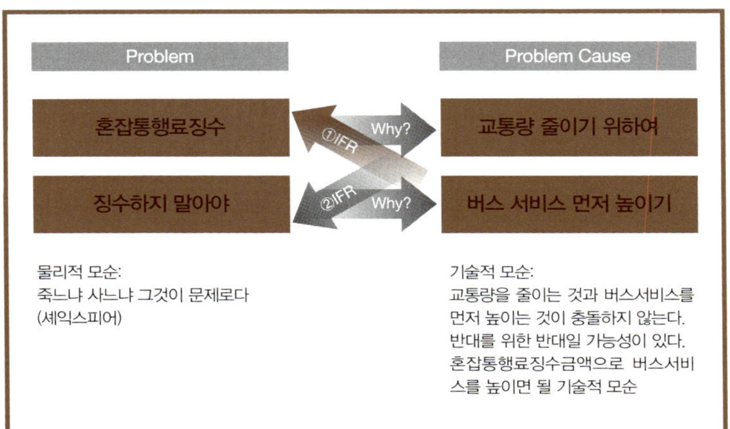

그림 10.11 혼잡통행료 징수문제

생과 교사의 개인정보 개방은 어느 정도 보완하는 방향'으로 문제가 해결될 것이 명확하였다. 인권침해를 명분으로 교육정보화를 못하게 하는 것은 합리적이지 못하다. 인권침해를 최소화하면서 정보화를 통해 업무의 효율을 끌어올리기 위한 구체적인 방법을 머리를 맞대고 고민하는 것이 우선이었다.

서로가 주장하는 논지를 잘 파악하는 것은 토론에 임하는 제일 중요한 자세이다. 상대방의 주장은 이해하려고도 하지 않고 자신의 주장만 반복해서 이야기하면 아무리 토론을 오래 진행하더라도 좋은 결론이 나오기 어렵다. 상대방의 주장을 이해해야 어느 부분이 자신의 주장과 부딪히고 있는지 알 수가 있다. 그러므로 서로의 주장을 잘 파악해서 무엇이 모순인지, 어떤 부분이 부딪히고 있는지 분석하여 건설적인 방향으로 대안을 제시하는 태도, 즉 협력을 이끌어내는 태도가 중요하다.

트리즈를 깊숙이 들여다 보기

4장에서 창의적으로 문제를 해결한 특허들은 공통적으로 2가지 종류의 모순을 해결하고 있다고 설명하였다. 알츠슐러는 기술적 모순을 해결한 특허들만을 모아 그 공통점을 분석하여 40가지 발명원리를 해결책의 공통점으로 추출할 수 있었다. 그리고 물리적 모순을 해결한 특허들을 모아 그 공통점을 분석하였더니 해결책들이 분리의 원리를 적용하고 있었다. 그래서 트리즈를 적용하는 가장 간단한 방법은 문제를 모순으로 분석한 후, 물리적 모순이면 분리의 원리를 적용하고 기술적 모순이면 40가지 발명원리를 적용하는 것이라고 제시하였다.

하지만 10장에 이르러 이 모든 것이 헝클어진 것 같지 않은가? 10장에서 예로 든 문제들(북한 외교정책, 쇠고기 수입 문제 등)은 모두 하나의 문제에 물리적 모순과 기술적 모순이 동시에 존재하고 있었다. 이러한 점을 잘 파악하면, 트리즈를 정확히 이해하는 지름길이 된다.

● 물리적 모순과 기술적 모순이 동시에 존재한다

4장에서 물리적 모순의 사례로 화승총을 예로 들었다. 총신의 길이가 길어야 하고 짧아야 한다는 물리적 모순이었다. 그래서 화승총은 물리적 모순을 가지고 있다고 했다. 하지만 10장에서 설명한대로 따라가 보자.

"
총신의 길이가 길어야 → 사격의 정확도를 위하여
총신의 길이가 짧아야 → 재장전 시간을 줄이기 위하여
"

길어야 하고 짧아야 한다는 물리적 모순의 문제라고 했지만 사실은 기술적 모순도 존재하고 있었던 것이다. 사격의 정확도를 올리면 재장전 시간이 늘어나고, 재장전 시간을 줄이자니 사격의 정확도가 낮아지는 기술적 문제도 있었던 것이다. 해결책은 무엇인가? 총알을 뒤로 장전하는 것이다. 즉 총신의 길이가 길면서도 재장전 시간을 줄이는 이상해결책의 방향으로 문제가 해결된 것이다. 40가지 발명원리 중에서 13번 역발상의 원리가 적용되었다.

● 물리적 모순을 도출하면 기술적 모순은 저절로 도출된다

4장에서 비행기 바퀴의 문제도 물리적 모순이라고 했지만, 10장에서의 방법을 따르면 그에 따른 기술적 모순이 저절로 도출된다.

> "
> 비행기 바퀴는 있어야 → 착륙을 위하여
> 비행기 바퀴는 없어야 → 공기저항을 줄이기 위하여
> "

있어야 하기도 하고 없어야 하기도 하는 물리적 모순을 시간에 의한 분리로 풀었는데, 그 시간이란 것이 기술적 모순과 연관되어 있었다. 즉 착륙하는 시간과 공기저항을 줄여야 하는 시간으로 분리한 것이다. 그래서 비행기 바퀴가 있으면서도 공기저항을 줄이는 방향으로 해결되었다. 이와 같이 물리적 모순이 도출되면 물리적 모순의 각각의 사항에 대하여 그 이유를 분석한다. 그러면 기술적 모순은 저절로 도출된다.

● 문제를 정의한다?

신입사원이 입사하면, 선배사원이 가끔 놀려주는 경우가 있다. 대개 이렇게 질문한다. "문제가 뭐지?" 그러면 신입사원은 약간 당황하면서 대답을 명확히 하지 못한다. 그러면 선배사원은 "문제가 뭔지도 모르면서 문제를 풀고 있는거야?"라며 사람을 아주 당황스럽게 만든다. 그러면서 의례적으로 "문제란 원하는 것과 현실과의 차이(Gap)다"라고 말하는데, 틀린 말은 아니지만 전혀 도움이 안되는 말이다.

아인슈타인은 문제를 정의하려면 어떻게 하라고 했을까?

> "
> 문제를 정확히 정의하려면 먼저 문제를 해결하라
> -아인슈타인-
> "

어불성설인 것 같지만, 사실 이것이 실제 상황이지 않을까? 문제를 정확히 정의하는 것이 어렵다는 점을 강조하는 말이다. 만일 당신이 어떤 골치 아픈 문제로 인하여 고생을 했고, 어렵게 그 문제를 해결하였다고 가정하자. 그리고 나서 3개월 정도 지난 후, 포장마차에서 동료와 술 한잔을 하면서 "그래! 맞아! 그 때 문제는 그것이었어!"라고 이야기 한 적은 없는가? 문제를 해결하였을 때, 그 문제의 원인이 분명해지는 것은 사실이다. 문제를 해결하기 전부터 문제를 정확히 정의하는 일이 언제나 가능하지는 않지만, 문제를 해결하고 나서는 문제가 언제나 정확히 정의된다.

● 비기술분야에서는 물리적 모순을 찾기가 용이하다

앞에서 문제를 해결하면 그 때에는 반드시 문제를 정확히 정의할 수 있다고 했다. 10장에서 제시한 트리즈 적용 절차에서는 문제를 어떻게 정의하라고 하였는가? 물리적 모순으로 문제를 정의하라고 하였다. 즉 아인슈타인이 문제를 정의하는 것의 어려움을 이야기한 것과 같이 문제를 정의하는 것, 즉 물리적 모순을 찾아내는 것이 쉽지 않다는 것이다. 특히 기술의 영역에서는 물리적 모순을 찾아내는 것이 쉽지가 않다. 왜냐하면 우리의 능력으로 사물의 내부에 있는 여러 가지 인과관계를 파악하는 것에는 한계가 있기 때문이다.

팔짱을 끼고 형광등을 뚫어지게 바라본다고 해서 형광등내의 기체의 전자 이동과 열의 흐름이 눈에 보이는가? 우리는 이러한 것을 과학적 지식과 수학적 논리로, 그리고 실험을 통해서 알 수 있다. 즉 충분한 시간을 가지고 연구를 해야 한다는 것이다. 그래서 기술의 영역에서는 처음부터 물리적 모순을 찾는 것이 쉽지가 않다. 만일, 2~3년 이상의 오랜 연구를 통한 충분한 데이터와 실험이 있었다면, 트리즈를 학습한 후 곧바로 자기 문제에서 물리적 모순을 찾아낼 수 있었을 것이다.

이에 비해서 비기술의 분야는 어떠할까? 우리가 북한에 있는 것도 아니고, 청와대에 가 본적도 없지만, 어느 정도의 인과관계를 유추할 수 있지 않았는가? 그 이유는 주체가 우리 인간이었기 때문이다. 자연현상은 미루어 짐작하기 어려우나, 인간이 처한 상황에서 인간이 생각하는 방향의 인과관계는 어느 정도 유추가 가능한 것이다. 그래서 정치, 경제, 문화, 외교, 금융 등의 비기술 분야에서는 어느 정도의 고민과 분석을 통하여 처음부터 문제의 정의 즉 물리적 모순을 찾아 낼 수 있다.

● 기술분야에서 기술적 모순을 해결한 사례란?

알츠슐러는 누가 보아도 창의적인 특허들의 공통점이 모순의 극복이라고 한 후, 기술적 모순을 해결한 특허와 물리적 모순을 해결한 특허로 분류하였다.

우선, 물리적 모순을 해결한 특허란 어떤 뜻일까? 앞에서도 이야기했지만 물리적 모순을 해결하면 기술적 모순은 저절로 해결된다. 즉 물리적 모순을 해결한 특허라는 것은 기술적 모순도 저절로 해결할 수 있다는 것이다.

반면에, 기술적 모순을 해결한 특허란 무슨 뜻일까? 알츠슐러는 이러한 특허를 분석해서 40가지 발명원리를 추출하였다고 하지 않는가? 기술의 분야에서 기술적 모순을 해결하였다는 것은 물리적 모순을 찾아내지 못했다는 뜻이다. 즉, 모든 문제에는 물리적 모순과 기술적 모순의 역학관계가 있는데, 그 전부를 파악하지 못했다는 것이다. 왜냐하면 우리가 전지전능하지 않기 때문이다. 만일 신이었다면 팔짱을 끼고 형광등을 바라보는 것만으로 에너지 흐름이나 전자들의 상태 등의 인과관계를 눈으로 파악할 수 있었겠지만, 오랜 시간의 연구와 실험, 그리고 어려운 수학을 통해서만 자연과 대화할 수 있는 인간의 한계로 인하여 많은 경우에 문제의 본질인 물리적 모순까지 밝혀내지 못했던 것이다.

● 모순을 도출하고 기법을 적용하여 문제를 해결하는 프로세스?

먼저 기술의 영역에서 트리즈를 적용하는 절차에 대해서 이야기해보자. 트리즈를 도입한 기업에서는 매년 연말이면 '트리즈 적용 성공사례 발표대회'를 가진다. 이러한 발표장에서 트리즈의 결과를 발표하는 패턴은 거의 다 비슷하다.

"문제를 분석해서, 물리적 모순을 도출하였습니다. 그리고 분리의 원리 중 시간에 의한 분리를 적용하고, 실제로 이러한 아이디어를 제안하였습니다. 이로 인하여 특허가 몇 건, 성과금액이 얼마인 결과를 얻었습니다."

이러한 설명이 아니라면 다음의 패턴이다.

"문제를 분석해서 기술적 모순을 도출하였습니다. 그리고 39가지 표준인자를 가지고 모순테이블에 대입하여 몇 번, 몇 번의 원리를 찾아낸 후 실제로 이러한 아이디어를 제안하였고, 이로 인하여 특허가 몇 건, 성과금액이 얼마인 결과를 얻었습니다."

자, 이렇게 발표하면 어느 누가 박수를 치지 않겠는가? 어렵다고 여겨지는 창의적 문제해결을 누가 보아도 논리가 정연한 프로세스로 해결하고 있으니 말이다. 적어도 트리즈의 경우는 진짜 트리즈를 적용해서 저런 성과가 나왔는지 아닌지는 금방 드러나게 되어 있으므로 그 진정성에 의문을 가지기도 어렵다.

그러면 이러한 설명을 들은 사람, 청중은 현업으로 돌아가서 어떤 생각을 할까? "역시 트리즈에서 중요한 것은 모순이야. 그래, 먼저 모순부터 찾아보자!" 그러면서 자기 문제에서 모순을 찾으려고 하는데, 거의 모두가 여기서 꽉 막히게 된다. 왜일까? 앞에서 설명한

대로 기술의 영역인 경우, 우리가 신이 아니기에 자연현상에서의 인과관계에 대한 데이터가 부족하다. 그래서 곧바로 문제의 핵심인 물리적 모순을 찾기가 어려운 것이다. 한편, 기술적 모순은 너무나 많다. 이것을 좋게 하면 저것이 나빠진다라는 기술적 모순의 형식은 금방 만들어 낼 수 있다. 그래서 어떤 기술적 모순이 문제해결에 도움이 되는지, 확신을 가지기 어렵다. 그 결과 내리는 결론은 다음과 같다.

> "
> 내 분야에서는 트리즈를 적용하기 어렵다
> -트리즈를 대강 이해한 사람-
> "

하지만 비기술의 분야 즉 정치, 경제, 외교 등에서는 인간이 주체이다. 어려운 자연의 인과관계를 다루는 것이 아니라, 인간의 생각과 행동을 예측하기 때문에 그 인과관계를 어느 정도는 파악할 수 있게 된다. 그래서 비기술의 분야에서는 문제를 정의하는 것이 처음부터 가능하다. 더구나 물리적 모순의 형태로 문제를 정의한다면 한결 수월해진다.

● 기술분야에서 일반적으로 제시되는 트리즈 적용 절차

비기술의 분야에서는 다음과 같은 트리즈 적용절차를 권장하였다.

1. 모순을 통해서 문제의 상황을 정리(문제는 물리적 모순, 문제의 원인은 기술적 모순)
2. 해결책의 일반적인 방향을 이상해결책으로 설정
3. 자원을 고려하여, 구체적인 해결책 제안

그러면 기술의 영역에서는 어떻게 트리즈를 적용할까? 가장 일반적으로 제시되는 트리즈 적용절차(process)는 다음과 같은 형태이다.

"
문제 분석 → 모순 도출 → 기법 적용 →
실제 해결책 구상 → 적용
"

즉 앞에서 트리즈 성공사례를 발표하는 순서, 논리와 같다. 만일, 위와 같은 순서로 트리즈를 적용해서 문제를 해결했다고 발표한 사람과 이야기를 나누어본다면, 실제 그 사람이 정말 그렇게 문제를 해결했다고 이야기 할까? 그렇지 않은 경우가 훨씬 더 많다. 앞에서 이야기한 것과 같이 처음부터 물리적 모순과 문제 해결에 도움이 되는 기술적 모순을 찾는 것이 어렵기 때문이다.
실제로 많은 회사에서 트리즈를 적용한 경험이 있는 사람들과 이야기해보면 위와 같은 멋진 프로세스를 거치는 경우는 많지 않다.

마법의 문을 풀고 나온 왕자 이야기

어느 왕국에 마법의 문이 있었다. 그 문은 아무나 열 수가 없고, 그 왕국의 왕이 될 자만이 문을 열 수가 있다는 전설이 내려오고 있었다. 그런데 어느 날 왕국의 왕자 한 명이 그 문을 열었다.

왕자가 그 문을 열고 나오자 많은 사람들이 모여 있었다. 기자들은 흥분해서 사진을 찍어댔다. 이 때 한 기자가 물었다. "왕자님은 어떻게 그 문을 열고 나왔습니까?" 그러자 왕자가 이렇게 설명했다. "바닥에 꽂힌 검을 뽑았습니다. 그랬더니 그 검의 자루에 'contradiction, 모순'이라는 봉인이 있더군요. 그 봉인의 칼을 마법의 문고리에 넣자 문이 열렸습니다."

왕자의 설명을 들은 많은 사람들은 "역시 모순이야, 모순을 해결하니까 그 어려운 문제가 체계적으로 풀리고 있잖아. 우리도 모순을 찾아서 그것으로 해결해 보자."라며 입을 모았습니다. 그러자 옆에 있던 똑똑한 기자 한 사람이 왕자에게 날카로운 질문을 던졌다. "왕자님, 모순이라는 봉인의 검은 어떻게 찾았습니까?" 그제서야 왕자는 머리를 긁적이며 "사실, 문 앞에는 100개의 칼이 꽂혀져 있더군요. 그래서 이 검, 저 검을 뽑다 보니까 모순이라는 봉인의 검을 찾을 수 있었습니다. 저보다 앞서 왔던 저희 형들은 그렇게 이 검, 저 검 찾다가 끝내 봉인의 검을 찾지 못해 마법의 문을 열 수가 없었지요. 저는 왕의 운명을 타고 났나 봅니다."

일 따로,
문서 따로?

'문제 분석 → 모순 도출 → 기법 적용 → 실제 해결책 구상 → 적용'이라는 것은 발표용 자료의 순서이다. 실제로 문제를 해결한 것은 그렇게 멋있지가 않았다.

문제를 해결하기 위해 모순을 고민해보았으나, "이거다!"하고 모순을 찾아낼 수가 없었다. 그래서 마지막 순간에 40가지 발명원리와 분리의 원리를 적용하였다. 그랬더니, 아이디어가 나오는 것이다. 그래서 그 아이디어를 발전시켜 특허도 내고 문제도 해결하였다. 그러자 성과가 좋으니 적용사례를 발표해달라는 부탁이 들어왔다. 발표를 하기 위해 자료를 만드는 과정에서, 자신이 해결했던 문제를 분석하다 보니 물리적 모순과 기술적 모순을 명확히 찾아낼 수 있었던 것이다. 그래서 발표할 때는 '문제 분석 → 모순 도출 → 기법 적용 → 실제 해결책 구상 → 적용'의 순서를 따라가게 되었다.

어떤 사람들은 이것을 두고 '일 따로, 문서 따로' 혹은 '문서작업(paper work)'을 했다고 비난하기도 한다. 하지만 오히려 되물어보자. 이 세상에서 '문서 따로, 일 따로'가 아닌 경우가 어디 있는가? 오히려 그렇게 일하는 것이 정석이라고 생각된다.

또한 그렇게 보고서 작업(documentation)을 하는 것이 바쁜 회사업무에서 하는 아무 의미 없는 단순한 paper work였을까? 아니다. 40가지 발명원리와 분리의 원리를 통해 아이디어를 얻은 후, 그것을 문서화하는 과정에서 단순한 아이디어가 개념(모순)으로 발전하고,

그 개념(모순의 분석)을 통해서 더 나은 아이디어들을 제안할 수 있게 된다. 그것이 이 세상의 모든 방법론의 핵심이다.

5장의 건물 기초 공사에서 말뚝을 설치하는 문제가 있었다. 만일 말뚝의 끝에 작은 폭약을 설치해서, 말뚝이 들어가고 난 후 폭약을 터뜨리는 아이디어를 가지고 곧바로 특허를 신청하였다면 그 특허의 품질은 어느 정도였을까? 만일 이 아이디어를 접수 받은 특허부서의 직원이 트리즈를 알고 있어서, 트리즈로 해석을 했다면 어떤 일이 벌어졌을까? '이 아이디어는 단순히 폭약을 설치하는 것이 아니다. 뾰족해야 하지만 뾰족하지 말아야 하는 물리적 모순을 시간에 의한 분리로 푼 것이다. 처음에는 뾰족하고 나중에는 뾰족하지 않아야 하는 방법에 폭약만 있는가?' 그래서 다양한 방법들을 클레임에 추가하게 되었을 것이다. 특허라는 것은 기능에 특허를 주는 것이 아니라 그 기능을 수행하는 구체적인 방법에 특허를 주는 것이다. 그래서 폭약을 설치하는 것으로만, 즉 아이디어로만 특허를 신청했다면 그 특허를 회피하는 무수한 방법들로 인해 특허의 품질은 떨어졌을 것이다. 만일 특허파트에서 트리즈를 적용하여 현장의 아이디어를 개념으로 발전시켜, 더 나은 대안(alternative)을 찾아 그것들을 특허의 클레임 항에 포함시킨다면 특허의 품질을 높이는 구체적인 방법이 될 수 있다.

만일 당신이 기술분야의 엔지니어라면 다음과 같은 방법으로 트리즈를 적용해보기를 권장한다.

1. 우선 문제를 분석해서 모순을 찾는다. 모순을 찾았다면 트리즈의 기법들을 차근차근히 적용해본다 : 문제 분석 → 모순 도출 → 기법 적용 → 해결책 구상 → 적용
2. 만일 모순을 찾지 못했다면(찾지 못하는 경우가 더 많을 것이다), 실망하지 말고 40가지 발명원리와 분리의 원리를 적용해본다. 이 두 방법을 적용하면 반드시 아이디어는 나오게 되어 있다. 왜냐하면 생각의 틀을 직접적으로 깰 수 있도록 도와주기 때문이다.
3. 아이디어가 나왔으면 왜 문제가 해결되는지 분석해본다. 부분적으로 문제가 해결되어도 좋다. 왜 해결되는지 분석하자.
4. 그리고 물리적 모순과 기술적 모순을 찾아낸다.
5. 모순을 찾았으면 트리즈의 논리를 순서대로 차근히 적용해서 더 나은 다양한 대안을 제시한다. : 문제 분석 → 모순 도출 → 기법 적용 → 해결책 구상 → 적용

다음과 같은 말이 맞는 지적일까?
"이 문제는 물리적 모순인데 왜 40가지 발명원리를 적용합니까?"
혹은 "이 문제는 기술적 모순인데 왜 분리의 원리를 적용합니까?"
이러한 지적은 올바르지 못한 지적이다. 왜냐하면 모든 문제에는 물리적 모순과 기술적 모순의 역학관계가 존재하고 있기 때문이다. 만일 문제가 물리적 모순으로 보인다고 해도 40가지 발명원리를 적용하는 것이 틀린 것은 아니다. 왜냐하면 물리적 모순을 도출하면 기술적 모순은 저절로 도출되기 때문이다. 그래서 화승총의 총신의 길이가 길어야 하고 짧아야 한다는 물리적 모순은 40가지 발명원리의 13번째 원리인 역발상이 적용되어, 후방 장전으로 해결된 것이다.
마찬가지로 기술적 모순으로 보이는 문제라 하더라도 분리의 원

리를 적용하는 것이 틀린 것은 아니다. 왜냐하면 기술적 모순이 있다면 이를 좌우하는 물리적 모순이 있을 것인데 우리가 이를 몰랐을 뿐이지 물리적 모순은 존재하고 있을 것이기 때문이다.

트리즈의 툴, 아리즈(ARIZ)

알츠슐러가 평생을 두고 노력한 것이 있다. 그것은 일반적인 문제해결 프로세스, 즉 아리즈이다. 트리즈의 다양한 툴들을 순서, 프로세스(process)로 만들어 순차적으로 적용하는 일반적 절차를 고민한 것으로, 이것이 ARIZ(Algorithm of Inventive Problem Solving)이다. 어떤 사람들은 트리즈는 무엇이고 아리즈는 무엇이냐고 묻기도 하고, 아리즈를 트리즈의 아류라고도 표현하는데 이것은 잘못된 것이다.

> "트리즈에는 40가지 발명원리, 모순, 표준해결책, 물질장 등의 다양한 툴들이 존재하는데 이러한 툴들을 프로세스화한 것이 아리즈이다."

아리즈란 트리즈와 다른 특별한 것이 아닌, 트리즈의 툴 중의 하나라고 이해하면 된다. 일반적으로 트리즈에서 가장 어려운 난이도의 툴이 아리즈라고 알려져 있는데 그림 10.12와 같이 9단계로 구성되어 있다. 자세한 설명은 '생각의 창의성'(도서출판 지혜) 5장에서 살펴볼 수 있다.

반면에, 조금 더 깊이 아리즈를 아는 사람은 아리즈를 다음과 같이 설명한다.

"
아리즈란 문제의 핵심은 좁혀나가고, 문제해결에 필요한 자원은 확대해 나가는 방법이다
"

아리즈는 part 1에서 문제를 재설정하고 part 2에서 사용 가능한 자원을 탐색한 다음, part 3에서 문제의 핵심을 설정하기 때문이다. 하지만 아리즈를 가장 정확히 이해하는 사람은 아리즈를 다음과 같이 표현한다.

"
아리즈란 기술적 모순에서 물리적 모순으로 찾아가는 프로세스!
"

step 1	Analyzing the Problem 문제분석
step 2	Analyzing the Problem Model 자원 분석
step 3	Defining Ideal Final Result(IFR)and Physical Contradiction(PhC) 이상해결책과 물리적 모순의 정의
step 4	Mobilizing and Utilizing of Substance-Field Resource(SFR) 물질장-자원의 활용
step 5	Apply the Knowledge Base 지식DB의 활용
step 6	Changing or Substituting the Problem 문제의 변경 혹은 재구성
step 7	Analyzing the Method of Resolving the Physical Contradiction 물리적 모순 해결방법 분석
step 8	Applying the Obtained Solution 도출된 해결안의 적용
step 9	Analyzing the Problem Solving Process 문제해결과정 분석

그림 10.12 발명문제프로세스, 아리즈

10장의 설명과 같이 기술의 분야에서는 자연의 인과관계를 파악하기가 힘들기 때문에 처음부터 문제를 정의하는 물리적 모순을 찾기가 어렵다고 했다. 그래서 알츠슐러가 트리즈의 온갖 방법론들을 프로세스화 하는 아리즈를 평생 계발해나가면서 종국에는 그 형태가 기술적 모순에서 물리적 모순을 찾는 과정으로 프로세스가 디자인 된 것이다. 아리즈 part 1은 기술적 모순에서 시작하고 part 3은 문제를 다시 물리적 모순으로 변환시키고 있다.

10장에서 제시한 비기술분야의 트리즈 적용절차는 기술분야에서 적용되는 문제해결 프로세스인 아리즈와 그 본질적인 내용이 일치하고 있다. 다만 비기술의 분야는 인간이 주체이기 때문에 처음부터 물리적 모순을 찾는 것이 가능하였던 것이다.

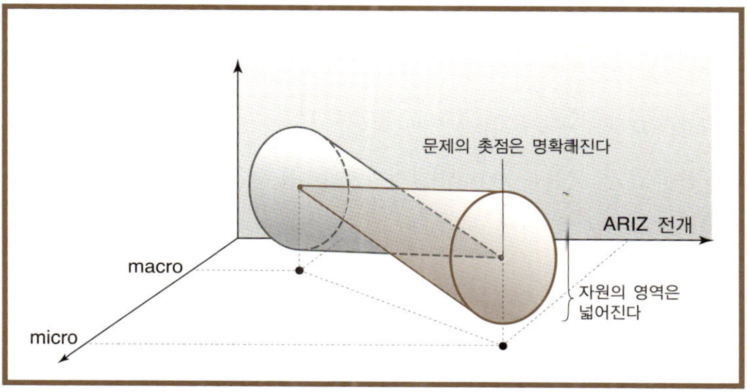

그림 10.13 아리즈는 문제의 핵심은 좁혀가고 자원은 넓힌다

트리즈 최고의 경지에 오르다

4장에서 기술적 모순의 예로서 하드디스크(HDD)의 예를 들었다. 일반적으로 하드디스크의 용량을 증가시키면 정확도가 감소되고, 정확도를 증가시키면 용량이 감소되는 기술적 모순이 있다고 설명하였다. 그러던 중, 수평으로 기록하던 것을 수직으로 기록하는 방법을 채택하여 용량을 10배로 늘리면서도 정확도가 유지되는 혁신을 이룰 수 있었다고 했다.

이러한 특허는 누가 보아도 창의적인 특허라고 인정할 수 있는데, '수평이면 수직으로' 혹은 '수직이면 수평으로'라는 원리들을 모아서 40가지 발명원리 등으로 부를 수 있을 것이라고 했다. 하지만 알츠슐러는 이 특허가 혁신적인 이유는 단순히 수평을 수직으로 만들었기 때문이 아니라, 정확도와 용량간의 모순을 해결하고 있기 때문이라고 했다. 이 점이 알츠슐러의 위대한 점이라고 볼 수

그림 10.14 획기적인 하드디스크 기록 방식

있다.

하지만 다음과 같은 질문을 할 수 있다면 정말로 중요한 트리즈의 핵심에 접근해가고 있다고 볼 수 있다.

> "
> 정확도를 올리면 용량이 감소하고,
> 용량을 증대하면 정확도가 감소하는 기술적 모순을
> 찾아냈다고 하자. 그렇다고 그런 모순을 통해서
> 수직자기기록과 같은 획기적인
> 아이디어가 나올 수 있는가?
> "

정말로 그런 모순을 통해서 그림 10.14와 같은 획기적인 아이디어, 즉 수평으로 기록하던 것을 수직으로 기록한다는 아이디어가 나올 수 있는 것인가? 왠지 결과론적이라고 말할 수 있지 않을까? '구렁이 담 넘어가듯 설명'했다는 비판이며, 더 나아가 트리즈는 이미 해결된 문제들을 해석하는 결과론적인 방법이라는 비판이다. 사실, 트리즈를 계발해낸 알츠슐러는 특허를 분석해서 공통점을 추출한 사람이지 다양한 문제들을 평생토록 해결한 사람은 아니다. 트리즈 계발 초반에는 많은 문제들을 직접 풀었지만, 중반과 후반부를 넘어가면서 문제해결의 공통점, 문제해결의 공통적인 프로세스 정립에 집중한 사람이다. 그래서 트리즈를 결과론적이라고 비판하는 사람이 있을 수도 있다. 하지만 제법 날카로웠긴 해도 트리즈의 본질을 파악한 사람은 아니다. 질문의 요지는 다음과 같다. "용량과 정확도간의 기술적 모순을 찾았다고 해서, 수평으로 기록하던 것을 수직으로 기록하는 아이디어가 나올 수 있는가?" 진정한 트리즈 전문가라면 이러한 질문에 대해 10장에서 전반적으로 설명하고 있는 개념(기술적 모순과 물리적 모순의 역학관계)으로 올바른 설명을 할 수 있을 것이다.

그러면 이제 진실을 알아보도록 하자. 실제 하드디스크의 기록단면은 그림 10.15와 같이 작은 화살표 10~50개가 모여서 하나의 자기기록을 형성하게 된다. 이 작은 화살표를 자기기록의 최소 단위인 자기도메인(magnetic domain)이라고 한다. 자기도메인 또한 원자 10~100개가 모여서 이루어지는 것인데, 이러한 자기도메인 10~50개가 모여서 N극과 S극의 자기방향을 유지하는 하나의 자기기록을 형성하는 것이다.

이러한 구조에서 자기기록의 밀도를 높이려면 그림 10.15의 왼쪽 그림에서 오른쪽 그림으로 변화해야 한다. 즉 밀도를 좀 더 줄여서 기록의 용량을 늘려야 하는 것이다. 그런데 이렇게 밀도를 줄여나가면 자기기록층의 두께를 늘려야 한다. 왜냐하면 최소한의 자기도메인 개수가 유지되어야만 주위의 자기장이나 높은 온도에도 영향을 받지 않고 자기기록을 유지할 수 있기 때문이다. 하드디스

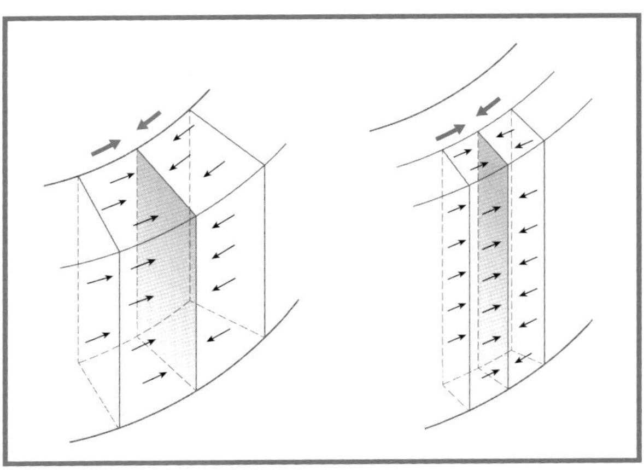

그림 10.15 수평자기기록의 밀도를 증대하기

크 옆에 TV를 놓았다고 해서 자기장의 영향 때문에 하드디스크의 기록이 지워지면 안되는 이치이다. 그래서 최소한의 자기도메인 개수를 유지하기 위해 그림 10.15의 오른쪽 그림과 같이 밑면적이 작아지면 두께가 길어져야 한다. 단위면적당 기록 용량을 늘리기 위해 밑면적을 줄이면서, 기록 신호를 유지하기 위해 최소한의 부피(최소한의 자기도메인 개수)를 충족해야 하다보니, 기록층의 두께가 두꺼워져야 하는 것이다.

하지만 기록층의 두께가 두꺼워지면 기록이 안정되지 못하게 된다. 기록 신호가 불안정한 영역이 증가하기 때문이다. 그림 10.15에서 두 개의 기록신호 간에 만나는 면을 색을 넣어 칠했는데, 이 부분은 서로 다른 극성이 부딪히는 부분이라서 원래 불안정한 영역이다. 그래서 자기기록층의 두께가 두꺼워질수록 색을 칠한 불안정한 영역이 차지하는 비중은 증가하게 되어 기록 자체가 불안정하게 된다.

이러한 메커니즘과 연구를 통하여 우리는 결국 기술적 모순에서 다음과 같은 물리적 모순으로 넘어오게 된다.

"
정확도와 용량간의 기술적 모순 →
기록층 두께의 물리적 모순
"

이를 다시 모순들 간의 역학 관계로 나타내면 다음과 같다.

"
기록층은 두꺼워야 → 기록 용량을 늘리기 위하여
기록층은 얇아야 → 기록의 정확도를 위하여
"

여기서 기록층을 얇게 하면서 기록용량을 늘리려면 새로운 물리학적 발견이나 새로운 재료가 필요하다. 반면에 기록층을 두껍게 하면서도 기록의 정확도를 늘리는 것은 가능한데, 여기에는 수평으로 기록하던 것을 수직으로 기록하는 아이디어가 필요하다. 이렇게 기록을 하면 그림 10.16과 같이 두 개의 기록면 사이의 불안정한 영역이 상대적으로 훨씬 안정된 영역으로 바뀌게 된다. 두 기록층의 극의 방향들이 서로 수평으로 마주보면서 충돌하는 모습이 아니라, 아래와 위로 엇갈리는 형상이기 때문에 서로가 반발하는 정도가 약해져서 훨씬 안정된 영역이 형성된다. 그래서 기록층을 두껍게 해서 기록의 밀도를 높여 기록 용량을 증가시켜도, 기록의 정확도가 유지되는 혁신을 이루게 되는 것이다. 이로써 기록층이 두꺼워야 하고 얇아야 하는 물리적 모순까지 극복하게 되었다. 이렇게 기술적 모순에서 물리적 모순으로 찾아가는 과정이 아리즈라고 이미 설명하지 않았던가?

기록용량을 늘리면 정확도가 떨어지고, 정확도를 올리면 용량이 감소하는 기술적 모순을 찾았다고 해서 곧바로 '수평으로 기록하

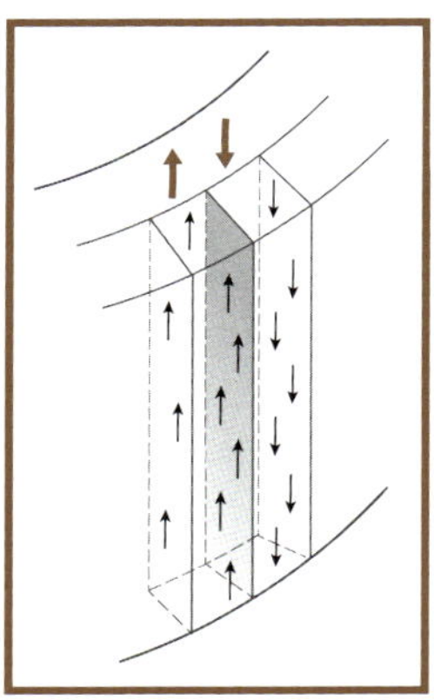

그림 10.16 수직으로 기록하여 경계가 안정됨

던 것을 수직으로 기록하는' 기술이 나온 것은 아니다. 기록 용량과 정확도간의 기술적 모순에서 시작하여 더 깊이 문제를 분석하고 '기록층이 두꺼워야 하고 얇아야'하는 물리적 모순까지 도출되고 나서야 수직자기기록 기술이 나오게 된 것이다.

그래서 결국, 용량을 늘리면 정확도가 떨어지고 정확도를 올리면 용량이 감소한다는 기술적 모순으로부터 수평자기기록이라는 아이디어가 나왔다는 말은 완벽한 설명은 아니지만, 그렇다고 틀린 말은 결코 아니다.

책의 마지막 부분에서 먼 길을 다시 한 번 더 돌아온 것 같지만, 결국 트리즈의 핵심인 모순으로 되돌아온 당신을 발견할 수 있다면 저자는 더없이 큰 만족감을 느낄 것이다

에필로그

'하면 된다'라는 말의 반대말은 무엇일까? '해도 안 된다'일 것이다. '해도 안 된다'고 하면 대부분의 사람들은 어떻게 할까? 아마 더 이상 생각을 하지 않을 것이다.

'하면 된다'라는 표현은 정말로 해도 안 되는 일을 억지로 밀어 붙여서 반드시 하게 하라는 뜻이 아니다. 마지막 순간에 완전히 실패하는 것이 명확해지기 전까지는 포기하지 말고 계속 생각해 보자는 말이다. '내 사전에 불가능은 없다', '하면 된다'며 알프스 산을 넘어갔던 나폴레옹은 '하면 된다'고 외치며 채찍으로 군사들을 휘두른 사람이 아니었다. 모든 사람들이 '해도 안 된다'고 말하면서 외면했을 때 '하면 된다'고 생각하며 어떻게 하면 알프스를 넘어갈 수 있는지를 고민하고 생각한 사람이었다.

'하면 된다'라는 말은 '생각해 보자'라는 뜻이다. 이 책에서는 창의적으로 생각하는 구체적인 방법중의 하나를 제시하고 있다. 배운다고 창의적이 될 수 있을까? 이 책을 통해 한 번쯤 테스트해보는 것은 어떨까? 다시 한 번 1장부터 9장까지 잘 읽어보고 이해한 후, 마지막 장인 10장을 천천히 읽어보기를 권한다. 그러면 창의